# 设计创新赋能乡村全面振兴路径规划

徐家升 著

天津出版传媒集团
天津科学技术出版社

**图书在版编目（CIP）数据**

设计创新赋能乡村全面振兴路径规划 / 徐家升著.
天津 : 天津科学技术出版社, 2025. 1. -- ISBN 978-7
-5742-2691-3

Ⅰ. F320.3; TU26

中国国家版本馆 CIP 数据核字第 2025MU5606 号

---

设计创新赋能乡村全面振兴路径规划
SHEJI CHUANGXIN FUNENG XIANGCUN QUANMIAN ZHENXING LUJING GUIHUA

责任编辑：杨 譞
责任印制：刘 彤
出 版：天津出版传媒集团<br>天津科学技术出版社
地 址：天津市西康路35号
邮 编：300051
电 话：（022）23332490
网 址：www.tjkjcbs.com.cn
发 行：新华书店经销
印 刷：定州启航印刷有限公司

---

开本 710×1000 1/16 印张 16 字数 240 000
2025年1月第1版第1次印刷
定价：88.00元

# 前　言

习近平强调："推进中国式现代化，必须坚持不懈夯实农业基础，推进乡村全面振兴。"这一战略定位清晰地指出了农业与乡村发展在国家现代化进程中的核心地位。党的二十届三中全会通过的《中共中央关于进一步全面深化改革、推进中国式现代化的决定》提出，"运用'千万工程'经验，健全推动乡村全面振兴的长效机制"，这为乡村振兴提供了新的发展方向和实践路径。

随着乡村全面振兴战略的深入推进，乡村建设已成为推动乡村经济和社会发展的核心动力。设计作为一种融合艺术美感与创新思维的重要手段，正逐渐成为乡村发展的关键加速器。在这个过程中，设计不仅仅是外在形态的塑造，更是深刻影响着乡村的经济结构、文化生态和社会氛围。本书旨在探索设计创新如何赋能乡村全面振兴，进而为中国式现代化贡献力量。通过对乡村建筑、乡村景观设计及乡村旅游等领域的深入研究和实践分析，本书将展示设计创新在促进乡村经济、文化、生态和社会发展方面的实际效用。

全书共分为九章，第一章重点介绍了设计与创新、乡村振兴战略概述、统筹推进乡村全面振兴；第二章分析了乡村建筑类型及设计理论来源、乡村建筑设计基本原则以及乡村建筑设计注意要点；第三章探讨了乡村振兴下的乡村建筑设计过程，包括调研阶段、目标策划阶段、全过程设计阶段、建造与运营阶段；第四章论述了乡村废弃建筑改造的相关设计理论、乡村废弃建筑公共性改造的设计与规划、乡村废弃建筑公共性改造的实证分析；第五章探索了景观与乡村景观、乡村景观设计的理论体系；第六章探讨了乡村绿化景观设计的相关概述、乡村振兴下的乡村绿化景观设计思路以及乡村振兴下的乡村绿化景观设计实证分析；第七章研究了农田景观设计阐述、乡村振兴下的农田景观设计总览、乡村振兴下的农田景观设计实证分析；第八章探索了乡村旅游的概述、乡村旅游的发展、乡村旅游与乡村振兴双向推动；第九章论述了乡村振兴与乡村康养旅游概述、乡村振兴下的乡村康养旅游设计与规划、乡村振兴下的乡村康养旅游设计实证分析。

本书的特点在于：第一，本书系统全面地介绍了设计创新在乡村全面振兴中的应用，覆盖从乡村建筑到乡村景观设计，再到乡村旅游与康养旅游设计的全方位探讨。第二，本书结构清晰，内容分为九章，每章都有明确的主题和详尽的论述，使读者可以快速把握乡村振兴的关键要素及设计实践的具体细节。第三，本书通过丰富的案例分析，不仅提供了理论指导，还展示了成功的设计应用，为乡村振兴实践提供了宝贵的参考和启示。

在全书的论述中，笔者不仅关注理论与方法的探讨，更侧重实际案例的分析，尤其是如何将这些设计创新理论应用到实际的乡村振兴实践中，以期为读者提供可借鉴和实施的具体方案。希望本书能激发更多专业人士和地方政府在乡村全面振兴过程中运用设计创新的热情和智慧，共同推进乡村全面振兴，为实现中国式现代化贡献力量。

由于时间仓促，加之水平有限，书中难免存在不足之处，恳请广大读者批评指正，以便笔者在未来的研究中不断完善和提高。最后，笔者相信，这本书将为读者带来新的思考和启示，为其工作带来帮助和指导。

# 目　录

# 第一章　绪论

## 第一节　设计与创新

设计与创新是现代社会发展的关键动力。设计不仅关乎美学和功能的整合，也涉及创新思维在实际问题解决中的应用。设计师通过创造性的思考和实验，推动新产品、服务和系统的开发，这些新颖的解决方案能够改善人们的生活质量并加速科技创新和社会进步。

### 一、设计的认识

#### （一）设计的概念

设计作为一种文化与历史的反映，其内涵随着时代和地域而变化。在 18 世纪以前，设计主要被视为艺术家的绘画活动；而到了 20 世纪 30 年代的德国，设计转变为解决社会问题的手段。法国则倾向将设计视为艺术装饰和时尚创新的表现，强调其美学与创意的一面。在美国，设计的角色更倾向于商业策略，用以推动产品销售与市场扩展。[①] 在《朗文英汉双解词典》中，对“设计”一词的解释分为两个层面，当它作为动词时，包含了设计、绘制、计划、谋划和预定等多重意义；“设计”作为名词，则涵盖了计划、设计图、图样、图案、

① 王坤茜．产品设计方法学 [M].3 版．长沙：湖南大学出版社，2019：23.

图样设计、美术工艺品的设计及装饰图案等多种概念，表明设计是人类创造性活动的产物和表达。

1.广义的设计

广义上的设计指的是一种系统性和创造性的过程，其目标是识别和满足人类生活中的需求和欲望。这种设计并不局限于传统意义上的美术产品设计或工业产品设计，而是涉及从日常生活用品到复杂系统和服务的整个范畴。在这个广泛的定义下，设计被视为一个多维度的活动，它融合了技术、艺术、社会科学和工程学等多个领域的知识和技能。设计在广义上包括了三个核心方面：功能性、美观性和可用性。功能性关注产品或系统的实用性和效率，美观性涉及形态和感官的吸引力，可用性则确保设计结果对目标用户友好且易于被使用。

2.狭义的设计

狭义的设计通常指的是与美术、工业制品或特定功能性物品的设计活动密切相关的过程。这种设计范畴较窄，主要集中在具体的物理对象上，如家具、家电、车辆等，或者是具体的视觉作品，如平面设计、时尚设计、界面设计等。狭义的设计强调形式和功能的直接融合，其目的是创造出既实用又具有美学价值的产品。在这个定义下，设计的过程通常涉及确切的技术要求、明确的用户目标和具体的美学标准。在狭义的设计活动中，需要具备特定领域的技术知识和工艺技能，以确保设计结果的实用性和市场竞争力。例如，工业设计师可能需要深入了解材料学、人体工程学和生产工艺，平面设计师则需要掌握色彩理论、排版技巧和视觉传达原则。

### （二）设计的原则

1.设计的构思原则

（1）感性意象思维。在艺术构思过程中，设计师通常以感性意象作为思维的基本单位，这种感性的思维方式与哲学家或科学家依赖逻辑和抽象概念的思维方式形成鲜明对比。在设计艺术中，形象即感性意象的重要性尤为突出，它是艺术构思的核心。感性意象的使用反映了人类对世界的直观感受和初步认识。所有的思维活动，无论是视觉艺术、音乐还是文学，均以感性意象为起点。这些意象在思维中是有序的，是精细化的，与哲学家和科学家尝试排除感性意象的做法形成对比。在设计艺术中，感性意象并不会被视为干扰，反而是推动创意和创作的主导力量。

（2）想象思维。想象思维作为一种特殊形式的思维，既可以促进创新的可能，又是艺术表达的核心。艺术家借助想象思维，能够超越现实的直接感知，创造出具有深远意义和审美价值的作品。在设计过程中，想象思维的运用基于对现实世界的深入观察和审美理解，并不是单纯地从虚无中汲取灵感，而是将现实生活中的元素进行艺术加工和创意改造。这种加工和改造遵循艺术思维的特定规律，从而使最终的设计作品新颖独特，引起共鸣和情感反响。设计中的想象活动虽然是自由的，但这种自由并不是无目的地游走。相反，它是有目的性的、有组织的创造过程，旨在通过对现实的重新解释和重构，展现出一种新的视角或提供解决方案。

### 2. 设计的创新创造原则

设计的本质在于创新和创造性，这一原则决定了设计应高度依赖创造性的展现。设计通常不依赖直接的感知对象，而是通过想象力来超越现实，推动科学发现、设计革新及艺术形象的塑造。在设计领域，创新首先源于灵感，而灵感本质上是长期实践经验和深厚知识储备的集中体现。创造性思维在处理问题和情况时采用新的角度、程序和方法，以此产生新成果。这种思维方式不是孤立存在的思维类型，而是逻辑思维、形象思维、直觉思维及灵感思维等多种思维方式的综合运用。这种思维具有很强的动态性和探索性，它能在不断地尝试和调整中逐步接近解决方案。设计的创新过程要求在开放的思维状态下进行，同时具备批判性思考的能力，能够识别现有设计的局限并努力超越。

### 3. 设计的实用原则

（1）功能性原则。设计的功能性原则，核心在于其目的性，即设计必须实现预定的目的和效用。这一原则要求设计除了形式上的创新，还应确保其具备实际的功能和用途。功能性原则涉及多个层面：第一是物理功能，包括产品的性能构造、效率、精度和可靠性等属性；第二是生理功能，涉及产品的使用方便性、安全性和舒适性；第三是心理功能，包括造型、色彩、肌理和装饰性等元素，这些元素直接影响用户的情感体验和审美感受；第四是社会功能，体现了设计在满足个体社会身份和价值展示方面的作用。设计作品是一种社会地位的象征，反映个人的价值观、兴趣和生活方式。此外，设计还必须考虑人文因素，确保其符合社会文化背景和伦理道德标准，强化设计的社会责任感。

（2）实践性原则。设计的实践性原则核心在于其必须根植于生活的深厚体验之中，确保其实用性和功能性。在设计过程中，紧密关联生活的每个方面对设计至关重要。只有通过真实的生活体验，才能准确把握和反映用户的需求和生活方式。生活本身是一种艺术，拥有自然之美、心灵之美和人文之美等多重维度。这些美的元素相互交融，为设计提供了丰富的灵感和素材。通过深入体验和感受生活的多样美，不仅可以激发创造性思维，促使设计作品满足基本的功能性需求，也能触动人的情感，增强用户的体验。设计活动不应仅被视为一种遵循既定认识的机械操作。实际上，它是一种全面动态的创造性行动，涉及信念、情感、智慧和力量的全面投入。这种行动的目的在于通过实践发现和解决问题，实现理论与实践的有机结合。

### （三）设计的美学

#### 1.功能美

产品的实用性特点，虽然不直接决定其功能美的存在，却显著影响了人们的审美评价。实际上，实用性特点经常被转化为一种审美价值，形成了所谓的“效用美”或“功能美”。这种美学观点认为，一个好的设计作品如果能明确且有效地表现其功能，那么它自身就具有美的特质。“功能美”强调的是实用功能与美学价值的融合，其中，功能美不仅仅是对形式美的追求，更是功能实现的直观表达。这种设计倡导的是简洁、直接且功能明确的美学标准，其美感来源于设计的直接性和功能的清晰性。

#### 2.材料美

材料，源自拉丁语中的“物质”。每种材料的独特属性和潜在功能需要通过相应的工艺手段得以展现，体现了“材美工巧”的设计原则。这一原则强调了材料本身的美感与工艺技巧的密切配合，确保最终设计出的产品既具有功能性也具有审美价值。在实际操作中，对材料的选择、探究及应用，直接影响到器物的性能和外观。通过直接接触和深入了解，可以发现材料的独特性能和质感，从而使设计作品在实用性与美观性之间达到平衡。材料的表现力在设计中既定义了产品的物理和功能属性，也赋予了产品独有的审美特质。

3. 技术之美

技术美作为美学的一个重要分支，与传统的哲学美学相比，更注重实际操作性和应用性。这一学科专门研究物质生产和器物文化中的美学问题，强调技术进步对美学价值的影响和贡献。20 世纪 30 年代以来，随着科技的迅猛发展，对技术美的专门研究应运而生，成为应对现代技术条件下审美需求和挑战的关键学科。技术美不局限于理论探讨，其研究成果还广泛应用于各种实际领域，影响着人们对技术和功能性产品的审美观。技术美是将美学原理应用于物质生产和生活领域，更是设计观念在美学上的哲学表达和总结。

## 二、创新的认识

### （一）创新的概念

创新是一种区别于常规的思维模式，它不依赖现有的知识和资源，而是在特定环境下，为满足社会需求或追求理想化目标，通过改进或创造新的事物、方法、元素或环境。这一思维方式具有新的思维方法、新的发明和新的描述等特征，能够产生积极的社会效应。“创新”一词源于拉丁语，涵盖更新、创造新事物和引入变化等多重含义。① 创新不仅是人类适应和改造自然环境的能力，更是一种复杂的认知活动，展示了人类的主观能动性和创造性思维的能力。创新作为推动社会进步和民族发展的核心力量，在多个学科领域中占据了核心地位。在经济、商业、技术、社会和建筑等领域，创新被视为驱动发展的关键，特别是在经济全球化和技术迅速发展的今天，创新能力直接影响一个国

① 薛永基．创业基础：理念、方法与应用［M］．北京：北京理工大学出版社，2016：3-4.

家或地区的竞争力。在中国，创新经常与改革同时出现，改革作为国家发展战略的一部分，旨在通过引入新的思维和技术，促进经济和社会的全面进步。

狭义上的创新，主要聚焦技术和经济的结合，涵盖从新思想的产生到产品的设计、生产、营销及售后的整个过程，强调了创新活动在促进经济增长和技术进步中的实际应用。相较之下，广义的创新概念则更加全面，除了包括科技和经济，还将教育等其他领域纳入考量。广义上的创新是一个多方参与的网络，涵盖了企业、政府、学校及科研机构等多种机构。在这个网络中，创新既是单一节点的活动，也是多个节点间的互动和合作，使创新行为能在技术、体制和知识等多个层面得以实现。这种广义的创新观念强调了创新的生态系统属性，其中各种资源和信息在网络中传播和交互，共同推动新技术和新方法的发展。

### （二）创新的特征

#### 1. 首创性

首创性涵盖了从完全原创到部分新颖的各种形式。这一特征体现在创建前所未有的产品或概念上，也展现在对现有事物的改进和重新组合上。首创性的实质是在已知的基础上进行突破，通过超越传统的限制，提出或实现具有区别性的新方法、新技术或新应用。首创性的表现形式多样，既可以是技术上的创新，如新材料的使用或新技术的开发；也可以是概念上的创新，如新理论的提出或新模型的构建。无论是完全创新还是部分创新，首创性的关键在于其能够提供与众不同的视角，为现有领域带来显著的改进或变革。

#### 2. 时效性

创新的时效性是指创新成果在特定时间内的有效性和适应性，强调了创新并非永久静止，而是随时间与环境的变化演进或被更先进的创新所替代。这一特征体现了创新的临时性和持续更新的必要性，反映了在快速变化的环境中，即便是今天的突破也可能很快变得过时。时效性的存在促使个人、组织和社会持续推动创新的边界，不断进行技术更新和知识革新。它要求在科学研究、产品开发和策略制定等多个领域中，持续关注行业趋势、消费者需求和技术进步。这种持续的关注有助于及时调整和改进现有创新，确保其持续符合或引领市场需求。

3. 成果性

创新活动必须具体化为可识别的成果，无论这些成果是物质的还是精神的，也就是说创新并不是过程的启动，更重要的是其结果的实现和体现，这些结果可以是实体产品、新技术应用、制度改革或是理论贡献等形式。创新过程中的失败被视为向成功迈进的必经阶段。这些挑战和失败是探索未知领域时不可避免的，它们为最终的成果提供了宝贵的经验和教训。最终的成果要能够在某种形式上得到具体表达，确保这些创新能够被广泛识别和应用。

4. 价值性

价值性关注创新成果在社会和经济层面上产生的效益。创新的价值体现在其能够带来的直接经济收益，更重要的是其对社会的积极影响。这种价值的实现基于一项原则：创新活动必须符合社会伦理和利益，不能对社会造成损害。因此，即便某些活动在技术或理念上实现了首创，如果它们损害了社会利益，那么这些活动则不能被视为真正的创新。创新的本质在于增进社会整体的进步和福祉，这要求创新过程和结果均须符合广泛认可的价值标准。

5. 综合性

综合性强调创新不是孤立发生的，而是一个跨领域、多方参与者共同努力的过程。这种特性表明，创新需要集合多方面的资源和知识，涵盖从理论研究到技术实施，以及管理和生产的各个环节。创新的综合性要求技术人员、研究者、生产者以及管理者等人员的紧密合作。每个参与者都为创新过程提供不同的视角和专业技能，促使整个活动能够有效推进。这种协作的本质确保了创新活动能在不同的领域和层面上进行，从而增加了创新成功的可能性。

## 三、设计创新赋能理念

### （一）赋能理论诠释

赋能理论源自管理学中的授权赋能理论，已在企业管理、教育、积极心理学、社会工作及医疗护理等多个领域得到广泛关注和应用。该理论在管理学研究中主要从个体和组织两个角度进行界定。从个体角度看，赋能理论注重增强个人的能力，即提升个体完成任务的能力和获取实现目标所需资源的能力。这种赋能强调个体能力的提升，使个人在面对挑战时更具备自主性和主动性。从组织角度看，赋能理论则侧重组织结构的作用，即通过组织中的人或结构要素来实现对组织结构要素的控制和调整。这种赋能方式通过优化组织结构和流程，为个体提供支持，使其能在组织环境中更有效地工作和发展。赋能理论的核心在于激发内在动力，旨在通过提供必要的资源和支持，增强个体和团队的主动性和创造性。实践中，这种理论既可以帮助个体发挥潜力，还能够优化组织运作，提高整体效率和满意度。

20 世纪 80 年代以来，授权赋能理论在组织行为理论和公司管理实践中获得广泛应用。这一理论在管理学研究中被视为一种核心的管理行为，主要内容包括权力让渡、工作丰富化以及参与管理等方面。20 世纪 80 年代中后期，心理学对授权赋能的解释为该理论提供了新的维度。授权赋能被视为一个动机性构想，重点在于“使能够”，而不仅仅是“授予权利”。这种理解认为授权赋能是促进个体提高“自我效能”的过程，进一步阐释了授权赋能产生的内部动机为“内在机制动机”。这种动机关联自我效能，是工作中自发动力的源泉。授权赋能经历了从组织内部管理行为到更广泛的心理动机层面的转变，这一转变表明授权赋能的应用和理解已经从单一的权力下放扩展到更加关注提升个体内在驱动力的全面性方面。通过赋予个体更大的自主性和决策权，授权赋能旨在激发个体的创新潜力和积极性，从而提高整个组织的动力和效率。

### （二）设计创新赋能

设计创新赋能是指在组织内部通过赋予决策权、资源和支持来激发个体及团队的创新潜能的过程。这种赋能强调通过结构性的改变和文化的推动，创建一个能够促进并实现创新设计的环境。设计创新赋能的核心在于提升个体与团队的能力，使他们能够自主地进行创意思考和问题解决。在这一过程中，关键元素包括信息的透明共享、技能的持续发展以及创新工具的普及。通过这些措施，团队成员能够更好地理解市场需求和技术发展趋势，从而在设计项目中引入创新元素。

## 第二节 乡村振兴战略概述

实施乡村振兴战略是实现“两个一百年”奋斗目标的关键环节。该战略源于党的十九大报告，其中明确提出全面建成社会主义现代化强国的时间表与路线图。在此框架下，乡村振兴被定位为补齐农业农村短板的核心战略，旨在缓解城乡发展不平衡的状况。该战略的提出是基于对中国当前国情的深刻理解，考虑到城乡关系的变化特征及现代化建设的规律。通过这一全局性的思考，党中央加强了对农业和农村问题的关注，确保国家发展的全面性和均衡性。

### 一、乡村振兴战略的政策演进

我国乡村振兴战略的政策演进大致可以划分为三个阶段，即社会主义新农村建设阶段、农村供给侧结构性改革阶段以及乡村振兴战略全面实施阶段，如图 1-1 所示。

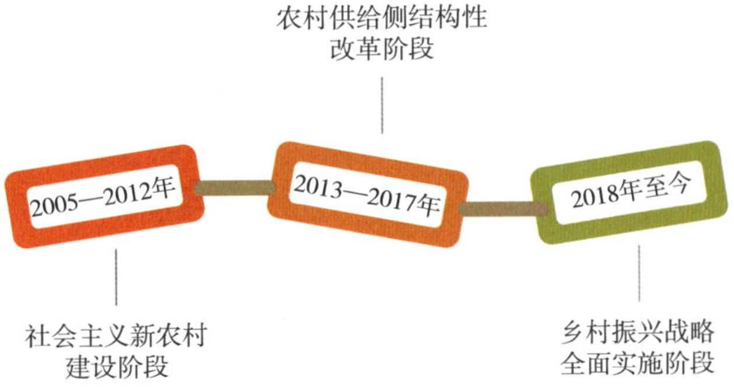


图 1-1 乡村振兴战略的政策演进阶段

### （一）第一阶段：社会主义新农村建设阶段

2005年，党的十六届五中全会确立了农村发展的综合性五项标准："生产发展、生活宽裕、乡风文明、村容整洁、管理民主"，旨在促进农村经济、政治、文化及社会的协调发展。2006年，农业税的取消有效提高了农村生产力，为农民提供了更大的发展空间与自主权，同时也为农村经济发展注入了新动力，减轻了农民的经济负担，增强了农业发展的内生动力。2009年中央一号文件对农村的发展进行了深化，明确指出扩大国内需求最大潜力在农村。农业和农村经济的稳定快速发展是国家经济平稳增长的基础支撑，并且在保障和改善民生方面，农村尤为关键。将农业和农村经济的发展作为优先任务，展现了对农村问题的持续关注和承诺。[①] 这些政策的实施促进了农村经济的增长和农民生活水平的提升，加强了农村社会治理和文化建设，推动了农村社会的全面进步。

### （二）第二阶段：农村供给侧结构性改革阶段

在2013年至2017年，连续五个中央一号文件集中关注农村土地流转、推进农业现代化以及深化农村供给侧结构性改革，这些政策变革旨在着力解决农业和农村发展中的核心问题，以提升农业综合竞争力和农民生活质量。例如，2013年中央一号文件特别强调农村生态建设与环境保护的重要性，提出了"加强农村生态建设、环境保护和综合整治，努力建设美丽乡村"[②] 的目标，旨在改善农村生态环境，推动农村可持续发展；2015年2月的政策文件进一步明确了"中国要强，农业必须强；中国要富，农民必须富；中国要美，农村必须美"[③] 的战略思路，突出了农业和农村发展的重要性，强调了农业和农村美丽化在国家整体发展中的地位；2017年，党的十九大报告将乡村振兴战略上升为国家战略，明确将其列为党和国家未来发展的七大战略之一。体现了对农村发展的长远规划，也显示了在新的历史条件下，乡村振兴战略的战略性、前瞻性和全局性。2017年底，习近平在中央农村工作会议上对乡村振兴的重要性

① 颜帮全，张尚民，童洪志．乡村振兴战略视域下乡村旅游可持续发展模式创新研究与实践[M]．天津：天津大学出版社，2022：2-3.

② 毛显强，徐艳波．美丽中国：同心携手共筑中国梦[M]．昆明：云南教育出版社，2022：86.

③ 陈奇．让农业强起来 农村美起来农民富起来[J]．党的生活（青海），2015（3）：2.

进行了全面阐述，并对中国乡村振兴之路的实施进行了系统部署。通过这些政策和战略的实施，中国的农村政策实现了从注重农业增产到提高农业质量和效益，再到强化农村生态和文化建设的全面转型，为农业和农村发展奠定了坚实的政策基础，确保了农业和农村经济的持续健康发展。

### （三）第三阶段：乡村振兴战略全面实施阶段

乡村振兴战略的全面实施，旨在通过一系列综合措施，促进农村地区经济、文化、社会、生态及其治理的全面提升。2018 年发布的中央一号文件《中共中央国务院关于实施乡村振兴战略的意见》，详尽阐述了乡村振兴战略的核心要点和实施目标，确立了该战略在国家发展中的核心位置。该文件的发布标志着乡村振兴战略的全面启动，也表明了农村政策已进入全新时代。随后颁布的《乡村振兴战略规划（2018—2022 年）》是围绕农业、农村、农民工作制定的首个独立战略规划。此规划的实施，为乡村振兴战略提供了坚实的制度保障，确保了乡村振兴战略的有效执行与落地。该规划为全国各地制定本地区的乡村振兴规划提供了重要参考，有助于形成针对性强、实效性高的地方策略。2019 年下发的《国务院关于促进乡村产业振兴的指导意见》（国发〔2019〕12 号）为乡村产业振兴提供了全面的政策指导，旨在推动农村产业的持续发展。该指导意见强调优势特色的突出，科学合理的产业布局及产业融合发展的促进，成为提升农村经济体制和增强竞争力的关键。通过推进质量兴农和绿色兴农，增强农业的可持续性，同时推动农业产业向高质量发展转型。其中，创新创业的升级被视为推动乡村经济现代化的重要驱动力，有助于提升农村地区的创业环境和技术应用，从而激发农村经济的活力。为加强乡村治理，同年 6 月印发的《关于加强和改进乡村治理的指导意见》明确了推进乡村治理体系和治理能力现代化的目标，为夯实乡村振兴的基层基础，提升治理效率和质量提供了政策支撑。

2020 年，我国在现行标准下实现了全面脱贫，并着眼于巩固拓展脱贫攻坚成果与乡村振兴的有效衔接。2021 年初，国务院扶贫开发领导小组办公室更名为国家乡村振兴局，象征着政策重心从扶贫转向综合性的乡村振兴。同年 6 月，《中华人民共和国乡村振兴促进法》的施行，进一步加强了乡村振兴的法治保障，为乡村发展提供了坚实的法律基础。2021 年 1 月发布的中央一号文件《关于全面推进乡村振兴加快农业农村现代化的意见》中，系统地提出了全面推进乡村振兴的多维战略，加快农业和农村的现代化进程。该文件的发布标志着顶层设计已经完善，乡村振兴的制度框架基本形成，工作重点自此转向具体的实施层面。2022 年 1 月 4 日发布的中央一号文件《中共中央国务院关于做好 2022 年全面推进乡村振兴重点工作的意见》，是连续第十九个关注农业和农村发展的中央一号文件。该文件明确了国家粮食安全的保障与防止规模性返贫的重要性，体现了政策对确保基本民生和社会稳定方面的关注。文件中对乡村发展、乡村建设及乡村治理的重点任务进行了具体部署，突出了在这三个方面的工作必须密切结合，共同推动农业农村现代化。2023 年 2 月发布的中央一号文件《中共中央 国务院关于做好 2023 年全面推进乡村振兴重点工作的意见》是农村发展的基础性保障。文件中对乡村发展、建设与治理的综合推进提出了具体要求，强调了建设农业强国的必要性及其在国家发展中的核心地位。文件也提出了建设宜居宜业的美丽乡村的目标，旨在改善村民的生活环境和提升生活质量，使农村成为生产活动的场所，也是居住和生活的优选地。2024 年 2 月发布的第二十一个中央一号文件《中共中央 国务院关于学习运用“千村示范、万村整治”工程经验有力有效推进乡村全面振兴的意见》为我国乡村振兴战略的实施指明了新的发展方向。

## 二、乡村振兴战略的总体要求

实施乡村振兴战略，是在以习近平同志为核心的党中央的领导下，继承和发展马克思主义关于乡村发展的理论，同时坚持以中国化的马克思主义乡村发展思想为指导。这一战略部署在新的时代背景下得到了系统的推进，它是以习近平新时代中国特色社会主义思想为根本指导，将新发展理念深入贯彻到农业、农村及农民的各项工作之中。此战略的核心目标在于实现农业、农村和农民的高质量发展。包括但不限于提升农业生产效率和产品质量，改善农村居住环境和生活环境，以及提高农民的生活水平和社会地位。乡村振兴战略强调了全面推进农业现代化，确保国家粮食安全的重要性，同时注重农村社会治理的现代化，推动形成符合现代文明的乡村社会结构。

## （一）产业兴旺是重点

乡村振兴的关键在于产业的全面振兴，产业兴旺是乡村振兴战略的物质基础。[①] 农业和农村经济必须响应市场需求的变化，加速其优化和升级，并推动不同产业间的融合。农业供给侧结构性改革是当前政策的主线，其目标是将农业政策从以往的增产导向转变为提质导向，以形成一个具备市场竞争力且可持续发展的现代农业产业体系。乡村的活力与经济的发展依赖从产业单一性向产业体系化的战略转变。此过程涉及构建现代农业产业体系、生产体系以及经营体系，这些体系的构建与实施有助于促进农村一、二、三产业的融合发展，可以有效打破现代农业产业融合过程中存在的障碍，实现农业各环节、流程和体系的无缝对接。现代农业体系的建设还需强调产、供、销的一体化发展，确保农产品从生产到市场的高效流通。

农业不再局限于传统的生产职能，而是涵盖休闲旅游、生态环境保护以及文化教育等多种功能，这种转变为农村经济的多元化发展开辟了新的路径。新产业和新业态的探索，丰富了农村的经济结构，增强了农业和农村地区的综合竞争力。加强主导产业的培育是推动农业和农村发展的关键。通过产业规模化的发展和农业产业结构的调整，可以有效提高农业的整体生产效率和市场适应能力。现代服务业的发展，以及大数据等创新技术的应用，为农业管理和服务提供了现代化手段，增强了农业的可持续发展能力。地方乡村应依托各自的地理和文化特点，发展具有地域特色的主导产业。这些产业应根植于当地的农业和农村背景，并由当地农民主办，从而确保产业发展与当地社区的利益密切相关，同时彰显地域特色和乡村价值。依据各地的资源禀赋与独特的历史文化，科学有序地开发地方特色资源，扩大并强化具有区域优势的特色产业，是推动乡村振兴的重要战略。农业作为一个多功能的共生产业，提供了多样化的发展途径。例如，生态有机农业能够满足市场对健康生活方式的需求；乡村旅游业和文化创意产业利用当地的自然与文化资源，增强地区的吸引力；乡村手工业、农副产品加工业以及新能源产业则直接提升地方经济的自给自足能力。为实现这些产业的发展，需要根据本地区的发展优势进行科学规划和精准布局。培育新型农业经营主体和构建促进产业发展的城乡协调发展机制及社会化

① 谢文俊．乡村振兴视域下的农民生存权法治保障研究 [M]. 北京：知识产权出版社，2023：96.

服务体系，激活农村产业发展，激发农村地区的创新与创业活力。

### （二）生态宜居是关键

实施乡村振兴战略，有助于促进人与自然的和谐共生及改善农村人居环境，对于满足人民对生态美好生活的向往具有重要意义。通过提升乡村的生态环境质量，既可以改善居住条件，还能够增强乡村社区的吸引力，促进社会稳定与经济发展。

生态宜居是乡村社会主义生态文明建设质量提升的体现，映射出农民群众对美丽家园建设的期望。为实现乡村的生态宜居，必须强化乡村环境建设，确保生产、生活与生态在发展中的协调一致。这种“三生协同”的发展模式既可以优化乡村的居住环境，也能够为乡村社会的可持续发展奠定基础。加强乡村资源环境保护并坚守生态保护红线，是乡村发展战略中的核心要素。通过保护绿水青山与清新的田园风光，乡村地区可以充分展示其对自然资源的科学利用，这些都是乡村发展的显著优势和未来潜力的体现。推动生产、生活及消费的绿色化过程，是实践生态文明理念的有效途径。这种做法不仅顺应自然发展，还体现了对自然的深度敬畏和保护，确保可持续发展的实现。农业绿色发展，以生态环境友好和资源永续利用为导向，注重资源节约型和环境友好型产业的发展。此举旨在实现生产的清洁化与产业模式的生态化，从而提升农业的可持续发展能力。崇尚生态生活方式并致力于乡村生活环境的治理与美化，是塑造山清水秀的美丽乡村的重要方面。持续开展的农村人居环境整治行动，旨在系统改善农村人居环境，包括加强农村垃圾和污水的管理，以及改善村容村貌，全面提升农村生活环境的质量。这些努力致力于建设美丽宜居的村庄，为居民提供更优质的生活条件。

生态宜居建设的意义并不限于缩小城乡资源利用和收入的差异，还关乎城乡居住条件和环境的差距逐步减小。农村地区通过改善居住环境，提升生态质量，可以形成对居民的强大吸引力，在留住农民的基础上，还能吸引城市居民。农村地区的优美和宜人生态环境逐渐成为其突出优势，有助于促进人口的自然流动和社会经济的健康发展。

### （三）乡风文明是保障

文明乡风是维护乡村人际关系的关键纽带，便于促进相互尊重和合作，强化乡村内的和谐与团结。文明乡风作为历史和文化传承的载体，不仅保持了乡村传统的连续性，而且使文化在新的一代中得到弘扬。文明乡风是推动美丽乡村建设的推动力，提升了居住环境的质量，增强了居民对自身居住地的自豪感和归属感。乡风文明的发展关键在于弘扬社会主义核心价值观，用社会主义先进文化来引导农村意识形态的建设方向。此举旨在加强民族精神与时代精神的传播，提倡社会正气与主旋律，进而塑造积极向上的社会新风尚。这种文化推广活动旨在全面提升人民群众的思想、文化和道德水平，进而培养出文明的乡风、良好的家风以及淳朴的民风。

加强乡村道德建设，重点在于引导农民秉承爱党爱国、向上向善等核心价值观，并在日常生活中实践孝老爱亲、重义守信、勤俭持家的道德行为，以此来促进个人品德的提升，确保乡村社会关系的和谐与稳定。文化传承方面的工作需致力弘扬富有乡土特色的农村优秀传统文化和民俗，这些文化资源是连接过去与未来的桥梁。继承和弘扬中华农耕文明的思想文化及红色文化，对塑造健康的家风文化尤为重要。为了适应现代化的要求，必须对传统文化进行创造性转化与创新性发展。运用市场化、产业化、价值化的方法，可以有效地挖掘农村优秀传统文化的内在价值与潜能，开发出符合现代农民需求的多样化、高品质文化产品。这种文化的现代化转型不仅可以增强村民的文化自信，也为乡村的持续发展提供了新的动力。继承和发扬传统文化美德，推动形成本土化的乡风民俗和村规民约。传统礼仪的复兴与创新，促进了尊老爱幼、邻里和睦等良好社会风气的形成，同时强调了科学文明的重要性，有效提升乡村社会文明程度。通过整合当地文化资源，举办了多种群众性文化活动，旨在提高村民的思想文化层次，丰富其精神文化生活。

### （四）治理有效是基础

乡村治理的有效性是实施乡村振兴战略的基础，其治理有效性主要表现在以下两个主要方面。一方面，乡村社会治理体制的有效性对实现社会安定和谐与农民生活幸福有序具有决定性作用。该体制中，农民的政治权利与民生权利得以实现，如教育资源获取、社会保障完善以及公平正义的生活环境等方面的需求。乡村治理的多元化主体，包括党组织、各级政府组织及农民自治组织，其积极参与与协同作用，构成了乡村振兴的重要组织基础。这种多元主体的治理模式强化了农村的自我管理能力，促进了资源的合理配置和利用，增强了乡村治理的适应性和灵活性。在这一体系中，不同治理主体之间的协作与互动，成为推动乡村发展的动力源泉。例如，党组织在引导政策执行与社会动员中起到核心作用，政府组织负责政策的制定与执行，农民自治组织则更接近基层，能够直接反映和满足农民的实际需求。有效的乡村治理体系还应注重法规的完善与实施，确保政策措施的公正性和透明度，从而提高农民对乡村治理体系的信任和满意度。同时，应持续强化乡村治理能力，通过教育培训提升治理人员的专业性和责任感，确保治理活动的专业化和规范化。另一方面，乡村治理需区别于城市治理，以便适应其独特的社会结构和文化背景。乡村治理手段的多元化和乡土化，即以自治、法治、德治“三治合一”为核心，旨在实现治理的有效性和可持续性，同时保持较低的治理成本。自治作为基础，强调农民在治理过程中的主体地位，通过建立坚强的乡村基层组织，既可以维护农民合法权益，还能调动乡贤处理乡村事务的积极性，从而增强乡村自我管理和自我服务的能力。法治为乡村治理提供保障，推动村民形成依法行事的自觉行为，加强法治的权威地位。村民在日常生活中对法律的信仰、学习和应用，对维护社会秩序和推动社会发展具有重要意义。德治作为法治和自治的补充，通过弘扬积极的道德价值观和社会风尚，如诚实守信、互助友爱等，促进社会和谐与稳定。乡村好人和模范人物的引领作用，对于抵制不良社会风气，改善社会环境极为关键。

### （五）生活富裕是根本

乡村振兴战略旨在提升生活质量，确保村民生活富裕。遵循人人尽责、人人享有的原则，专注解决农民群众最关切的利益问题，通过持续的工作努力，逐步实现乡村的持续发展和美好构建。富裕指标体系是衡量乡村振兴成效的重要标尺，包括恩格尔系数、城乡居民收入差距、农村自来水普及率及通硬化路的建制村比例。这些指标共同反映了村民生活水平的改善与基础设施的发展。降低恩格尔系数显示居民生活必需品开支比例下降，直接体现了居民生活水平的提高。城乡居民收入比的缩小促进了经济公平。自来水普及率及通硬化路率的提高，直接改善了村民的日常生活条件，增强了居住环境的舒适度和便捷性。

“生活富裕”作为实现“共同富裕”的核心要求，在中国特色社会主义发展中具有重要地位。乡村生活富裕既是乡村振兴的基础，也是全体人民共同富裕的必然要求。这一过程体现了生活富裕与共同富裕之间的辩证关系：整体与部分、全局与局部、结果与过程的相互作用和内在统一。① 一方面，乡村生活富裕是实现共同富裕的基本形式，与消除贫困、改善民生紧密相关，同时满足了人民对美好生活日益增长的需求。体现了中国作为社会主义初级阶段的国情和面对的主要矛盾，即发展不平衡的问题。在这个阶段，提升乡村生活水平是关键，因为它直接关系到能否有效地缩小城乡差距，提高全体人民的生活质量。另一方面，共同富裕是乡村生活富裕的最终目标，也是价值追求，它与以人民为中心的发展理念、新发展理念及全面现代化的目标紧密相连。这一目标彰显了中国特色社会主义的制度优势，表明了中国发展模式能够有效调动和利用各种资源，实现全方位的社会进步和经济发展。乡村振兴和生活富裕的战略关注经济增长，强调社会公平与环境的可持续性。通过优化产业结构、改善公共服务和保障社会公平正义，我国正努力实现全体人民的福祉最大化，确保每一个社会成员都能分享发展成果，体现了社会主义核心价值观的实际效用。

## 第三节　统筹推进乡村全面振兴

全面推进乡村振兴是实现中华民族伟大复兴的一项重大任务。“乡村振兴是包括产业振兴、人才振兴、文化振兴、生态振兴、组织振兴的全面振兴，是‘五位一体’总体布局、‘四个全面’战略布局的具体体现。”② 这一战略的实施要求在农村经济建设、政治建设、文化建设、社会建设、生态文明建设以及党的建设等多方面进行统筹推进，旨在促进农业的全面升级、农村的全面进步和农民的全面发展。

① 韩广富，张智洋．乡村振兴战略基本范畴研究 [M]. 长春：吉林大学出版社，2022：79.

② 万月红．党建引领乡村振兴的西峰实践 [M]. 北京：光明日报出版社，2022：70.

## 一、产业振兴

发展乡村产业是推动乡村全面振兴的重要根基。党的十八大以来，随着农村创新创业环境的持续优化，新的产业形态和业态在乡村地区迅速兴起，带动了乡村产业的快速发展，为农民提供了更多的就业机会，促进了其收入增长，也加速了乡村地区的繁荣和社会经济结构的优化。

在我国乡村产业振兴的过程中，传统农村产业和农村新产业、新业态、新模式的发展是推动乡村经济持续增长的两大支柱。

### （一）传统农村产业

从传统角度看，传统农村产业涵盖了广泛的业态，主要包括农业生产、农产品加工业、手工业、建筑业、运输业以及农村商业等。这些产业在农村经济结构中占据基础地位，是支撑乡村经济运转和农民生活的主要力量。

#### 1.种植业、林业、牧业和渔业

农业是基于土地资源的产业，涵盖了种植业、林业、牧业和渔业等多个维度。种植业依赖土地资源，生产粮食作物、经济作物、饲料作物和绿肥等，其中粮食作物，如小麦和稻米等居于核心地位，是全球食品安全的基础。棉花和油料作物等经济作物也极大地支撑了工业生产和国民经济。林业在生态保护和木材供应方面通过培育与采伐林木，为建筑业提供了重要的原材料。牧业则利用草地资源和人工饲养，为人类提供肉类、乳制品及其他畜产品，有助于保障食品多样性和营养均衡。渔业包括内陆和海洋水域的养殖及捕捞，是获取鱼类和其他水生生物资源的重要方式。既能满足人类对高蛋白食物的需求，也能促进沿海和内陆水域经济的发展。农业是国民经济的基石，承载着供给食物和原材料的传统功能。随着经济发展和社会进步，农业职能正逐步扩展，呈现多样化发展趋势。

#### 2.农产品加工业

农产品加工业在农业现代化进程中是连接工业与农业、城市与乡村的桥梁。该产业以农林牧渔产品及其加工品为原料，涵盖食品加工、饮料制造、纺织服装生产、皮革及羽绒制品加工、木材及植物纤维制品生产、烟草加工、家具制造、造纸及纸制品生产和橡胶制品制造等多个领域。这些行业增强了农产品的市场价值，促进了乡村地区就业与经济增长。农产品加工业的发展对于提高农业产值、增加农民收入具有直接影响。通过加工转化，原始农产品得以升级为高附加值的商品，同时为农产品打开了更广阔的市场空间。例如，将新鲜水果制作成果汁或罐头，既可以延长产品的保存期限，也便于远距离运输与销售，从而拓宽了消费市场。农产品加工业的拓展有助于推动农村产业融合，通过与其他工业部门的合作，可以激发乡村地区的经济活力，促进社会经济结构的优化升级。农产品加工业因此成为促进地方经济发展、实现乡村地区经济多元化的关键行业。

农产品加工业的技术进步显著，得益于生物技术、食品化学及相关学科的发展。特别是基因工程、膨化与挤压技术、瞬间高温杀菌、真空冷冻干燥、无菌储存与包装、超高压处理、微胶囊技术、微生物发酵、膜分离技术、微波处理以及超临界流体萃取等高新技术的应用，极大地推动了农产品加工领域的现代化和自动化。这些技术的应用提高了加工效率，优化了产品质量，增强了产品的市场竞争力。例如，无菌包装技术有效延长了食品的保质期，超微粉碎技术则提高了食品原料的利用率。超临界流体萃取技术在提取植物和海产品中的活性成分时，保持了其生物活性，同时环保性更高。在全球市场中，农产品加工业正逐步向安全、绿色、休闲化方向发展。这一趋势不仅反映了消费者对健康和环保的日益关注，也表明了市场对功能性和便捷性强的产品的需求增长。加工原料的专用化发展，如专门培育的作物品种，为提高产品质量和满足特定市场需求提供了可能。

3. 手工业

作为农业文明的直接产物，手工业历来与农业有着紧密的联系。最初，手工业与农业不分家，农民以自产的农副产品为原料进行加工，或制作日用器皿和工具，以自给自足为主要特征。随着社会的发展，手工业逐渐从农业中独立出来，形成以家庭为基本生产单位的个体手工业。这类手工业以家庭成员的劳动为主，很少或不雇用外部劳动力，保持了生产规模的小型化和劳动方式的简单性。手工业促进了民族传统技艺的传承与创新，通过生产各类日用品和艺术品，满足了人们的物质和文化生活需求。尤其是在提供就业机会、增加农民收入方面，手工业发挥了重要作用。随着改革开放的推进，手工业品的市场逐渐扩展到国外，消费潜力得到显著释放。

在经济全球化的背景下，手工制品以其独特的文化价值和手工艺术的魅力，吸引了国内外消费者的广泛关注。例如，传统的织物、陶瓷、木工艺品等，不仅在本地市场有稳定的需求，也逐渐在国际市场上占据了一席之地。这些产品的销售，不仅促进了乡村经济的发展，还为乡村手工艺人打开了更宽广的发展空间。

4. 建筑业

建筑业在农业经济发展和产业结构调整中不仅为农村经济社会发展提供重要支持，也为剩余劳动力提供就业机会。从传统的“泥瓦匠”到乡村建筑队，再到集体建筑企业，建筑业在乡村经历了多样化的发展阶段，成为劳动力密集、产值高的行业。该行业的扩展并不局限于建筑施工，还包括促进了建筑材料、预制构件、水暖器材及装修修理等相关产业的发展。这种多产业联动为乡村地区创造了广泛的经济效益，提升了整体的产业链价值。随着乡村一、二、三产业融合的推进，乡村建筑业正逐步从传统的住宅服务功能，转向乡村旅游、乡村民宿等新业态和综合服务功能。这种转变不仅满足了市场和社会的新需求，也为乡村地区带来了更新的发展机遇。通过这种产业联动更新改造，乡村建筑业增强了农村的基础设施，提升了农村的吸引力和改善了居住环境，进一步促进地方经济的发展。

5. 运输业

农村运输业，包括物流服务和客运出行两个主要部分，对乡村经济社会发展起着至关重要的作用。物流部分主要负责农产品进城和工业品下乡的流通，保障了农业生产资料的供应和村民日用工业品的需求，极大地促进了农产品的市场流通和村民收入的增长。随着网络购物和电子商务的发展，以及农业生产龙头企业的增多，乡村物流服务已经扩展至更广泛的领域，成为乡村经济增长的新动力。客运方面，注重为村民提供安全、便利的出行服务。依托良好的农村路网，包括乡镇客运站和村级停靠点的建设，乡村客运通过公交化、设定固定时间和灵活班次等运营服务模式，有效连接城乡，实现城乡客运一体化，从而提升村民的生活便利性和整体生活质量。

乡村运输业作为连接生产与消费、城市与乡村的重要纽带，其发展便于促进乡村经济社会的整体进步。物流的高效运作保证了农产品的及时供给和市场销售，有助于提升农民的经济效益；优化的客运服务则确保村民的基本出行需求得到满足，增强了乡村与城市的联系。

#### 6. 农村商业

农村商业是促进乡村消费市场发展的关键因素，其业态多样化，包括农贸市场、超市、夫妻店、连锁店、供销社等，涵盖农资农机、家居用品、家电、建材等多种零售类型。乡村消费者倾向信赖熟人、讨价还价、就近购买以及即买即用等消费模式，体现了其独特的消费文化和行为习惯。随着互联网技术的普及，农村商业迎来了新的发展机遇。数字化基础设施的加快布局，如乡村电商和移动支付等新兴技术的引入，正在重塑乡村的消费观和零售观。这些技术简化了交易流程，提升了乡村消费者的购物便利性和体验。

农村商业正从传统的商品买卖转变为更广泛的城乡资源经营。通过“互联网 + 农村商业”模式，农村商业不再局限于物理商品的销售，还涉及服务提供和资源整合，从而不断增强其生态价值。这一模式通过提高资源使用效率和市场反应速度，为乡村消费市场持续释放巨大潜力。

### （二）农村新产业、新业态、新模式

随着农业供给侧结构性改革的深入实施及村民消费需求的不断升级，传统农村产业正在与新兴产业融合，形成了多样化的新业态和新模式。休闲农业和乡村旅游作为农业与服务业结合的典型代表，为乡村地区提供了新的经济增长点和就业机会。“互联网 +”农业的兴起，包括农村电商、智慧农业和共享农业，利用现代信息技术优化资源配置，提高生产效率，增强农业的市场反应速度和提高消费者满意度。农业生产性服务业和田园综合体、农业公园等新型模式，通过整合农业生产、生活、生态功能，丰富了乡村的产业结构，增强了乡村地区的综合竞争力。

1.休闲农业和乡村旅游

休闲农业和乡村旅游作为新兴产业，体现了农业、旅游、文化的交融，推动了农村一、二、三产业的深度融合。这一产业模式在促进农业多功能性、提高资源利用效率及满足消费者对高品质生活的追求方面，展现出显著的经济效益与社会效益。休闲农业和乡村旅游的快速增长，提升了乡村经济活力，为农民提供了新增的就业机会和收入来源。这种产业形态为消费者提供了从城市到乡村的休闲旅游选项，加强了乡村与外部世界的联系，提升了农产品的附加值。通过这种模式，乡村地区能够更好地展示其文化和生态价值，增强乡村吸引力，促进地方经济和文化的可持续发展。为此，休闲农业和乡村旅游已成为推动农业现代化、实现乡村全面振兴的重要途径。

2.农村电子商务

农村电子商务已成为农产品流通和农业生产资料销售的新兴业态。通过在线平台，农村电子商务创新了传统商业模式，丰富了服务内容，并对完善乡村的现代市场体系起到了关键作用。这一模式成为转变农业发展方式和实施精准扶贫的重要工具，有效推动了农业结构的优化升级。农村电子商务的发展显著提高了农产品的市场竞争力和销售效率，减少了农产品流通中的多级分销环节，直接将农民与市场连接，有效提高了农民的收入水平。同时，该模式助力乡村释放了其消费潜力，促进了地方经济的整体繁荣。通过这一渠道，农民可以直接接触更广阔的市场，增加农产品的销售机会，消费者也能享受到更加便捷、实惠的购物体验。

3.设施农业

设施农业是现代农业经营的一种新模式，以先进的农业工程技术和机械化手段，为植物和动物的生产创造了良好的环境条件。这种农业模式通过控制温度、湿度、光照、水肥和空气等关键因素，有效减少了生产活动对自然气候条件的依赖，保障了农业生产的连续性和稳定性。设施农业的特点包括高投入和高技术应用，带来了高品质、高产量及高效益的生产结果。设施农业涵盖的设施类型广泛，如玻璃温室、塑料大棚及各种小型塑棚和地膜覆盖等，这些设施均是实现农业现代化的重要工具。

4. 智慧农业

智慧农业代表了一种先进的现代农业发展模式，通过综合应用物联网、大数据、人工智能等信息技术，实现了农业生产过程的高度智能化和自动化。这一新业态包括计算机与网络技术、物联网、音视频技术、3S技术（遥感技术、地理信息系统、全球定位系统）以及无线通信技术，还涉及农业生产现场的各种传感节点，如环境温湿度传感器、土壤水分监测设备、二氧化碳监测及图像采集设备。借助这些技术的集成与应用，智慧农业既可以实现对农业生产环境的实时监控、智能预警、精确决策支持和全面分析，也能够提升农业生产的效率和质量。智慧农业还支持专家在线指导，以远程服务的方式为农民提供科技咨询与问题解决方案，推动精准化种植和可视化管理的实施。

5. 共享农业

共享农业是一种结合互联网技术的农业资源管理新模式。该模式通过集中消费者的需求信息，并将其与供应方进行精准匹配，从而实现农业资源的高效重组。这种模式在整个农业产业链中得到广泛应用，有效提高了资源利用率和市场反应速度。随着技术的进步，共享农业已经扩展到共享农庄、共享农机等具体应用，优化了资源分配，提高了农业生产的灵活性和经济性。共享农业作为农业供给侧结构性改革的重要组成部分，已成为推动农业和乡村发展的新动力。

6. 认养农业

认养农业是一种新兴的农事活动模式，通过消费者预付生产费用，生产者则提供绿色、有机食品的方式，实现生产者与消费者之间的风险共担和收益共享。这种模式增强了消费者对农产品质量的信任，提高了农业生产的可持续性。认养农业作为乡村共享经济的体现，正在逐步扩展到旅游、养老和文化等领域，展示出跨行业融合的潜力。这种跨界整合为农业注入了新的活力，也促进了乡村经济的多元化发展。认养农业与乡村其他经济形态的集成创新，为乡村全面振兴提供了新的路径。通过这种模式，乡村地区能够更好地连接市场需求与农业供给，优化资源配置，增强农业生产的市场导向。

7. 文创农业

文创农业指的是一种将文化与科技元素与传统农业相结合的农业经营新模式，有助于实现传统农业功能的拓展和价值提升。这种模式丰富了农业产品的文化内涵，增加了农业的附加值。通过文艺创作的思维和方法，文创农业开发了多样化的农业产品和服务，为消费者提供了具有文化特色的农业体验。

8. 农光互补

农光互补是一种创新的农业能源模式，它将光伏科技与现代农业技术有效结合，在设施农业棚顶建设光伏发电设施，实现清洁能源的利用。在这种模式下，光伏板既可以产生电力，还能够为下方的农作物提供必要的遮阴和保护，促进农业生产的高效进行。农光互补为农业生产提供了新的动力来源，帮助农业减少碳排放，支持可持续发展目标的实现。

9. 农业生产性服务业

农业生产性服务业是农业发展中的重要支撑，涵盖了农资供应、农技推广、农机作业、疫病防治、金融保险、产品分级、储存、运输和销售等多个领域。该业态为农业生产的各个阶段提供了必要的服务，增强了农业生产的社会化和专业化水平。通过整合和优化农业资源，农业生产性服务业提高了农业生产的效率和质量，强化了农业对市场变化的响应能力。此外，这种服务的提供使农民能够更专注生产本身，降低了生产的风险和成本。

10. 农业公园

农业公园采用公园经营的模式，依托农田与村庄资源，整合农业生产与乡村生活，以及农耕文化体验。该模式强调生态休闲与乡土文化旅游的结合，通过现代化的农业生产、景观化的农耕文化呈现、生态化的郊野田园以及产业化的组织形式和园林化的乡村景观设计，提升了农业旅游的业态水平。农业公园的核心在于利用原区域的自然资源与文化资源，创造一种新的农业消费体验。这种模式不仅为游客提供了亲近自然、体验传统农耕生活的机会，也促进了当地经济的发展。

11.田园综合体

田园综合体是一个多功能的农业发展模式，依托农民合作社，融合循环农业、创意农业及农事体验，有效促进农业与休闲旅游、田园社区的一体化发展。通过这种融合，田园综合体优化了乡村的生产结构，创造了与城市互动的新渠道。在田园综合体的推动下，乡村产权制度改革得以深化，现代农业得到了进一步发展，同时推动了休闲旅游和社区建设，有助于城乡融合发展。这一模式通过提供一个可持续的发展平台，助力乡村现代化和新型城镇化，加强了城乡之间的联系与资源共享。

## 二、人才振兴

人才振兴是实现乡村全面振兴的关键举措。人才是推动乡村产业进步与建设的根本。强化乡村人才政策，能有效聚集各类专业技能人才，为乡村提供创新与创业的动力。全面提升乡村人才的培训和发展体系，是振兴乡村经济的关键环节。在人才政策推广中，应引导城市专业人才向乡村流动，促进乡村经济的多元化发展。加强乡村人才的培养与引进，可以为乡村发展带来持续的生机与活力，确保乡村环境的持续改善与经济的健康发展。此外，激发乡村现有人才队伍的潜能，对于加速乡村现代化进程具有重要意义。

关于乡村人才的定义不应局限于传统的乡村劳动者范畴，而是应该包括所有能在农业和乡村领域发挥其才能和专业技能的人员。这些人才源自多个层面，具体包括本地乡村人才、返回乡村的创业者（如返乡农民工、大专院校毕业生、退伍军人等）城市下乡人才以及在乡村任职的干部和大学生村干部等。农村本土人才通常具有深厚的本地农业知识和实践经验，对本地社会文化环境有着深刻理解与适应力。返乡创业者能够引入新的视角、技术和创新思维，这对于传统农村环境的现代化转型至关重要。驻村干部和大学生村干部则在行政与管理层面提供专业支持，增强乡村治理与项目执行的效率。

乡村人才可划分为乡村实用人才与农业科技人才两大类别。乡村实用人才指那些掌握必要知识和技能，能够在农业生产、经营及农村经济建设中发挥作用的劳动者。他们还负责推动乡村的科技、教育、文化和卫生事业发展，如表 1–1 所示。

表1–1　乡村实用人才类型

| 类别 | 描述 | 示例 |
| --- | --- | --- |
| 生产型人才 | 专注于农业直接生产活动，如种植、养殖、捕捞和加工 | 土专家、田秀才、专业大户、家庭农场主 |
| 经营型人才 | 从事农业经营管理与组织领导 | 农民专业合作社负责人、农业生产服务人才、农村经纪人 |
| 专业型人才 | 活跃于乡村教育、医疗等公共服务领域 | 乡村教师、乡村卫生技术人员 |
| 技能型人才 | 在制造业、加工业、建筑业、服务业等方面具有特长和技能的人才 | 铁匠、木匠、泥匠、石匠等手工业者 |
| 服务型人才 | 提供文化、体育、就业和社会保障等关键服务 | 文化艺术人才、社会工作人员、金融和电商技术服务人员 |
| 管理型人才 | 在乡村治理、带领农民致富等方面发挥关键作用的干部和人员 | 村两委成员、党组织带头人、驻村干部、大学生村干部、乡贤 |

需要注意的是，新型职业农民代表现代农业发展的重要力量，他们以农业为职业，凭借专业技能在生产经营中获得相当水平的收入。这类人才也属于农村实用人才，涵盖生产型和经营型两大类。包括专业大户、家庭农场主、农民合作社成员以及农业社会化服务组织的从业者在内。① 新型职业农民通过运用先进技术和科学管理方法，有效提升农业生产的效率与质量，同时促进农产品市场的拓展。他们在农业生产的各个环节中发挥着关键作用，通过合作社和其他形式的组织，促进了资源的集约利用和农业供应链的整合。

农业科技人才则专注于应用科学技术以提升农业生产效率和产品质量，进而支持农村经济的持续发展与创新。农业科技人才具备深厚的农业知识和技能，承担农业科研、教育及技术推广等关键职责。他们的工作是农业现代化进程中的核心，包括农业科研人才、农机人才、农技人才、农业技术推广人才及农村技能服务人才等。农业科研人才致力创新和改进种植养殖技术，农机人才

① 冉茂梅．乡村振兴战略与规划建设实践研究 [M]．长春：吉林科学技术出版社，2022：87.

专注于农业机械的应用和维护，提升生产自动化水平。农技人才和农业技术推广人才则将研发成果转化为生产力，教导农业从业者应用新技术。农村技能服务人才为农村提供必要的技能培训和服务，支撑农业生产和经济发展。这些人才群体的专业活动极大促进了农业生产技术的进步和效率提高，是推动农业科技发展和乡村经济繁荣的基石。

## 三、文化振兴

文化振兴是实现乡村全面振兴的重要基石。乡村作为中华传统文化的重要发源地，其文化内涵深厚，承载着丰富的传统美德和民族精神。提升乡村社会文明程度，塑造文明的乡风、良好的家风及淳朴的民风，是文化振兴的关键任务。乡土文化的振兴是文化传承的需要，更是构建现代农村文明的必要条件。通过振兴乡土文化，可以为乡村社会注入新的活力，增强村民的文化自信和归属感，同时筑就乡村振兴的文化基础。

广义上的乡村文化涵盖了价值观、道德规范、习俗、知识及娱乐等多方面内容。这些文化要素共同构建了乡村的文化生态，对于乡村的稳定发展以及村民身份感和归属感都有着深远的影响。中国的农耕文明和乡土文化是中华文化的根基，深深植根于每一个乡村社会之中。这些文化传统体现在众多方面，包括思想观念、人文精神和道德规范，它们共同构成了中华优秀传统文化的核心。乡土文化丰富了中国的文化景观，塑造了民族的性格和价值观。随着时间的流逝，尽管社会发生了诸多变迁，但人们对乡村文化的情感依旧深厚，乡愁情结持续存在并影响着现代社会的文化认同与传承。这种文化联系使乡村不仅是物质生产的场所，更是精神和文化传承的重要基地。

乡村文化是一种历史悠久且多样化的文化形态，反映了村民在长期的生产和生活过程中形成的生活习惯、心理特征和文化习性。这种文化包括了村民的信仰、操守、爱好、风俗、观念、习惯、传统礼节和行为方式。乡村文化主要由乡村精神文明、农耕文化、乡风文明等组成，每一部分都承载着深厚的文化价值和社会意义。

乡村精神文明应着重弘扬社会主义核心价值观，促进民族精神和时代精神的发展。这一点体现在村民的日常生活中，以及通过政府和社区提供的各种文化服务。例如，文化服务中心、广播电视、电影放映、农家书屋、健身设施和文化志愿服务等，都是推动乡村精神文明发展的重要工具和平台。这些文化产品和服务提供了知识和娱乐资源，也是乡村文化传承和发展的重要支点。通过这些渠道，村民能够接触到更广泛的社会信息和文化内容，增强对传统文化的认同感和自豪感，同时促进了个人和集体道德的提升。

农耕文化是乡村社会的核心文化形态，体现了传统农业的思想理念、生产技术与耕作制度。这种文化通过“男耕女织”的分工、多样的生产工具，以及田园风光中实现的间作、混作和套作等技术，展示了农业生产方式的多样性和适应性。不同地域的农耕文化呈现出独特的地理和文化特点，如西南的梯田文化、北方的游牧文化都丰富了中国农耕文化的内涵。此外，农业遗迹和灌溉工程遗产既是历史的见证，也是现代农业发展中不可或缺的精神和技术资源。这些文化遗产的保护与传承对于维护农业文化的完整性和推动农业可持续发展具有重要意义。

乡风文明体现了村民的生活方式与习俗，涵盖了多种文化表达。生活空间如文物古迹、传统村落和民族村寨展示了乡村的历史深度和建筑美学。礼仪文化中的家庭为本、孝道、尊祖尚礼以及邻里和谐等观念，构成了乡村社会稳定的道德基础，促进了村民间的和谐相处。民俗文化通过节庆活动与民间艺术，如春节庙会、端午赛龙舟、年画和剪纸等，强化了文化认同，也为乡村社会提供了情感联结的平台。这些活动与艺术形式使乡村的文化生活更加丰富多彩。同时，传统美食和非物质文化遗产的保护与传承，是连接过去与未来的桥梁，维持了乡村文化的连续性。为了使乡村文化与现代发展相适应，必须将现代城市的价值理念与乡村特色文化产业发展相融合，赋予乡村文化新的时代内涵。

## 四、生态振兴

生态振兴是实现乡村全面振兴的内在要求。乡村地区的主要优势在于其优美的自然资源，这些资源是其宝贵的财富。乡村的生态美以绿水青山为基础，强调生态宜居环境的重要性。为了推进乡村的生态振兴，需要发展整洁且美观的生活环境，维护生态系统的稳定性与健康，并促进人与自然的和谐共生。建立生态宜居的乡村，除了美化环境之外，还涉及保护生物多样性和维护生态平衡，旨在确保乡村在保持自然美景的同时，也可以实现可持续的绿色发展。

生态振兴是一项复杂的系统工程，涵盖了自然生态系统的保护与修复及人居环境的改善，包括山水林田湖草等自然资源的维护及其生态功能的恢复。农业绿色发展与农村居住环境的优化也是生态振兴的核心内容。推动农业生产向可持续模式转变和改善农村居住条件，对于提升农村地区的生态质量与村民生活质量具有重要意义。

乡村生态振兴的内涵主要体现在三个方面，即发展绿色农业、改善乡村人居环境、保护和修复乡村生态系统。

第一，发展绿色农业。绿色农业通过采用生态物质循环、农业生物技术和营养物综合管理技术、轮耕技术等手段，有效地将农业生产与环境保护相协调。该农业模式在促进农业发展和农户收入增加的同时，侧重环境保护和绿色农产品的供应。绿色农业产出的产品具备生态性、优质性和安全性，符合现代消费者对健康食品的需求。这种农业实践响应了可持续发展的全球趋势，也为农业产业的长远发展提供了一个稳固的生态基础。

第二，改善乡村人居环境。乡村人居环境的改善以创建美丽宜居村庄为目标，关注乡村垃圾处理、污水治理及村容村貌的提升，旨在快速解决乡村人居环境中存在的不足，提高居住质量和生活标准。为确保环境改进的持续性和有效性，还应包括建立一个全面的、长期的管理和保护机制。

第三，保护和修复乡村生态系统。增强生态产品的供给能力并利用乡村自然资源的多重价值，如生态保护和康养服务，是推动乡村全面振兴的重要方向。通过这种方法，可以实现乡村地区生产、生活与生态的和谐统一，进一步塑造“乡村美”。

## 五、组织振兴

组织振兴是实现乡村全面振兴的根本保障。强化乡村基层党组织的领导核心作用，推进乡村组织振兴；增强党在乡村工作的领导力，有效提升乡村治理能力；加快完善乡村治理机制，确保乡村振兴战略顺利实施。以此来为乡村振兴提供坚强的组织保障，确保乡村发展项目和政策得以有效实施，从而促进乡村的经济、社会和文化全面进步。

第一，基层组织构成了我国乡村治理的基础单元，是实施乡村振兴战略的核心支持。这些组织在推动乡村发展政策和计划的实施中扮演着至关重要的角色。基层组织作为连接政府与农民群众的桥梁，确保了政策的有效传达和执行，直接影响到乡村振兴战略的成败。乡村组织振兴关键在于强化基层党组织的建设，其中村党支部扮演着至关重要的角色。村党支部作为党在社会基层的战斗堡垒，负责全面领导所属村庄的各类组织的全部工作，特别是围绕实施乡村振兴战略的多方面活动，包括组织和引领农民群众发展集体经济，增强村庄的经济基础和自我发展能力。贫困村党支部更要动员和领导村民积极参与乡村振兴，确保乡村振兴战略的有效实施，从而提升整个村庄的生活水平和经济状态。

第二，村庄治理机制是乡村组织振兴的重要组成部分，其核心在于村民委员会。村民委员会是基层群众性自治组织，主要负责村民的自我管理、教育和服务。委员会成员包括主任、副主任及三至七名委员，通过民主程序选举产生，任期为五年。村民委员会负责召集村民会议和村民代表会议，讨论并决策影响村民利益的重要事务。为确保决策过程的透明度和公正性，村民委员会采用村务公开制度，允许村民对其工作进行监督。村务监督委员会或其他监督机构担负重要角色，负责监督村务的决策和公开流程、管理村级财产、监督村工程项目建设、实施惠农政策和推动农村精神文明建设。这种治理结构可以增强村民对本地治理的参与感和监督能力，确保决策的民主性和透明性。通过这些机制，村庄能够有效管理和使用资源，提升治理质量，支持乡村振兴战略的实施。

第三，农村集体经济组织源于农业合作化运动，构成了一种独特的经济实体。在自然乡村界限内，农民自愿联合，将个人所拥有的生产资料，如土地、大型农具和耕畜纳入集体所有，由集体负责组织农业生产和经营活动。这种组织形式与企业法人、社会团体和行政机关均有本质区别，具有其特有的政治性质和法律性质。农村集体经济组织在法律上是除国家之外唯一拥有土地所有权的组织形式。通过行使这一权利，该组织既可以参与经济活动，还能够在村庄治理中发挥重要作用。通过管理和使用集体土地资源，增强了村民对集体经济的依赖和信任，激发了村民在村庄治理中的主动性和积极性。

# 乡村全面振兴路径规划一：乡村建筑设计

# 第二章　乡村建筑设计基本理论

随着乡村振兴战略的深入实施，“农村”的传统概念逐渐被更广义的“乡村”所取代，其发展定位也从单一的生产功能向功能复合转变。这种转变除了涉及经济发展，还包括社会、文化和环境等多方面的综合提升。乡村建筑设计作为乡村振兴全面发展的重要组成部分，开始受到广泛关注，其设计不仅要满足实用性，更要融入生态、美学及文化因素，以适应乡村的多功能发展需求。

## 第一节　乡村建筑类型及设计理论来源

### 一、乡村建筑类型

#### （一）按住宅的层数分类

乡村建筑类型按住宅层数可分为三种类型，即单层的平房住宅、低层住宅和多层住宅。

1.单层的平房住宅

乡村住宅的传统形式通常是单层平房，这种类型在一定历史阶段满足了基本的居住需求。然而，随着经济和技术的发展以及人居环境要求的提高，更新和改善这些住宅的必要性日益凸显。在受到经济条件限制的前提下，乡村住宅的建设应侧重改善现有住宅的居住条件而非大规模扩建。在经济条件较好的地区，为了有效利用土地资源，通常不推荐建设新的平房住宅。而在人口较少且土地资源充足的边远山区，单层平房可能仍是合适的选择。除了考虑地区因素，建筑设计也需引入现代化的元素，以确保住宅既符合现代居住的舒适性和功能性，又能够有效地利用可用资源，符合当代乡村发展的需要。

2. 低层住宅

三层及以下的住宅通常被称为低层住宅，这类建筑是南方乡村住宅的常见形式。低层住宅的建筑风格多样，包括独院式、毗连式和联排式等类型。这些住宅在设计方法、庭院布置及立面设计等方面与多层住宅存在明显差异。其主要优点包括平面组合的灵活性，能够根据不同的面积需求进行调整，以及层数较少，使楼层之间的联系更为便捷，省去了为公共区域预留的空间。这些特性使低层住宅特别适合乡村地区，既满足了居住的功能性，又优化了空间使用，提高了居住的舒适度。

3. 多层住宅

多层住宅通常指的是建筑层数在六层及以下的住宅楼。这类建筑在乡村建设中较为常见，特别是四层或五层的结构。多层住宅由于其较高的空间利用率和适度的高度，能够较好地适应土地资源较为紧张的区域，同时便于集中管理和提供更多的集体设施。在多层住宅的设计和建设过程中，强调结构的安全性和居住的舒适性，同时需要考虑到建筑的美观性和环境的和谐性。这类建筑适用于那些人口密度相对较高的乡村地区，可以有效提升居住密度，优化土地使用，同时满足村民对于居住环境质量的需求。随着建筑技术的发展和居住需求的变化，多层住宅的建设需要遵循严格的建筑标准和规范，确保建筑质量和居住安全，以适应乡村振兴的长远发展目标。

### （二）按结构形式分类

村建筑按结构形式可分类为四种类型，分别为木质结构、砖木结构、砖混结构、框架结构。

1.木质结构

在乡村建筑中，木质结构是一种经典且广泛采用的建筑形式，尤其在那些木材资源丰富的地区。这种结构类型因其多样性和环境友好性而备受推崇。木质结构通常指完全或主要使用木材作为支撑和承重材料的建筑。这种结构类型在世界许多传统和历史建筑中都有应用，尤其是在亚洲和北美的某些地区。木质结构美观，还具有良好的抗震性和可持续性，是一种可再生资源。木质结构则更多地指使用木材进行内部装饰和部分支撑的建筑。它可能结合使用其他材料，如石材或金属，以增强建筑的整体稳定性和功能性。木质结构常见于现代建筑设计中，用以提供温暖和自然的内部环境感。这种结构形式的建筑通常与环境融为一体，提供高效的自然隔热特性。木质结构的建筑也因其能够融入自然环境和历史文化的背景而被高度评价。

2.砖木结构

砖木结构是一种传统的建筑形式，广泛应用于乡村民居中。这种结构类型结合了木材的灵活性与砖石的稳定性，兼具实用性和美观性。在砖木结构中，木质构架通常作为主要的承重结构，负责支撑整个建筑的重量。木材的使用提供了足够的强度和柔性，使建筑具备良好的抗震性。同时，木质构架的存在允许更多的设计灵活性，便于根据实际需要调整空间布局。砖作为围护结构的材料，增强了建筑的防火性和隔音性，提供了额外的保温效果。在一些设计中，砖还可以用作部分承重墙体，与木质结构共同承担建筑重量。这种结合使用砖石和木材的方式，增强了结构的整体稳定性，提高了建筑的耐久性和安全性。砖木结构的建筑通常具有独特的美学价值，能够展示出传统建筑的魅力。

3.砖混结构

砖混结构是一种在我国乡村住宅建筑中广泛采用的结构形式。该结构主要由砖、石和钢筋混凝土组成。在此结构中，砖或石材构成的墙体和柱子作为垂直承重构件，主要承受建筑的垂直荷载。钢筋混凝土则用于构造楼板、梁、过梁以及屋面等横向承重构件，这些构件搁置在砖或石材构成的墙体和柱子上。此种结构方式有效利用了砖石的稳定性和钢筋混凝土的承载能力，并且还兼顾了经济性与耐用性，适应了乡村地区对住宅建筑的基本需求。因此，砖混结构成为乡村建筑中一种可靠且实用的选择。

4. 框架结构

框架结构在乡村住宅建设中是一种常见的建筑形式。该结构主要由梁和柱组成，形成住宅的主要骨架，提供了建筑的基本支撑和稳定性。在乡村建筑中，除了传统的木质结构，现代框架结构主要采用两种材料：钢筋混凝土和轻钢。钢筋混凝土结构以其高强度和耐久性在农村建筑中得到广泛应用。钢筋混凝土框架结构能够承受较高的荷载，适合多层建筑，且维护成本相对较低，满足了农村对经济实用的需求。轻钢结构则因其建造速度快、重量轻、可回收性好等特点在乡村建设中逐渐流行。轻钢框架结构易于组装和拆卸，对基础要求不高，非常适合需要快速建设的乡村地区。

### （三）按庭院的分布形式分类

乡村建筑类型在庭院的分布形式上可以分为五种类型，分别是前院式、后院式、前后院式、侧院式以及天井式。

1. 前院式

前院式的庭院布局常见于中国北方地区，其主要特点是庭院设置在住宅的南面。这种布局利用了南向的优势，使庭院能够获得较多的阳光，同时避免了冷风的直接侵袭，为居住者提供了一个温暖的户外环境。这种设置非常适合家禽和家畜的饲养，让它们可以在充足的阳光下生长，同时能得到较好的风雨保护。前院式布局也存在一些缺点。最主要的问题是生活区和用于存放杂物的区域往往混合在一起，导致生活环境的卫生条件较差。

2. 后院式

后院式的庭院设计常见于中国南方地区，其特点是将庭院安置在住宅的北侧。这种布局的优势在于能够提供一个朝向良好、相对隐蔽和凉爽的环境，能够满足炎热气候地区的生活需求。住房面向南，可以最大限度地接受阳光，同时，将庭院设置在北面能够为家庭活动或副业生产提供一个阴凉的空间，可以避免高温影响。后院式布局通常能提供方便的前后交通流线，这为家庭成员的日常活动和物资搬运带来便利。但是，这种庭院设计的一个潜在缺点是住宅可能较易受到来自街道或邻近活动区的干扰，因为主要生活区域面向外部，可能会受到噪声和其他干扰的影响。

3. 前后院式

前后院式庭院布局中，住房将庭院划分为前后两个区域，每个区域承担不同的功能。通常，朝南的前院用于日常生活活动，如休闲、娱乐，而朝北的后院用于存放杂物和饲养家禽家畜等。这种布局的主要优点在于功能分区明确，将生活区与储存或工作区域分离，从而提供了更加便利、清洁、卫生且安静的生活环境。前后院式特别适用于那些宅基地宽度较窄而进深较长的住宅，因为这种地形条件下，通过合理规划前后院，可以最大限度地利用有限的空间，同时满足村民对生活质量和功能需求的多样性。前后院式还能有效地优化住宅的通风和采光条件，南向的前院能够引入更多的自然光，使主要生活区域更为明亮和温暖；而北向的后院则提供了一个相对阴凉的空间，适合于夏季使用或作为功能性较强的工作区。

4. 侧院式

侧院式布局的庭院通常被划分为两个主要部分：生活院和杂物院。生活院通常位于住房的前面，用于日常生活活动，而杂物院设置在住房的一侧，用于存放工具、杂物等。这种布局的优点在于功能区域的明确划分。生活院与杂物院的分隔使居住空间清洁与杂物存储区域明显区分开来，从而维护了居住区的清洁和整洁。虽然分区功能明确，但两个院子之间仍保持连通性，便于村民在不同区域间的活动流动，提高生活便利性。

5. 天井式

天井式布局中，将庭院设计在住宅中央，使天井成为连接各个房间的核心空间，有助于引入自然光线和组织室内气流，从而调节住宅的小气候。这种设计优化了居住空间的光照和通风条件，提供了一个适合各年龄层，特别是老年人进行日常活动的户外空间。在冬季，天井能够提供一个避风的场所，使居住者在户外可以享受阳光而不受寒风干扰。天井的设计考虑了各个房间的采光和通风需求，确保整个住宅环境的舒适性和功能性。天井内庭常被布置为一个绿色的小绿洲，通过引入水体和植被、美化环境的同时，有助于进一步调节室内的温度和湿度，起到自然的调节作用。这种设计手法有效地利用了自然资源，创造了一个生态友好的居住环境，被视为住宅的“生态肺”。

### （四）按空间类型分类

在乡村建筑中，按照空间类型的分类，住宅可以根据不同的户型结构被分为三种类型，即垂直分户、水平分户、跃层分户。

#### 1. 垂直分户

垂直分户的住宅结构通常为二至三层的低层建筑，每户拥有从底层到顶层的全部空间，并具有独立的门户及庭院。这种住宅形式非常适合乡村地区，因为它既可以节约土地，还能够支持农副业活动的进行。村民可以在自家庭院中存放农机具、晾晒谷物等。即使是那些已不直接从事农业生产的村民，垂直分户住宅因其接近自然的生活方式和提供独立空间的特点，依然非常受他们的欢迎。这种住宅形式不仅让村民享受私人庭院的便利，也符合传统的民情风俗和生活习惯。因此，垂直分户的二至三层住宅成为乡村地区的主流居住形式之一。

#### 2. 水平分户

水平分户的乡村住宅主要采用两种布局形式：水平分户平房住宅和水平分户多层住宅。

第一种形式为水平分户平房住宅，这种结构每户占据一层完整的空间，享有独立的入口和庭院。这样的设计优势在于村民生活便捷，易于开展各类家庭生产活动，与自然环境的连接性强。然而，这种类型的住宅占地面积较大，对土地资源的利用效率较低，因此，在乡村规划中应当谨慎考虑，尽量减少这种平房的建设。

第二种形式是水平分户多层住宅，通常为六层以下的公寓式结构，村民通过公共楼梯间进入各自的住宅单元。这种多层住宅普遍采用一梯两户的设计，每户各占有一层中的一部分空间。虽然多层住宅有效提高了土地使用率，但二层以上的住宅单元存在接地性较差的问题。为改善居住体验，设计时应重视阳台的尺寸和布局，确保阳台与起居室的有效融合，在满足功能需求的基础上，保证视觉和使用上的舒适性。

3. 跃层分户

跃层分户作为乡村住宅建设的一种创新方式，通过其独特的空间分配优化了土地利用。这种住宅结构通常适用于四层的多层建筑，其中，一户跨越一、二层，而另一户覆盖三、四层。该设计有效地解决了上层住户接地性问题，提高了居住的舒适度和空间利用率。为了改善三、四层住户的居住体验，通常采取两种措施：第一，为三、四层的住户设置从地面直接起始的户外楼梯，这样可以为上层住户提供更直接的进出通道；第二，通过扩大阳台面积并将其设计成露台形式，增加上层住户的户外活动空间，既可以提高上层住户的生活质量，也能够充分利用垂直空间，使整个建筑的功能性和美观性得到提升。

## 二、乡村建筑设计理论来源

### （一）绿色建筑设计理论

绿色建筑设计理论强调建筑与环境之间的和谐共生，目的是减少对环境的负面影响，通过使用可持续材料、节能技术和资源效率的方法来优化建筑的生命周期。这种设计理论促进了能效高、资源利用率高和环境影响低的建筑实践。

1. 保护自然，顺应自然

绿色建筑设计理论主张在建筑设计和建设过程中，应细致考量基地的自然要素，力求在最小化人为干预的同时，保留地形和地貌的原始特点。这种方法有助于建筑物与其周边景观的整体协调，还强调使用可再生能源和环境友好材料以提高能源使用效率。绿色建筑设计通过优化能源管理和材料选择，致力于减少有害物质排放和建筑废料，从而减轻对环境的负面影响，旨在创建一个既节能高效又生态友好的居住和工作环境，确保建筑活动与自然环境的长期可持续发展。

2. 节约能源和用材

绿色建筑设计理论强调节能和材料使用的经济性，推崇利用本土资源以减少运输过程中的能耗和降低成本。通过使用本地能源和材料，可以有效降低建筑对外部资源的依赖性，同时促进本地经济发展。采用被动式节能措施，如优化自然光利用、改进建筑外壳的热性能，可以减少建筑的能源需求。实施主动式节能措施，如安装高效能设备和系统，可以进一步提高能源使用效率，确保能源的最大化利用。选择环保的高性能可再生建材可以减少对环境的负面影响，提升建筑整体的可持续性。在设计上，减少不必要的装饰也是降低资源消耗和浪费的有效方式。

3. 提升使用舒适度

绿色建筑设计理论强调在保持建筑与自然环境和谐相处的基础上，必须重视对室内环境舒适度的提升，确保室内空气质量、光照、温度和声环境均能满足居住者的生理与心理需求。使用环保材料，优化建筑的热性能，利用自然光和通风等措施，旨在创造一个健康舒适的居住和工作环境，提高居住者的生活质量。

4. 注重建筑的全生命周期

绿色建筑设计理论注重建筑的全生命周期，包括规划设计、施工建造、运营使用以及废弃拆除各个阶段。在规划设计阶段，绿色建筑应重视集成节能与环保的构思，确保设计从一开始就融入可持续的理念。在施工建造阶段，采用对环境影响最小的施工技术和方法，减少施工过程中对周边环境的干扰。在运营使用阶段，绿色建筑通过高效的能源管理和环境控制系统，优化能耗和减少有害物质排放，同时保持室内环境的舒适度。在建筑的生命周期末期，即废弃拆除阶段，绿色建筑设计亦注重资源的回收再利用，尽量减少废弃物对环境的影响。

5.跟进时代发展

绿色建筑的设计与实施应紧跟时代发展，适应各个时期的特定需求。在规划和设计阶段，必须考虑到政策导向和科技的最新进展。例如，采纳新的节能技术和可持续材料可以显著提升建筑的能源利用效率。利用最新的科技创新方法，如智能建筑系统和可再生能源技术，有助于确保乡村建筑不仅符合当前的环保标准，还能预见未来可能的调整。这种前瞻性和对新兴技术的应用能够确保绿色建筑项目的持续相关性和效能，促进乡村发展的同时支持环境的可持续发展。

## （二）在地性建筑设计理论

在地性建筑设计理论继承并发展了传统地域性建筑的核心概念，融合了批判地域主义和建筑乡土性的现代思想。该理论着重于建筑设计过程中对地形地貌、自然生态环境以及地区文化传统的深入考量，旨在创造与其地理和文化背景紧密相连的建筑作品。该理论还特别关注村民的实际生活需求，强调建筑应响应当地社群的具体情况和生活方式。① 在地性建筑在技术选择和材料使用上，反映了对当代建筑技术和材料的深入了解与应用，确保建筑实践不仅符合地域性要求，而且采用最合适的现代技术和材料以提升建筑性能和效率。与传统地域性建筑相比，这种设计方法在定义地域范围上更为精确，强调与时俱进，确保设计方案能够有效地结合当代的社会、技术及环境变化。

1.呼应当地生态地理环境

相较于传统地域主义的广泛地区关注，在地性建筑设计理论更注重对具体地点的细致考察和分析。此方法要求设计师在建筑规划与设计过程中，顺应并保护基地原有的地形和绿化景观，减少建设活动对自然环境的干预，保证设计的地域性和环境的整体性。在设计过程中，设计师应优先使用当地的生态资源和材料，以增强建筑的环境适应性并促进资源的可持续使用。这种做法有助于建筑与自然环境之间形成一种有机的联系，确保建筑项目既满足功能需求，又与周围环境和谐统一。

① 刘国元．乡村振兴视角下乡村建筑设计研究[M].北京：北京工业大学出版社，2023：19.

2.关注即时社会发展现状

在地性建筑设计要求设计师深入把握当地的社会发展现状，精确分析当地的经济条件、建造技术及资源材料的可用性和局限性，便于选择恰当的建材和建造方法，确保建筑设计既符合当地的社会经济环境，又能实现技术的最优应用。采用当地可获取的材料既可以降低成本，也能够减少环境负担，而采纳适宜的建造技术可以增强建筑的功能性和持久性。通过这种方法，建筑项目能够紧密地与当地社会和经济状况相连，确保其实用性和时代感。这种设计使乡村建筑能够在满足基本功能的同时，更好地促进当地的整体发展，体现出建筑与地区发展的同步进步。

3.延续当地传统文化内涵

在地方性建筑设计理论中，延续当地传统文化内涵是一个核心组成部分。这种理论强调建筑设计并不只是满足功能性的要求，而是文化传递和地域认同的重要手段。设计师在创作时，深入研究当地的历史、艺术、建筑风格及材料使用，从而确保新的建筑能够与地区的历史脉络和文化特色相协调。采用当地传统的建造方法、形态和材料，建筑作品既可以呈现出视觉上的连贯性，也能够加深村民对本土文化的认识与理解，强化乡村的文化连续性和地域特色，使建筑本身成为一种文化表达，加强村民的地区归属感和文化自豪感。

4.关注当地人文生活需求

在地性建筑设计理念强调满足村民的实际生活需求，并考虑未来可能的发展。设计师在设计时，除了要继承并强化当地的传统生活习惯和文化归属感，还应关注村民当前的需求与未来的生活向往。通过提供适宜的居住环境，增强建筑使用者的满意度和幸福感。实践中要将现代功能与传统元素相结合，确保建筑既反映地方特色，又能适应现代生活方式的变化。

# 第二节　乡村建筑设计基本原则

## 一、整体优化原则

乡村建筑规划设计应遵循整体优化原则，即从宏观角度出发，综合考虑区域的生态环境。该过程涉及对各种自然环境要素的全面分析，以确保生态规划设计能够兼顾区域的整体性和局部需求。乡村建筑规划要考虑其结构和功能的适应性，重视资源节约、生态保护与环境改善，以促进生态、自然与人文的和谐发展。乡村建筑设计应充分考虑其与周围环境的关系，确保设计方案能够与地区的生态特性相协调。这种设计方法不只是对建筑本身的考虑，更是对其生态系统的整体考量，旨在通过合理的规划实现区域环境的持续利用和保护。乡村建筑规划设计还应关注生态系统的长远发展，通过科学合理的布局和设计，推动乡村建筑与自然环境的融合，既可以提高建筑的使用效率，也有助于维持和增强地区的生态平衡。

## 二、因地制宜原则

乡村建筑的规划设计应采用因地制宜的原则，即针对不同区域的特定地形地貌、气候水文以及社会文化背景，进行个性化设计。这种设计方法不只是为了适应自然条件，更是一种资源的合理利用与环境保护的体现。通过顺应天时地利，可以有效降低能耗与经济成本，同时保护和增强自然景观。在乡村建筑设计中，设计师还需注重设计理念与当地的人文环境相融合。尊重并融入地方传统文化和历史背景，是设计中不可忽视的一环。将地方的传统民俗和历史元素整合进建筑设计中，不仅能够促进文化的传承，还增加了建筑的文化价值和地方特色。设计过程中还应确保建筑项目的社会功能与环境保护相结合，为村民创造一个既安全又舒适的生活空间。合理地规划设计能够提升村民的生活质量，同时促进区域经济的和谐发展。

## 三、可持续发展原则

可持续发展是一种综合性的发展策略，其核心在于当代社会的发展能够满足现代人的需求同时不损害后代人满足需求的能力。这一概念基于两个基本元素：一是“需要”，即优先满足贫困人群的基本需求；二是对“需要”的“限制”，涉及未来对环境资源的合理利用，避免对后代造成不利影响。在实际应用中，可持续发展要求在物质利用、经济活动、资源管理及环境保护等方面达到平衡，确保不同领域之间的协调与发展。

1987 年 2 月，世界环境与发展委员会发布了影响深远的报告《我们共同的未来》，首次正式提出了“可持续发展”的概念。该报告针对全球环境及发展面临的挑战，提出了可持续发展的理念。此后，“可持续发展”成为全球范围内制定未来发展策略的重要基准，影响了各国的政策制定和实践活动。

在建筑学领域，可持续发展理念的引入促进了多种建筑理论的发展，并与功能主义结合后形成了生态建筑设计理念，亦称为绿色建筑理念。此概念超越了单纯的垂直绿化、屋顶花园以及建筑材料和形态设计的传统视角，强调了建筑与环境的和谐共生。2019 年，我国发布的《绿色建筑评价标准》定义了绿色建筑为在整个生命周期内节约资源、保护环境、减少污染，并为人们提供健康、高效、适用的空间的高质量建筑。该标准指出，无论是新建、改建还是扩建，建筑活动都需要大量资源，并对环境造成显著影响，因此，建筑设计与规划阶段必须严格遵循绿色建筑的标准。绿色建筑的设计标准基于因地制宜的原则，强调建筑的安全耐久性、健康舒适性、生活便利性、资源节约性和环境适宜性。这些标准涉及建筑的选址、结构建设及材料应用，为建筑的绿色转型提供了具体评判依据。在乡村建筑设计中，应用绿色建筑理念尤为重要。因为乡村区域通常资源有限，环境脆弱，采用绿色建筑标准有助于保护乡村环境，也能提高建筑的能效和居住舒适度。将绿色建筑理念融入乡村建筑设计，既可以实现资源的高效使用和环境的持续保护，还能提升居住者的生活质量，促进乡村地区的可持续发展。

## 四、人与自然和谐发展原则

人类与自然的关系复杂而又微妙，体现了相互依存和本质统一的特点。自然界既是人类生存的前提，也是人类活动的基础。自然环境的发展与变化并不依赖人的意志与意识。人类依靠自然获得必需的生活与生产资源的同时，人类也通过科技与文明活动在不断地利用与改造自然。这种关系显示，人类的生存与发展离不开自然资源的支持，而自然环境的健康与持续也需要人类的合理管理与保护。因此，人与自然的关系不只是和谐共存，更是一种深层的统一。

在生态环境中，生物间存在着复杂的相互依存关系，人类与其他生物的互动尤为显著。区别于其他生物的是，人类能够通过主观能动性影响和改变自然环境以满足自身的需求。这种能力使人类能够通过各种活动让自然界服务于特定目的，从而在某种程度上支配自然。尽管人类具有改造自然的能力，但自然界自身的发展遵循客观规律，任何超越这些规律的人类活动都可能引发环境变化，甚至导致破坏。若人类行为未能考虑自然界的这些客观规律，过度地干预和破坏可能会造成居住环境的恶化，威胁生态系统的平衡，影响人与自然的和谐共存。人类在进行任何改造自然的行为时，都必须严格遵循自然界的客观规律。

人与自然和谐发展原则强调人类与自然界的辩证统一关系，其中人类的生产活动与对自然资源的利用密切相关。人类通过劳动与实践活动，将自然界的物质资源转化为满足自身需求的产品，实现与自然的直接联系和相互作用。劳动是人与自然互动的基本方式，也是连接人类与自然界的桥梁。通过生产活动，自然界的资源被转化为有用的产品，而这一转化过程本身，也体现了人类对自然的依赖和影响。乡村建筑设计应充分考虑这种关系，确保设计既能满足人类居住和使用的需求，又能保护和尊重自然环境。在设计乡村建筑时，应采用可持续的方法和材料，保证建筑活动对自然环境的影响最小。例如，利用自然材料、采用节能设计、保持自然地形和水体的完整性，都是实现这一目标的有效途径。人类在实践中利用和改变自然的过程中，必须意识到自然的承受力有限。过度开发和不合理地利用自然资源，会引起自然环境的恶化，甚至导致自然灾害，这种破坏最终会对人类自身造成伤害。因此，乡村建筑设计必须强调环境保护和对资源的合理开发利用，以确保人与自然的和谐共生。

# 第三节　乡村建筑设计注意要点

## 一、整体与局部的辩证统一

在乡村建筑设计中，强调整体与局部的辩证统一至关重要。设计师需要确保每个建筑项目除了与乡村的整体环境和风貌协调一致，还需要精心处理建筑的每一个细节，确保建筑既能融入乡村的整体景观，又能展现其独特的风格和功能。

### （一）整体村域层面

在乡村建筑设计中，应确保所有建筑风格的一致性，采用类似的屋顶形状、一致的建筑材料以及相似的建筑规模和层数，以维持村域的整体和谐与统一。在这一风格统一的框架下，设计师可以运用不同的设计手法，如变化窗户形状或调整外观细节，来突出各建筑的个性，增加视觉的丰富性。需要注意的是，设计师在设计时必须谨慎处理个体与集体利益的关系，避免个人创作冲动影响到整体的协调性。过度追求个性化的设计可能会打破已有的建筑和谐，破坏村域的整体视觉效果。

### （二）个体建筑层面

设计师在处理建筑外立面的造型及室内空间的装饰部件时，必须遵循整体区域建筑的基调。尽管追求个性化表达是设计的一部分，但不应采用与村域主体建筑风格截然不同的设计手法和建筑部件，以免破坏整体风格的连贯性。为此，在进行乡村建筑设计时，设计师应秉持整体视角，既要在统一的风格中探索变化以增添个性与新意，又要在这些变化中确保不脱离整体风格的约束，以实现整体与局部的辩证统一。

## 二、现代与传统的有机融合

建筑设计作为一门艺术，其发展历程深植于传统之中。在乡村地区，传统文化和乡土气息浓郁，这些是乡村建筑不可或缺的组成部分。面对现代化的推进，若完全摒弃这些传统元素，乡村建筑可能会逐步与城市建筑同质化，进而失去其文化特色，使乡村与城市的界限逐渐模糊。所以，在乡村建筑的设计与发展中，坚守传统基础，深耕乡土文化是至关重要的。设计不应仅仅是复原或复制传统元素，而应采用批判和发展的视角，探索与传统相结合的现代设计方法。通过这种方式，可以有效地实现现代技术与传统美学的结合，创造出既反映现代生活需求又蕴含传统文化精神的建筑作品。

## 三、多方位群体的相互协作

在乡村建筑的发展过程中，许多建筑是村民自行设计和建造的。这种方式虽展现了村民的创造力，但由于缺乏专业设计知识及过度追求个性化，导致许多建筑在风格上与当地环境不协调，甚至采纳了不适合的现代化或国外风格，对本土文化造成了损害。同时，这些建筑在质量和居住舒适度方面也难以满足村民的需求。近年来，随着乡村振兴战略的全面实施，乡村建筑成为乡村振兴中的一部分，对乡村建设重视程度也随之提升，政府和社会开始引导专业建筑师参与乡村建筑设计。这些建筑师在深入了解当地文化和环境后，创造了许多符合乡土文化的优秀作品。然而，这些从专业角度出发的设计往往缺乏对村民具体生活需求和个人喜好的考虑，导致一些理论上显得不错的作品，在实际使用过程中被村民改造或遗弃。

乡村建筑的设计与建造应由设计师、村民及本土工匠通过协作完成。在此过程中，设计师需深入掌握村民的生活需求及本地文化，并融合村民的反馈。此外，鼓励村民在专业人员的引导下参与建造，既有助于村民学习建筑技能，还能确保他们在未来自主建造时能遵循正确的建造方法和技术标准。这种协作模式有助于设计出既符合实用性又具有地方特色的建筑，从而增强村民对新建筑的认同感。

# 第三章　乡村振兴下的乡村建筑设计过程

随着国家对乡村振兴战略的深入推进，乡村建筑设计逐渐成为提升乡村发展水平的重要环节。在这一背景下，乡村建筑不仅要满足基本的居住功能，还需要体现地方特色和文化内涵。乡村振兴背景下的建筑设计过程主要包括四个方面，即调研阶段、目标策划阶段、全过程设计阶段以及建造与运营阶段。在设计过程中，不仅需充分考虑村民的实际需求，还应注重建筑与周边环境的协调，避免单一化和模式化。

## 第一节　调研阶段

### 一、调研的方法

与城市建设相比，乡村建设展现出较大的可塑性，乡村建筑设计需考虑到特定地区的地域特色和当地村民的生活方式。这种针对性和地域性要求设计师必须进行充分的调研，以确保设计方案在技术上的可行性，同时能融入当地的文化和环境。

#### （一）向乡村学习

向乡村学习主要指的是对地方建筑传统的深入挖掘和充分利用。这种方法强调学习当地优秀的建筑样式，提炼出地域特色建筑的趣味性及其材质表现形式，从而融入地域文化的核心。这一方式也涵盖了与乡村工匠的互动学习。

由于乡村建筑设计多依赖手工操作，且建筑材料具有高度的本地化特征，因此传统设计师的专业知识在此环境下的适用性相对较弱。与之相对，经验丰富的乡村建筑工人则拥有丰富的建造知识和技巧，值得设计师学习并借鉴。通过与工匠的合作，可以更好地完成乡村建筑的建设工作，使之既保留传统韵味，又符合现代使用需求。

### （二）走进乡村，热爱乡村

在乡村建筑的设计与建设中，建筑师的角色应当是引导者，而非传统意义上的设计者。这一转变源于城乡建设目标的本质差异。村民追求的是温馨而适用的居住环境，而非外观花哨的建筑作品。因此，乡村建设中对设计师的专业性要求相对降低，反而更加强调对乡村生活的深刻理解与热爱。例如，郝堂村的设计案例中，设计师孙君的本职是画家，他的工作重点在于深入乡村生活，从村民的需求出发，而不是仅仅从建筑学的专业角度进行设计。

乡村建筑设计目前尚处于试验性阶段，强调对每个地区特有条件的深入理解和适应。在这一过程中，建筑师的专业知识虽然重要，但更为关键的是对当地风土人情及乡村建筑需求的准确把握。如果忽视这一点，认为仅凭专业知识就能解决所有设计问题的观点，是不可取的。成功的乡村建筑设计始于对目标地区的详尽调研。这一阶段的工作不仅包括收集有关的自然和文化数据，还包括与当地村民的交流，以确保设计方案能够真正满足用户的需要和期望。这种深入的前期调研是设计过程中不可或缺的部分，任何设计阶段的疏漏都难以通过后续工作来弥补。因此，乡村建筑设计的成功与否，在很大程度上依赖前期调研的全面性和准确性。将调研工作进行到极致，既可以为后续的设计和建设阶段节省时间，还能够显著提高整个项目的效率和效果。正如俗语所言，“磨刀不误砍柴工”①，充分的前期准备是高效执行的前提。乡村建筑设计的核心在于如何将调研成果转化为适应当地环境和文化的建筑方案。建筑师应当秉持开放的态度，认真对待每一个调研细节，确保设计方案既科学又具有实用性，真正达到提升当地村民生活质量的目标。

① 沙滩孤雁．王阳明心学：知行合一的智慧[M].哈尔滨：哈尔滨出版社，2020：110.

## 二、调研阶段的公众参与

### （一）各方价值倾向与目标

1.公众

在乡村建筑调研阶段的公众参与中，村民的参与态度和程度各异。尽管并非所有村民都愿意接受访谈和填写问卷，但多数村民还是积极参与，借此机会表达自己的需求和期望。部分村民不愿意参与或不认真填写问卷，主要是因为他们对调查的真实性和效果持怀疑态度，担心调研只是形式，不会真正反映并满足他们的意愿。公众在调研中主要关注于建筑的安全性、生活和生产的便捷性、空间的充足性以及建设成本的合理性。他们倾向对那些实用而经济的项目表示支持，对仅注重形式或浪费资金的项目则持保留态度。大多数积极参与的村民希望通过问卷调查表达自己的观点，期望自己的乡村能够得到更好的发展，并建造出真正符合当地需求的建筑。在他们看来，只有通过诚实地表达自己的想法，政府和设计师才能准确了解并满足他们对乡村未来的期望。这种情况表明，确保调研的有效性和公众信任是乡村建筑设计中不可忽视的关键。村民的积极参与和真实反馈是乡村建筑项目成功的基础，能够帮助设计师和决策者更好地理解并满足乡村社区的实际需求。

2.乡镇部门

乡镇部门在乡村建筑设计调研阶段承担着“中介”的角色，主要负责促进建筑师与村民之间的沟通。这些部门通常将民意调查任务委托给建筑师，并采取多种措施支持公众表达其需求和诉求，目的是减少后期工作中的重复和修正。乡镇部门还需向建筑师传达上级政府的规划意向和期望，这些意向常体现上级部门的具体要求，如希望在较短时间内实现高质量的建设成果等。乡镇部门的领导层可以在村民、建筑师及上级政府之间搭建沟通的桥梁。在此过程中，他们除了需确保各方面需求和要求的准确传达，还必须在出现矛盾或问题时进行有效协调和解决。这样的角色定位使乡镇部门成为调研阶段成功与否的关键因素。

3. 建筑师

在乡村建筑设计领域中，建筑师的角色和职责多种多样。一部分建筑师的工作集中于在村民需求与政府愿景之间找到平衡点。这些专业规划者强调应从村民需求出发，引导空间改造的决策思路，重视如何使设计方案更好地服务于村民的生活、文化及产业发展。规划建筑的主要任务是创造能够支持这些需求的空间载体，深入理解乡村的内在需求和运作机制后进行精心选择和设计，因此他们参与的项目往往具有较强的公共性质。另一部分建筑师则以项目合作者的身份参与乡村建设，他们的工作内容和范围往往受限于项目的资金来源和甲方的具体要求。这种情况下，建筑师的任务具体而明确，但可能导致的结果是类似于简单的外观翻新，而不够深入地触及乡村的长远需求和发展。无论是哪种角色，建筑师都需要与村民进行频繁交流，努力成为一个善于沟通的专业人员，确保真正理解并满足村民的实际需求，以“村民为中心”的原则进行设计。

### （二）公众参与的公平性和典型性

在乡村建筑设计的前期调研阶段，民意调查是关键的一环，它使公众能够参与到项目的设计与规划中。由于乡村项目通常涉及广泛的利益相关者，直接让所有村民参与调研可能并不现实。因此，政府部门和建筑师通常会采用问卷抽样调查和抽样访谈的方法来收集必要的信息。为确保公众参与的公平性，这些调研活动常常以家庭为基本单元进行。通常情况下，每个家庭至少有一位成员参与问卷或访谈，这种做法有助于收集广泛而均衡的意见。为了更全面地理解村民的需求和诉求，建筑师还会组织座谈会，邀请所有村民参加，以便直接从村民那里收集反馈信息。这种直接交流的方法可以深入挖掘村民的具体需求，有助于将这些需求转化为实际的建筑设计方案。

在乡村建筑设计调研过程中，尽管问卷调查和访谈是常见的数据收集方式，但这些方法往往存在较强的预设性，可能导致结果仅停留在表面层次。为了更深入地理解村民的真实需求和生活方式，除了直接邀请村民参与，还可采取建筑师驻地观察的无形参与方式。这种方法通过建筑师与村民共同生活，观察日常生活中的典型活动和生产习惯，从而在不显著干预的情况下，让村民在无意识中表达他们的真实诉求。例如，南京大学乡村振兴工作营采用的实践模式，团队成员与村民同住，通过日常观察和交流来进行研究。乡村调研还应借鉴社会学和人类学领域的参与式观察方法。这种方法强调从实际生活出发，通过深入乡村的方式来理解村民的生活状态和社会关系，避免了问卷调查较为固定和引导性强的研究局限。该方法要求规划者与村民共同生活，通过日常交流的方式深入了解村民的生活和需求，使村民能够表达真实的诉求，从而提高调研的精确性和有效性。在这种互动中，规划者可以通过非正式的聊天，观察和记录村民在日常生活中表达的想法和需求，这些信息通常比传统的问卷调查更加真实和直接，有助于捕捉村民最关心的问题，还能确保这些问题在规划和设计中得到充分考虑。

### （三）建筑师的引导

在乡村建筑设计的调研阶段，建筑师为了确保沟通的有效性，通常需要政府的协助。例如，在面对广泛的调研任务时，建筑师可能会请求当地志愿者的帮助；当遇到语言障碍时，可能需要依靠村干部的翻译协助；在组织座谈会时，政府的加入可以使这一过程更加顺利。无论资金来源于何方，调研阶段都需要对村民的意见给予高度的重视，确保这些意见在项目设计与实施中占据核心地位。

在规划设计过程中，建筑师常常扮演着政府与村民之间的桥梁角色，寻找双方均可接受的解决方案。以云南孟连傣族拉祜族佤族自治县富岩镇为例，建筑师王冬在其论文中分析了在项目开发中遇到的主要矛盾：政府与村民在项目目的与愿景上的差异。地方政府希望发展旅游业，注重保持佤族传统的“茅草屋”特色，而村民则期望借此项目改善居住环境，关注“茅草屋”的现代化改造。在面对政府与村民在发展目标上的分歧时，建筑师团队采取了双向沟通的方式。首先，他们向政府部门详细传达了村民对于改善住房条件的迫切需求，并强调了每户民宅的改造对于整个村寨保护与改造项目成功的重要性。之后，建筑师也向村民明确传达了政府的整体规划和长期目标，让村民理解村落整体环境的提升与每个家庭的福祉之间存在的互利关系。在规划和设计阶段，建筑师运用“复合”设计理念，巧妙融合政府对于文化遗产保护的要求与村民对于现代化住宅的期待。通过这种设计手段，既保留了村寨的传统特色，也提升了居住环境的功能性和舒适度，实现了文化传承与现代居住需求的有机结合。这种方法不仅满足了政府与村民的双重期望，也为村寨的可持续发展提供了实际的解决方案，展示了专业建筑团队在促进地方发展中的关键作用。

建筑师作为建筑领域的专家，其引导策略在协调政府与村民之间的关系中扮演了关键角色。政府和村民对于建筑师的专业知识和经验持认可态度，这使建筑师能有效地促进双方向折中方案的妥协。建筑师通过专业的引导和设计，提出既符合政府发展计划也顾及村民实际需求的解决方案。这种策略既体现了对村民生活质量的关注，也满足了政府对文化和历史遗产保护的要求。通过建筑师的调解，双方能够理解到各自的立场和需求，从而更容易接受协商后的方案。建筑师的介入也增强了项目执行过程中的透明度和信任度。通过专业的沟通和策略实施，建筑师帮助双方达成共识，有效推进了项目的顺利进行，确保了调研的成功完成。

## 第二节　目标策划阶段

### 一、目标策划阶段设计流程

目标策划阶段设计流程涵盖四个主要步骤，每个步骤均设有明确目的，形成策划工作的核心结构，如图 3–1 所示。

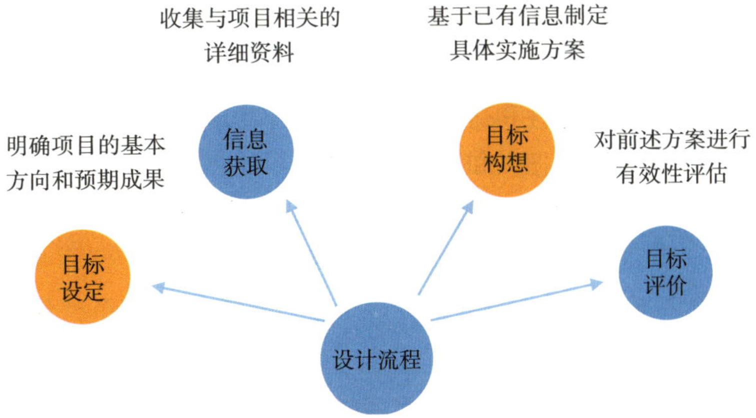


图 3–1　目标策划阶段设计流程

### （一）目标设定

在乡村建筑策划中，项目开始阶段的关键在于明确目标设定。项目目标通常由当地村民设定，有助于反映他们的需求与期望。然而，不同条件下可能出现当地村民、策划者、使用者及经营管理者对项目目标的认识不统一的情况。这就要求策划者在多种需求与目标中，精准把握并确定哪些是至关重要的核心目标。确立这些核心目标是乡村建筑策划成功的基础，因为它们将指导项目的整体方向与实施策略。

在乡村建筑项目的筹备阶段，对当地文化生活状况的全面调研是基础工作。调研内容应包括对现有文化建筑的类型、数量及乡村使用人群规模的详细分析，目的在于充分发掘和利用现有的文化资源及服务设施，以便精确界定村民所需的文化功能。基于调研结果，进一步对需建设的文化建筑类型做出决定。依据项目服务的具体范围及目标人群，设定建筑的规模，确保其能够满足使用者的实际需求。在建筑项目规划初期，清晰界定项目的功能定位至关重要。另外，还需要考虑到将来的发展可能，预设空间以应对未来需求的变化。

有效的目标设定是项目成功的基石，旨在为后续的设计工作提供清晰的方向和目标。在乡村振兴的背景下，确立明确的设计目标既可以确保建筑方案响应当地的具体需求，也能够促进乡村的整体发展。通过精确的目标设定，可以具体化建筑设计的每一个细节，优化其功能布局，增强其在美学和实用性方面的表现。这种方法不仅使设计方案能够有效地服务于当地村民，提升他们的生活质量，也为乡村的可持续发展奠定了基础。目标设定的过程中，强调目标与实际需求之间的对接，以及未来发展潜力的预估。这样的策略性思考帮助项目团队发展出更具前瞻性和适应性强的建筑解决方案，确保长期效益的最大化，支持乡村地区的持续振兴和繁荣。

### （二）信息获取

在乡村建筑策划中，信息获取是一个涵盖外部与内部条件的关键过程。外部条件信息涉及项目所处的地域文化特性、周边环境状况以及相应的规划要求。这些信息对于确保设计符合地区特性和环境要求至关重要。内部条件则包括项目的使用人群特征、功能需求以及其社会价值定位。了解这些内部信息有助于设计团队更好地满足使用者的具体需求和期望，同时确保项目能够在社会文化层面产生积极的影响。

乡村建筑策划中的外部条件包括乡村的地理气候特性、地域文化背景、人口构成、周边公共建筑的现状、社会环境、当地的经济和技术条件以及相关的乡村规划政策。为了系统地理解这些条件，收集到的相关信息被分为文献资料和调研资料两大类。文献资料主要来源于已有的档案和文献，这些资料提供了项目所需的基本背景和制约因素的详细描述。调研资料则需要通过实地调研来获取。这种资料通过直接与村民进行交流和深入乡村社会环境的观察，收集具体的数据和第一手的信息。内部条件涵盖活动主体的界定、行为方式、特征、村民及政府的需求、功能需求以及建设条件等方面。对使用主体及其行为内容和方式的详细界定，是制定策划的基础。活动主体的行为方式和特征直接影响建筑设计的功能定位和空间布局。村民的文化活动内容和方式，以及他们的价值取向和心理需求，都需要通过详细的信息收集和分析来把握。政府的需求也对建筑功能和形式的规划具有指导意义。

单独依赖外部信息，如地理气候、地域文化和规划政策，虽然可以提供环境和文化背景，但不足以全面理解项目需求。同样，仅依赖内部信息，如使用者的行为模式、功能需求和心理期望，也难以在缺乏外部环境支持的情况下做出合理规划。只有将外部与内部信息有效结合，才能全面完成信息的收集和整理。这种信息整合既可以增强对乡村建筑定位的准确性，也可以使对村民需求的分析更加精准，从而设计出真正符合村民需求和环境适应性的建筑方案。

### （三）目标构想

信息获取的后续步骤是对这些信息进行分析整理，这是目标构想阶段的关键前提。通过数据和信息分析得出的结论帮助在目标构想过程中形成客观定义，并融入建筑师的主观设定。目标构想环节在信息调查和建筑设计流程中起到了桥梁作用，承接信息分析的结果，启动实际设计的初步方案。这一环节不仅需要依据客观事实进行目标设定，也应体现设计师的创意和预见性。

在乡村建筑策划中，目标构想的形成除了受策划的影响，更多地依赖于村民的参与，这是乡村特定环境的一种独特需求。乡村建筑的策划构想包括多个关键环节，如场地构想、空间构想、技术构想和经济构想等。场地构想主要关注项目的选址、布局和交通规划，确保所选位置能够满足功能需求且与周边环境协调；空间构想则涉及空间布局的优化，包括内部空间的内容、规模和功能配置，旨在提升建筑的使用效率和居住舒适度；技术构想聚焦建筑的结构和材料选择，有助于确保建筑的稳固性和持久性。经济构想则通过对项目投资和运营成本的分析，评估其经济可行性，这一步骤是项目成功实施的基础。

### （四）目标评价

在乡村文化建筑设计过程中，进行阶段性的目标评价是必要的。这一评估过程使建筑师能对已完成的工作内容进行反馈与修正，从而有效地推进项目的后续阶段。评价主要在几个关键节点进行：策划工作完成后进行首次评估，以确保初步设定的目标和策略的适宜性；随后在设计的每个阶段结束时进行评估，以检查设计方案是否满足预定的功能和美学要求；建造完成后进行评估，以验证结构的安全性和质量；在建筑投入使用前后，分别进行评估，前者确保建筑符合使用标准，后者则评估建筑的实际使用效果与维护情况。目标评价可以进一步细分为三个层面，如图 3–2 所示。

图 3–2　目标评价层面

1.建筑策划评价

在建筑策划过程中，评价可以确保策划的各个环节均能达到预定的质量和效果。评价首先需要明确内容，涵盖策划流程的科学性、合理性及严谨性，以及调研信息的准确性和策划内容的均衡性。另外，还需评估策划结论是否符合使用人群或业主的价值需求与利益诉求，以及预算是否与业主的投资预算相匹配。策划的评价不是一次性过程，而是一个需要不断迭代和优化的循环过程。如果在评价过程中发现策划结论未能满足既定需求，必须返回至相关策划阶段进行必要的调整和改进。重视策划评价的过程意味着在发现问题时，建筑师应积极进行修正而不是回避。重复的修正虽耗时费力，但却是确保项目最终成功的关键。忽视或简化任何评价环节都可能会导致整个项目的失败，因为未经充分验证的策划可能无法满足村民的实际需求和心理预期。因此，建筑师在策划过程中应持续关注细节，确保每一部分的执行都无可挑剔，最终的建筑设计能够真正满足村民的需求和业主的期望，从而达到高效和价值的双重保证。

2. 设计方案评价

设计方案评价的核心目的在于判断设计方案在实际应用中的效果与策划预期的一致性。此评价过程包括多个关键标准：第一，评估设计方案是否符合业主的价值需求，确保项目反映出所有相关方的利益；第二，验证建筑目标是否达到了预设的设想，主要涉及建筑的整体构思与实际执行之间的对应关系；第三，考察建筑功能是否满足使用需求，确保建筑的实用性与功能性；第四，评估建筑的性质是否符合乡村地域的特色，强调设计方案与地域文化的融合。如果设计方案未能遵循初步的策划构想，必须深入分析背离原因。这一评价过程不仅提供了策划与实际执行之间的对比分析，还有助于指出设计过程中需要改进的具体方面。

3. 使用后评估

使用后评估是对乡村建筑物在实际使用之后的情况进行的系统评价。该评估根据乡村建筑项目初期的目标设定来分析建筑的实际使用效果，确定乡村建筑是否达到了其预定的功能和效果至关重要。通过这种评估，可以了解建筑在实际操作中的表现，判断其是否满足村民的需求和期望。使用后评估还提供了改进未来项目的宝贵数据，有助于指导后续乡村建筑策划和设计的改善，确保更高效地达成项目目标。

乡村建筑的评估分为结构评估和价值评估两大类。结构评估侧重建筑的安全性，涉及对建筑的结构、使用的材料及构件的技术分析。这一评估确保建筑的稳固性和长期使用的安全性。价值评估则基于建筑的功能定位，分析其对内部空间、形式、结构、装饰和材料的适宜性，并考虑建筑如何影响外部的社会环境、人际关系和经济产业。这些评估不仅可以为当前的建筑项目提供重要的反馈，还能够对未来的建筑策划活动提供指导。评估过程中发现的问题应及时反馈至策划阶段，以便对策划过程进行必要的调整和完善。这种循环反馈机制不仅有助于提升乡村建筑的整体质量和功能适应性，也促进了乡村文化建筑规范和标准的完善。

## 二、目标策划阶段的公众参与

### （一）各方价值倾向与目标

1.公众

这里所说的公众主要指的是乡村村民，他们应拥有参与家乡建设的主动权、发言权和知情权。这种参与感让村民真正感受到自己是家乡变革的一部分，从而激发他们为家乡发展贡献力量的热情。推动乡村发展需要依靠村民自身的努力，而非单纯依赖国家援助。这种自主性促使村民更加积极地参与到家乡的建设中。例如，具备专业知识的村民可以提供智力支持，资金雄厚的企业家可以进行投资，普通村民则可以参与实际的建设活动。这样的合作精神有助于增强村民的凝聚力，使乡村建设项目更加贴合实际需求。随着每个人的参与和贡献，乡村建设可以持续进步，改善村民的生活质量，增强他们对家乡发展的满意度和归属感。这种正向反馈促进了更多村民为家乡建设出力，形成了一种良性循环，使乡村不断向前发展，村民生活持续改善。

2.乡镇部门

乡镇部门在乡村建设中是连接上级政府与村民之间的重要桥梁。这些部门除了负责将上级政府的规划和发展策略传达给公众，还需要将村民的意愿和需求反馈给上级政府。这种双向沟通确保了乡村建设的透明性和公众的参与性，提升了政策的接受度和实施效果。乡镇部门的干部作为政府工作者，承担着推动乡村发展的责任，应站在村民一边，支持他们获取必要的信息和资源，协助他们更好地理解和参与到乡村发展中来。此外，乡镇部门可以为公众提供关于乡村发展的详细信息，帮助他们了解如何参与到这些项目中，以及如何从中受益。乡镇部门的有效工作可以极大地促进公众和上级政府之间的良好沟通。通过确保信息的及时传递和村民意见的有效反馈，乡镇部门有助于打造一个透明、互动的乡村建设环境。当村民的需求和建议被充分理解和采纳时，他们更加乐于支持和参与到乡村建设中，有助于提升整个项目的成功率。

3. 建筑师

建筑师的参与多是出于社会责任感，旨在通过专业能力促进乡村的发展和美化，确保乡村振兴战略的有效实施。这些专业人士，不论是受邀参与还是主动接洽项目，都需将村民的需求和乡村的传统文化置于设计的核心。建筑师的工作并不只是设计建筑，更重要的是理解和融入当地的文化和环境，在与村民密切沟通的基础上，深入了解他们的生活需求、文化价值观以及对未来家园的期待。对乡村的地理位置、历史背景和风土人情的深入研究也是设计过程中不可或缺的部分。通过综合性的调研和设计方法，建筑师能够创造出既符合实用需求，又不失地域特色的乡村建筑。这样的设计既满足了村民的实际需求，也有助于保持和弘扬当地的文化特色，加强村民对新建筑的接受度和归属感。最终，通过建筑师的专业输入和村民需求的有机结合，乡村建设项目能够有效地推进，实现提升乡村环境和生活质量的目标。

### （二）公众参与的全面性和学习性

在乡村建设的目标策划阶段，确保公众了解相关信息是至关重要的，既可以促进他们的积极参与，也能够增强项目的透明度和公信力。实施有效的宣传策略是引导公众参与的关键。宣传活动应广泛覆盖，确保所有相关方都能获得准确的项目信息。为了实现这一点，宣传工作需要采用多样化的传播手段，包括但不限于传统媒体、社交网络、村民会议以及信息开放日等。多维化的宣传形式有助于信息的深入人心，使公众在了解到项目的具体内容之外，还能够理解其背后的意图和目标。政府相关部门在这一过程中主要负责整合和传递村民意见，并代表村民寻找并选择合适的建筑师团队或合作企业。通过全面而透明的宣传，村民可以全方位地理解项目的发展目标和计划，有助于利用公众的资源优势，在项目实施过程中形成有益的反馈和建议，促进乡村建设项目的顺利进行和成功实现。这种全民参与的策略极大地提升了乡村建设的效率和质量，使之成为真正意义上的“全民项目”。

村民的积极参与是乡村建设成功的核心要素之一。了解和支持发展计划的村民不仅可以推动项目前进，还能增加项目的社会接受度和长期成功的可能性。因此，确保村民在参与过程中接受适当的培训，掌握必要的知识和技能，是极为关键的。村民的培训涉及技术或专业知识的提升，更包括对当地文化和社会环境的深入理解，使村民能够更好地认识到自己在乡村建设中的角色，以及他们的参与如何影响整个乡村的未来。例如，在清西陵的发展过程中，梅静通过开设学堂来提升村民对家乡文化的认同感，并通过实际的建设项目激发他们的参与意识。在洞庭湖村的重建项目中，建筑师通过长时间的培训和沟通，与村民建立了深厚的信任关系，使得整个乡村团结一致，共同做出最适合村落发展的决策。这种广泛而深入的村民参与确保了设计的每一个环节都得到了充分的讨论和优化，最终实现了一个既符合现代审美又保留传统特色的乡村建设方案。

公众的全面参与和持续学习是乡村建设不可或缺的部分。缺乏这两个方面的综合性和系统性，公众的参与可能无法达到预期效果。只有当公众既全面参与又持续学习时，他们才能真正理解乡村建设的目标策划阶段的重要性并做出贡献，帮助设计师设计出更加完善和实用的建设方案。

## 第三节　全过程设计阶段

### 一、规划咨询阶段

在全过程设计的规划咨询阶段，重点是编制乡村建筑设计的可行性研究报告。此阶段需详细分析总体规划控制规定和土地出让合同中的绿色建筑要求，同时考虑区域环境特点及业主的具体需求。报告中将明确项目的节能目标、所需达到的绿建等级，以及相应的技术方案。报告还需包括施工控制措施、运营管理策略和成本核算，确保设计方案的实施可行性和经济合理性。通过这一阶段的深入分析和规划，可以为乡村建设项目的成功实施奠定坚实的基础，确保项目既符合绿色建筑的标准，也满足业主与使用者的期望。这种综合性的前期咨询和规划工作是项目顺利进行的关键，有助于实现建筑的可持续性和功能性目标。

## 二、方案设计阶段

在方案设计阶段，乡村建筑的设计过程分为三个关键步骤。初始阶段，设计团队将项目的设计理念与乡村建筑策划相融合，发展出适应地域气候和项目特性的技术措施，并进行初步的投资估算。这一步骤确保设计方案既符合地理和气候条件，又满足项目的特定需求。深化阶段，设计团队需细化具体的节能技术措施和指标，并进行必要的星级认证模拟分析。这一过程中，各专业团队共同协作，以确保设计方案的技术可行性和环境友好性。在方案设计的最后阶段，技术图纸的完成将具体化建筑技术和细部构造，这些都是实现建筑目标的具体表现。同时，设计团队将协助业主完成建筑设计的评价标志认证和申报工作，确保设计成果符合国家和地区的建筑标准及认证要求。这种系统的设计流程优化了建筑的功能性和美学价值，也为乡村建筑的可持续发展提供了坚实基础。

## 三、施工阶段

在施工阶段，重视绿色施工的实施至关重要。第一，必须对建设单位和施工单位进行专门的施工培训，确保所有参与者了解和掌握节能、节水、节材及材料循环利用的最佳方案，有助于施工团队深入理解绿色施工的标准和技术要求。第二，根据项目的具体特点，制定并提交一套详尽的绿色施工方案。此方案应详细说明如何在施工过程中实现环境保护和资源最优化利用，包括合理安排作业流程，使用环保材料，以及采用节能技术。第三，项目的施工管理需强调对建筑设计细节的严格把控，特别是在保温隔热和施工安装方面。通过提高施工精度和质量管理，确保所建建筑满足节能标准，从而达到预定的节能指标。

### 四、运营监测阶段

在建筑项目竣工后，运营单位须实施综合的绿色物业管理方案，确保建筑的持续高效运作。这一方案包括详尽的绿色物业管理制度，涵盖绿色建筑后评估管理制度、绿色建筑评价与标识管理制度以及绿色建筑性能保险制度等多个方面。这些制度的建立旨在确保建筑物在运营期间维持其设计时的节能和环保标准，通过对建筑物的持续监测和定期评估，及时发现并解决运营过程中可能出现的问题。日常的运营维护管理工作包括记录设备运行状态，进行定期的设备检测，以确保所有系统和设施按预期工作，实现能效最大化。这种系统化的管理既可以提高建筑的运行效率，还能够保障建筑性能长期符合绿色建筑的标准，为村民创造一个健康、安全、舒适的生活环境。

## 第四节　建造与运营阶段

### 一、建造与运营阶段的基础

方案设计阶段是建造与运营的关键基础，它直接决定了建筑项目的成败和最终的使用效果。设计阶段应细致考虑村民的实际需求和地区特色，确保建筑既实用又能体现乡村的独特文化。

#### （一）各方价值取向与目标

1.公众

在乡村建设的方案设计阶段，村民的积极参与尤为重要，因为他们是未来建筑物的主要使用者和维护者。公众的意见和建议能够为设计方案提供宝贵的参考视角，特别是在满足具体的生活习惯、适应地方习俗和确保居住舒适性方面。性价比是他们极为关心的方面，希望投资能够带来最大的生活质量提升。村民在方案设计阶段应展现出强烈的主人翁意识，积极参与讨论，表达他们的需求和期望。这种参与有助于提升设计方案的质量，确保方案能够真正反映出用户的实际需求，从而在建造和运营阶段减少问题，降低未来的维护成本。设计师和规划者需密切关注这些反馈，通过适应性调整，确保方案的实用性和可持续性。

2. 乡镇部门

在方案设计阶段，乡镇部门是项目方案的把关方，更是确保方案实施可行性的关键决策方。在这一阶段，乡镇部门的职责是确保村民关注的问题得到妥善解决，并从宏观角度控制项目的总体成效。领导们需要评估方案的落地性，预测最终效果能否达到预期，以及方案是否具备可推广性。还需核算所需的资金投入，评估建设及后期维护的经济负担，同时确保所有规划都符合相关规范和法规。乡镇部门及上级部门对方案设计阶段的重视程度都比较高，因为一旦方案设计存在缺陷，将直接影响到后续的建造和运营阶段，可能导致整个项目无法顺利进行。因此，他们在这一阶段的决策和监督职能是确保项目成功的重要保障。

3. 建筑师

在方案设计阶段，建筑师必须在不同利益方之间进行精细的平衡。这一阶段，建筑师不仅是设计的执行者，更是村民与政府之间的桥梁。他们需在政府的规范要求和公众的具体需求之间找到共同点，同时处理可能出现的任何分歧。建筑师在与村民的互动中，常常需要调整设计以符合村民的实际使用习惯和预算限制。同时，他们还必须确保设计满足政府对乡村建筑的多样性和丰富性的愿景，包括在维持乡村传统风貌的基础上，引入现代建筑元素和技术。在方案调整过程中，建筑师的技术专长和创新能力被推到前台。他们不仅要确保建筑设计的美观性和功能性，还要考虑建筑成本，保证建筑既经济实用又符合建筑节能和环保标准。

### （二）公众参与的有效性和代表性

公众参与的有效性是方案设计阶段的关键指标，能显著影响项目的成功与否。政府通常会通过组织方案汇报和村民座谈会的方式，确保村民能直接参与讨论，表达自己的看法和建议。在互动过程中，建筑师需要对村民的疑问给予充分的解释，确保设计方案的每一个细节都为村民所理解。对于村民提出的修改建议，建筑师需评估其可行性，并根据实际情况适时调整设计方案，这样的响应机制有助于提升方案的适应性和满意度。村民参与的重要性除了反映在提出的问题和建议上，更重要的是他们的意见能否被采纳并反映在最终的设计中。有效的公众参与能确保设计方案既需要体现技术上的先进，还需要真实反映使用者的需求和地方特色。虽然达成完全一致的意见很难，但通过广泛的讨论和协商，可以确保方案在最大程度上反映多数人的意见和最佳利益，从而为建造和后续运营阶段打下坚实的基础。

在方案设计阶段，为确保讨论的效率和实用性，通常不宜让每个家庭都直接参与发言。过多的参与者可能导致讨论难以深入，难以形成有效的建设方案。因此，可以采取选举代表的方式进行意见收集和表达。在这个过程中，村民需要先在内部进行讨论，形成初步的共识之后，从中选举出具有代表性的个人参与到与建筑师和政府官员的更高层次讨论中。这些代表需要充分理解村民的需求和期望，并具备一定的沟通能力，以便能清晰、有效地传达公众的声音。这样的公众参与机制有助于收集和整合更具针对性和代表性的意见，提高方案讨论的质量。代表的有效沟通有助于建筑师和政府官员更好地理解公众需求，从而在设计方案中充分考虑这些因素，确保最终的建设方案能够真实反映并满足村民的实际需求。例如，杭州市富阳区场口镇东梓关村的方案汇报中，体现了建筑师与村民之间的有效沟通。建筑师原计划增加建筑的入口丰富性和街巷层次感，提出了将每户大门设计成不同朝向的创新方案。然而，这一设计与村民的期望发生了明显的分歧，基于长期的生活习惯和深厚的文化传统，村民普遍希望大门朝南。在尊重村民传统习惯的基础上，设计团队对方案进行了调整，最终决定将所有户的大门统一朝向南方。针对村民对房屋独立性的强烈要求，设计中避免了共用墙体的情况，确保每户房屋保持独立。对于村民提出的车库不是必需，而储藏室必不可少的需求，设计团队在村落中心规划了一个集中停车场，同时确保每户均配备足够的储藏空间。村民还普遍反映不希望在自家周围种植树木，因为他们认为树木会影响住宅的采光，从而影响生活质量。基于这一反馈，建筑师将树木安排在了各户的后院进行种植，既保证了绿化美观，又满足了村民对采光的要求。

### （三）建筑师的引导

在方案设计阶段，作为设计合作方，需要在确保村民广泛接受设计方案的基础上，从村民最关心的领域寻找突破点，如成本效益和潜在的经济回报。低造价与预期的经济效益往往是吸引公众注意的重要因素。建筑师在设计过程中应该承担引导的职责。由于村民可能不完全清楚他们在建筑方面最关心的是什么，建筑师需要通过提供多种选项来引导村民发现自己的真正需求和偏好。例如，展示不同的设计风格、功能布局或成本效益分析，帮助村民形成具体的看法。借助这种方法，建筑师才可以收集到村民的反馈，并根据这些反馈调整设计方案，以更好地满足村民的期望。随着项目的推进，经过精心的引导和协商，建筑师能够按照经过优化的设计方案进行建造。这样的建筑不仅可以在技术和美学上满足要求，在实用性和经济性上也符合村民的实际需求。在运营阶段，村民能够按照自己的需求和喜好使用建筑，确保了建筑的长期使用效益和村民的满意度。这种双向的满足过程显示了建筑师在方案设计阶段引导的重要性和有效性。

## 二、建造与运营阶段的公众参与

### （一）各方价值倾向与目标

1.公众

在建造与运营阶段的公众参与中，村民的角色和活动表现出明显的分化。一部分村民在建筑方案确定后，其参与主要停留在期待最终成果的阶段，他们关注的是最终能否按照预期使用新建设施。另一部分村民则在施工过程中找到了新的角色，即参与到建设的监管和维护中，为项目的顺利进行提供实时的监督和反馈。这些积极参与监管的村民对工程的质量和最终验收具有直接的影响力。他们检查工程是否按照设计方案准确执行，是否存在任何偏差，并确保所有建筑细节都达到预定的标准。

2. 乡镇部门

乡镇部门在建筑项目的实施中需要满足公众、社会及上级领导的多重期待。他们的主要任务是确保项目能按照计划顺利完成，除了涉及监督工作的有效执行，还包括对项目资源的合理配置。面对可能的挑战，如资金限制、施工条件的不利因素以及工作中的精力分配，乡镇部门必须采取措施以防止这些因素负面影响项目质量。确保建筑项目顺利进行需要乡镇部门投入相应的资金、时间和精力，对施工过程进行严格监控。

3. 建筑师

对于建筑师来说，直接参与项目现场的监督往往受到时间和地理位置的限制，这使得他们难以全面掌握施工过程中的即时变化。远程指导虽然是一种解决方案，但它无法完全替代现场管理，存在一定程度的不可控性。但是，如果公众对项目结果感到满意的话，这种不可控性对建筑师而言也是可以接受的。以杭州市富阳东梓关村的项目为例，在项目实施过程中，建筑师尤其关注公众的反馈和需求是否得到满足。在他们看来，只有当公众的期望和心愿被实现时，项目才真正算是成功。当项目通过最终验收，且建筑成果得到村民的认可和赞赏时，建筑师则会感到极大的欣慰和满足。

### （二）公众参与的自主性和积极性

在乡村建设项目中，有效利用本地资源，特别是当地的工匠技能，对于提高项目的可持续性和自给自足能力至关重要。很多乡村具备丰富的建造传统和工艺知识，当地工匠不仅熟悉传统的建造技术，还了解如何使用本地材料，这些都是现代建设项目中宝贵的资源。通过动员这些具备专业技能的村民直接参与建设工作，可以确保建筑工程质量和设计的地域性，还能增强村民的归属感和自豪感。此外，为这些参与的村民提供公平的报酬，可以增加他们的经济收入，同时激励他们学习新的建造技术和现代工艺，进一步提升本地建筑行业的水平。乡镇部门在这一过程中需要充分发挥其组织和动员的能力，要促进村民的技能发展，还要激发他们参与乡村发展的积极性。例如，在松阳县平田村四合院的改造项目中，建筑师采取了一种让施工队具有较大自由度的策略，主要目标是维护传统建筑的原貌。与木工师傅的深入讨论促成了一种结合钢材、木材与夯土的建构体系，这种体系既保留了传统元素，又融入了现代建筑技术，展现了一种创新的融合方式。郴州太平乡洞庭湖村的改造由建筑师王求安主导，在规划方案确立之后，村民通过选举成立了一个建房理事会，以确保建设过程中的民主参与和有效管理。理事会共同决定了三项重要措施以优化建设过程：第一，统一购买建材，确保材料质量的一致性和成本效益，防止材料采购过程中的混乱和价格差异；第二，统一施工时间，有助于规范建设进度，避免长时间的施工干扰；第三，施工完成后通过抽签方式分配房屋，避免村民在建设过程中过度干预，确保施工的顺利进行。

# 第四章　乡村振兴下的乡村废弃建筑公共性改造设计

党的十九大首次提出乡村振兴战略以来，各界纷纷响应号召，通过不同方式积极参与到乡村建设活动中。在这一背景下，“乡村振兴”和“设计下乡”逐渐成为焦点，为乡村带来了前所未有的发展机遇。传统乡村通过功能重组和空间重构，促进了自身转型升级的同时，也为乡村的再生注入了新的活力。这些活动的目标是建设具有地域特色和丰富乡村文化的美丽乡村。随着城镇化进程的加速，个别农村地区出现了人口减少的现象，留下了废弃的农房和建筑。对这些废弃建筑的有效处理和再利用，已成为乡村建设的重要组成部分。

## 第一节　乡村废弃建筑改造的相关设计理论

### 一、适应性理论的认识

#### （一）适应性的来源与发展

适应性最初源于生物学，描述的是生物体通过生理、形态、行为或遗传的变化，以适应环境并提升其生存与繁衍的可能性的过程。这一概念强调的是生物与环境之间的互动与调整。“适应性”这个词的词根来自拉丁语，其中“ad”意为“向”或“朝向”，而“apt”意味着“适合”或“合适”，也就是“适合于某种状态”。① 适应性是指生物通过物竞天择所带来的生理或行为上的改变，以适应环境并增强其生存或繁衍的能力。此概念基于特征是否对生物的存活和繁衍过程带来直接利益。若某一特征有利于生物体的存活或繁衍，则可视为一种适应。这种适应可能涉及生物形态、功能或行为上的变化，都是生物为了更好地适应环境条件而进行的自然选择的结果。因此，适应性是生物进化中至关重要的一个方面，体现了生物与环境相互作用的动态过程。

“适应”描述了一种双向的动态状态，其中主体和客体互相调整以达到更优的互动关系。这一概念不仅适用于生物对环境的适应，也广泛应用于建筑学。在建筑领域，适应环境的过程可分为三个等级：物质环境、社会环境和文化环境，如表 4-1 所示。

表4-1　建筑适应环境的三个等级

| 等级 | 环境形态 | 目标 | 相关内容 |
| --- | --- | --- | --- |
| Ⅰ级 | 物质环境 | 充分利用可获取的自然资源，如地理位置、当地材料等，来支持和促进人类的发展需求 | 自然环境自发形成的资源与行为 |
| Ⅱ级 | 社会环境 | 利用社会发展带来的新资源，如新技术和新材料，以推动建筑行业的进步 | 新技术、新材料、新的建构方式的采纳和应用 |
| Ⅲ级 | 文化环境 | 提升和反映地区的艺术、法律及文化活动 | 将地区的意识形态和价值观融入建筑设计中，反映一个地区的文化意识状态 |

### （二）建筑适应性

建筑的适应性调整除了涵盖建筑的维护，还包括对建筑物进行的任何改动，旨在更改其容量、功能或性能，以适应新的条件或需求。这种调整可以是对建筑物的再利用或升级，确保建筑能够满足当前的使用要求。传统上，关于现有建筑物的适应性调整通常具有较窄的含义，主要指的是建筑的功能性转变。例如，一个工业厂房可能被改造成为住宅或办公空间，这种转变涉及设计和结构的修改以及新技术的应用，以确保新功能的有效实现和建筑性能的提

① 张枫．建筑适应性设计释意及核心理论研究进展[J]．住宅科技，2018，38（3）：37-42.

升。这些调整是对原有建筑特性的一种扩展和完善，使其更好地服务于社会的变迁和需求。

东南大学的王建国院士在探讨建筑适应性时提出了独特见解，认为建筑与环境的关系不应只是被动适应，而应是一个动态的、不断进化的过程。建筑的适应性应表现为主观能动性的发挥，通过持续的改进和创新更好地回应自然环境的变化。王建国强调民居建筑是建筑适应性最真实的反映，因为它们直接面对并回应各自独特的地理和气候条件。① 不同地区的民居通过其设计、材料选择和结构布局展现了对本地环境的深刻理解和应对，这些差异性体现了建筑适应性的地域性和多样性。

建筑适应性的演变本质已从被动适应环境转变为动态发展。自古希腊、古罗马时期及中国周朝起，建筑适应性就已体现在对教堂、宫殿、陵墓等建筑设计的需求中，超越了传统的功能性，适应于更广泛的文化和社会需求。工业革命以来，随着机械化和电力的应用，建筑材料和结构发生了根本变革。由传统的砖、石、木结构，演变至广泛使用的钢结构和钢筋混凝土，改变了建筑的形态，带来了高层建筑和大跨度结构的可能。这一时期，科技进步与建造技术的革新推动了建筑适应性的发展，使建筑更好地满足人类对于生产、生活和活动空间的需求。现代建筑适应性要求建筑设计不仅要主动地、有条件地与环境对话，还需要在面对环境变化时，展现出灵活适应的能力，确保建筑物在功能和形式上持续满足使用者的需求。

建筑适应性体现了建筑在环境变化中通过自我调整来适应的能力。这种调整不仅适应自然环境的变化，还涉及文化环境的变迁，因此在不同的历史时期和技术条件下，建筑的功能和空间需求也随之变化。建筑适应性的设计要求从环境、空间、结构和材料等多个维度进行考量，这些要素之间的相互作用和影响是推动建筑功能实现的关键。例如，不同文化背景下的建筑角色变化，显示了文化适应性的重要性。建筑适应性，既需要关注单一要素，又应考虑各方面因素的综合影响。通过这种综合性的设计，建筑能在其生命周期内实现价值最大化，不断适应环境和人类需求的变化，从而持续发挥其功能和文化价值。这种动态调整能力，使建筑不再是静态的物理结构，而是一个与时俱进的活动

① 王建国．回归建筑本质，解析建筑适应性：王建国院士访谈[J].城市建筑，2017（19）：14–16.

系统。

### （三）建筑的适应性与再利用

在 19 世纪，各国已经通过立法保护城市中的历史建筑。20 世纪初，随着科技和工业的进步，现代主义建筑思想的兴起对旧建筑的未来产生了重大影响。勒·柯布西耶（Le Corbusier）等现代主义代表人物将欧洲的旧建筑视为过时的文化遗产，提倡应该彻底拆除重建。这种建筑上的激进变革引发了公众对大规模破坏性拆除重建的普遍不满。因此，许多建筑师开始探索新的方向，强调建筑的适应性和再利用的重要性。

简·雅各布斯（Jane Jacobs）在其著作《美国大城市的死与生》中强调，无论是公共的博物馆类建筑还是市值较低的普通建筑，都应受到同等的保护。她的主张反映了一种对历史建筑无差别保护的需求，提出建筑的保护应包括对其历史和文化价值的整体考虑。这一观点让建筑师开始意识到，建筑的适应性和再利用不仅有助于保护文化遗产，还能响应社会发展的需求，是实现可持续发展的重要途径。通过这种方式，建筑不再只是物理结构的堆砌，而是成为文化和历史的承载体，其适应性和再利用的探索成为现代建筑设计的重要方向。在 20 世纪 80 年代，建筑界的专家和学者开始关注建筑生命周期的概念，认为建筑物的生命周期除了取决于其物理结构的持久性，还涉及其功能的持续适用性。随着这一理念的普及，适应性改造和再利用成为延长建筑生命周期的一种方法，并在建筑领域引发了广泛的关注。到了 20 世纪 80 年代末，建筑师开始重新评估旧建筑的历史、文化和经济价值，强调通过适应性再利用来重新定义这些建筑的功能，使其更好地适应现代需求。这种做法既可以保留建筑的历史特征，还能够通过赋予它们新的生命，促进社会建筑发展的动态平衡。

在《建筑、设计、工程与施工百科全书》中，建筑适应性的定义被描述为一种在建筑领域内，为了实现新的功能需求而对现有建筑或结构进行重构或改建的行为。这种适应性延续的目的是让原有建筑满足新的需求，从而延长其使用寿命。许亦农在《审视过去，走向未来：建筑适应性再利用杂记》一文中，进一步阐述了“适应性再利用”的现代建筑实践。他强调，这种做法是对旧建筑进行转化和改造以适应新的使用方式和内容，主要涉及在保留建筑历史特色的不同程度上进行综合考量的过程。① 适应性再利用是城市更新和建筑保护领域中的重要实践，它强调对老旧建筑进行改造和再利用，以适应现代功能需求，同时保留其历史价值和文化特征。这种实践延续了建筑的使用寿命，增加了建筑的功能多样性，为城市空间带来新的活力。在进行适应性再利用时，重要的是要对建筑的原有形态、构造、材料和工艺进行细致的评估和保护，既有助于维持建筑的历史真实性，也为现代城市环境中的建筑多样性和文化连续性提供支持。适应性再利用还体现在对环境资源的可持续利用。通过对旧建筑的改造而非拆除，减少了新建材料的使用和建筑废弃物的产生，有助于环境保护和资源节约。

## 二、建筑适应性的改造设计

### （一）建筑适应性理论的思想基础

适应性理论在建筑领域的应用，体现了一种系统的思维方式。在这一理论框架下，建筑不再只是一个静态的结构，而是一个动态的系统，能够根据外部环境的变化进行自我调整。这种调整既包括对建筑功能的修改，也包括对空间布局、材料使用和技术配置的优化。建筑适应性的核心，在于如何使建筑物更好地与其所处的环境相协调。这一过程要求建筑师综合考虑建筑的位置、设计、使用方式及其对环境的长期影响。建筑适应性理论强调了结构与功能之间的相互依赖性和可变性，为建筑设计提供了一种持续演进的视角。

系统思想强调将研究对象视作一个整体，而非孤立的各自功能部分。在这种思维框架下，系统由多个互动要素构成，这些要素在特定层次和结构中相互关联，并与外部环境产生相互作用。在系统思想的实践中，关键在于识别并处理系统内部的动态联系，以及系统与外部环境之间的相互作用。通过应用系统性原则，揭示系统的核心特性，优化系统的整体功能成为可能。系统思想强调整体与部分的相互依存性与适应性，以及部分与部分之间的相互作用。在处理复杂系统时，采用系统思想可以有效地识别潜在的问题与机会，实现更为合理的资源配置与决策制定。

---

① 许亦农．审视过去，走向未来：建筑适应性再利用杂记[J]．世界建筑，2009（3）：78-88.

系统思想在建筑领域中体现为建筑整体与其组成要素之间的相互作用和协调。建筑作为一个系统，其运行依赖内部结构和外部环境的相互影响。建筑的适应性表现在其对自然、人文、建构及时空四个维度的响应和利用，如图4-1所示。自然维度涉及自然条件和元素的应用，人文维度关注社会、生产、生活等因素，建构维度聚焦材料使用和建筑工艺的进步，时空维度则强调不同时间段的使用需求的适应。这种系统化的思考方式促使建筑设计与规划既需要关注单一要素或瞬时需求，还应该考虑如何在多维度上实现功能的最优化。

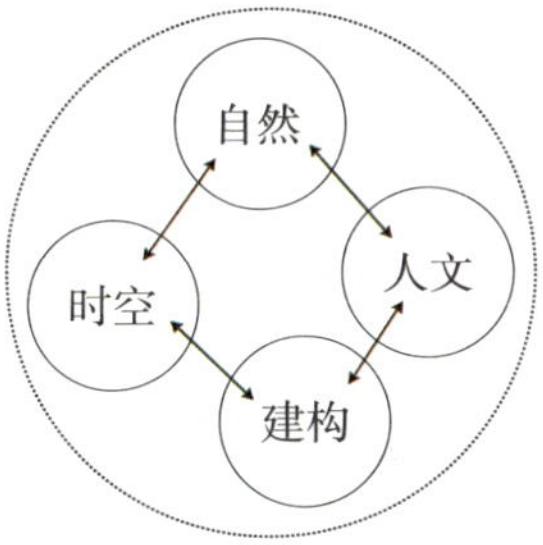


图 4-1 建筑的适应性表现四个维度

## （二）适应性改造设计的概述

建筑适应性改造是一种重要的设计方法论，它体现了建筑适应性理论与设计实践的密切联系。在这一过程中，建筑被视为一个动态的系统，必须在内部各要素的相互作用基础上，重新适应其环境。这种方法论强调了建筑改造中几个基本要素的重要性，包括场地环境、功能空间、结构、材料、文化和建造工艺。

建筑适应性理论在系统思想的基础上发展而来的，强调建筑作为一个整体系统，其功能和形态的改造需考虑到各种内部与外部要素的相互作用。场地环境为建筑提供物质基础，是改造过程中必须考虑的关键外部因素，影响建筑的结构安排和功能布局。建筑的功能空间、结构和材料是构成内部系统的基础要素，它们之间的相互关系和作用对于实现建筑改造的功能优化至关重要。在建筑改造过程中，对原有空间、结构和材料的合理再利用以及建造工艺的传承与创新，是实现与环境和谐共生的重要手段，既有助于保持建筑的历史连续性，又能提升其环境适应性和功能效率。社会文化因素作为建筑系统外部的重要影响因素，也在改造设计中占据核心地位。建筑的形态和功能反映了其所处时代的生产生活方式及地域文化特征。因此，在进行建筑改造时，必须深入分析和融入当地的文化与历史背景，以确保改造后的建筑既符合现代化又具有地域性。

建筑适应性的引入是建筑改造设计过程中的核心考虑，其核心是通过主动的调节机制来适应环境的变化。这种调节既是对建筑功能的调整，也包括对建筑结构和材料的优化，以确保建筑能够在新环境中发挥更好的效能。通过对建筑的适应性进行深入分析，设计者可以更好地理解和实现建筑与环境之间的动态平衡。这种平衡需要设计者在系统思维的指导下，综合考虑建筑的整体性和其与周围环境的互动关系。建筑适应性的实现，旨在通过有目的的设计改造，增强建筑的功能性，同时保持或提升其文化和历史价值。

### （三）建筑适应性改造的理论支撑

建筑适应性改造涉及的不仅是建筑物质空间形态的调整，更是一种从人类需求出发，综合考虑建筑与自然、社会、文化、历史和经济等多重关系的设计思想与方法。这种设计方法强调建筑应充分利用自然环境中的有利因素，改善不利条件，以实现与内部组成部分的动态平衡，进而促进建筑的完整性。建筑适应性改造是一种主动调整和处理人居环境的行为，目的是达到特定的目标，如提高能效、增加空间利用效率或增强建筑的环境适应性。建筑在这一过程中被视为一个开放的系统，具有主动适应环境变化的能力，这种系统的思维方式是对建筑设计与改造的基本要求。建筑适应性改造除了关注建筑与环境之间的物理和直接关系，还包括建筑对气候、地域的适应，这是一种持续对话和技术选择的过程。在本书中，有机更新理论和可持续发展理论对建筑适应性改造的内容提供了重要的理论支撑。这两种理论强调在建筑规划中采取动态、灵活的方法，以适应不断变化的环境和社会需求，从而实现长期的环境、社会和经济可持续性。

#### 1. 有机更新理论

有机更新理论源于“有机建筑”概念，这一概念首先由弗兰克·劳埃德·赖特（Frank Lloyd Wright）提出，强调建筑作为生命体的属性，应当自然地从其所处的环境中生长出来，与周围环境实现和谐发展。“有机”除了指生命的生机和活力，还指建筑与环境的内在联系和整体统一。建筑不应是单一孤立的存在，而应当是环境的延伸，与其地理、文化和生态环境紧密相连。这种思想体现在赖特的多个作品中，其中较为著名的包括流水别墅、罗伯茨住宅和西塔里埃森等，每一处建筑都展示了与自然环境无缝对接的美学和功能性。在设计流水别墅时，赖特采用了水平线条和开放的空间布局，使建筑完美地融入了自然瀑布和周围森林的景观中。罗伯茨住宅和西塔里埃森也体现了赖特对建筑与自然界融合的深刻理解，通过采用当地材料和考虑自然光线的运用，强调了建筑与自然环境的互动和依赖。有机建筑的核心在于建筑师如何将建筑与其所在的自然和社会环境结合，从而形成一个既独立又联系的整体。

吴良镛在其关于北京旧城居住区整治的研究中，首次将“有机更新理论”应用于城市更新领域。他提出，城市更新应遵循城市内在的发展规律，顺应城市肌理，基于可持续发展的理念，促进城市的续建与进步。[①] 这一理论为后续学者和建筑师探索城市旧区的更新路径提供了新的思路和方法。随着时间的推移，越来越多的专业人士开始关注并参与到旧城更新的实践中，他们在实际操作过程中积累了宝贵的经验，并逐渐将关注点从城市扩展至乡村建筑的更新。这种转变体现了有机更新理论的广泛适用性，反映了当前社会对于传统建筑保护与现代功能融合的需求增加。在乡村建筑更新的实践中，建筑师需要考虑到与城市环境不同的社会结构和文化背景。这要求设计者除了要在技术上创新，还要在尊重和保留乡村传统文化的基础上，引入现代生活功能，实现传统与现代的和谐共生。

有机更新理论在建筑改造中的核心在于强调建筑与其周围环境以及建筑各部分之间的和谐相互作用。这种理论指导下的改造项目，重视新旧元素之间的平衡，以及新建部分与原有建筑及其环境之间的协调。建筑并不只是物理空间的集合，而是一个生动的有机体，需要在持续变化的环境中找到适应的方式。在实际应用中，有机更新不仅要求技术上的更新，还应强调对建筑历史和文化价值的尊重。改造时，设计者需细致考虑如何将现代功能与旧有结构融合，确保新建部分不破坏原有建筑的美学和历史价值同时与周边环境形成视觉

① 吴良镛．北京旧城居住区的整治途径：城市细胞的有机更新与“新四合院”的探索[J]. 建筑学报，1989（7）：11-18.

和功能上的和谐。

2. 可持续发展理论

可持续发展理论起源于20世纪70年代，由联合国环境与发展委员会首次提出，并在《人类环境宣言》中得到表述。此后，这一理念在1987年的报告《我们的共同未来》中被进一步阐明和定义，该报告由世界环境与发展委员会在日本东京发布，定义可持续发展为能够满足当代人的需求而不损害未来代际满足自身需求的能力的发展模式。① 可持续发展理论强调了经济发展与环境保护之间的平衡，指出人类活动需要在不超出地球生态系统承载能力的前提下进行。可持续发展理论倡导环境保护与社会经济发展相协调，强调各国需要采取综合措施来保护环境，同时确保社会经济的持续发展。可持续发展理论自提出以来已成为各个国家制定发展政策的重要指导原则。

在建筑适应性改造的过程中，可持续发展理论提供了重要的理论支持。在追求经济快速发展的同时，必须保护和谐的生态环境，确保自然资源的合理利用和环境的长期健康。建筑适应性改造应遵循可持续发展的原则，注重建筑与其周边环境的和谐共生。可持续发展的核心是实现经济、社会和环境三者的平衡。在建筑领域，改造项目需要综合考虑能效高效、环境友好及社会文化的适应性。

## 三、乡村废弃建筑的适应性改造设计

### （一）乡村废弃建筑适应性改造设计概述

乡村废弃建筑，随时间积淀下丰富的经济、文化及历史价值，尽管长期闲置和损坏使这些建筑失去了原有的功能，但这并不意味着它们的终结。适应性改造可以赋予这些建筑新的生命，转变其角色，从而挖掘并利用它们的潜在价值。适应性改造是对建筑物本身的再利用，更是对乡村社会经济结构的一种积极调整。通过对废弃建筑进行恰当的改造，可以提供新的服务或功能，如转变为社区中心、文化展览空间或者旅游设施，这样既可以保留建筑的历史意

① 郎启贵. 建设项目可持续性后评价指标体系和方法研究[D]. 重庆：重庆大学，2006.

义，还能够增强其经济价值。这种改造还能缓解政府与村民间由废弃建筑引起的矛盾，因为它提供了一种双赢的解决方案：既保护了环境，又促进了地方经济的发展。有效的适应性改造还可以作为乡村振兴的典范，激发更广泛的社会和文化活力，推动整个地区的可持续发展。

乡村废弃建筑的适应性改造设计涵盖延续与转换两个核心方向，旨在通过对原有建筑的创新干预，赋予其新的功能或增强其原始功能。此过程包括对建筑物本身的维护，还涉及对内部空间、结构、材料以及室外环境的全面改造，确保建筑能够适应现代使用需求，同时符合有机更新和可持续发展的原则。改造过程中对建筑材料的选择和使用，应考虑环境影响和资源效率，如采用可回收或地方常见的建材。

乡村废弃建筑的适应性改造设计体现了与自然选择的原则相似的理念，即通过调整和适应环境变化来持续发展。这种改造设计重视建筑本身的再利用，也注重其在新的社会经济和生态环境中的功能转变。通过对废弃建筑进行系统的评估与设计，使其能够满足现代的需求，同时保持与周围环境的和谐。适应性改造考虑了建筑的现状与潜力，结合地区发展的实际需求，采取恰当的技术与方法进行改造。这种方法使建筑既在物质形态上得到更新，也在功能上实现了转型，更好地服务于社会和经济的发展。此外，这种改造设计还注重生态效益，通过采用环保材料和节能技术，增强建筑的可持续性。

### （二）乡村废弃建筑适应性改造设计的核心思想

乡村废弃建筑的改造设计核心思想在于实现建筑的可持续发展。通过为旧建筑注入新的功能与形态，延续其使用寿命，增强建筑的经济、文化及社会价值。这种改造注重保留有价值的元素，同时去除那些已不再具备使用价值的部分，从而使建筑既满足现代功能需求，又保持环境的可持续性。建筑的可持续发展主要体现在三个方面，如图 4–2 所示。

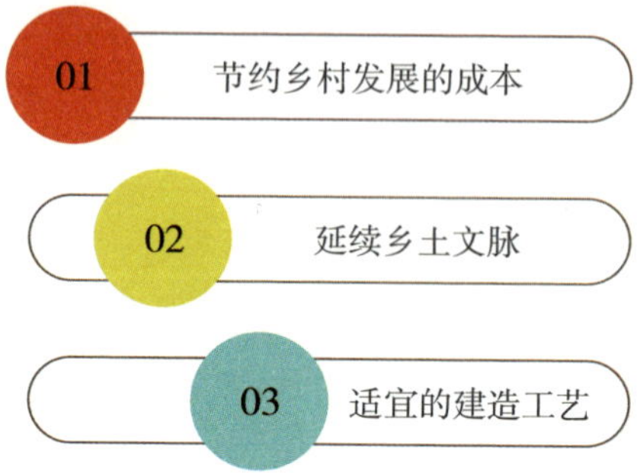


图 4-2　可持续发展的三个方面

1.节约乡村发展的成本

乡村建筑的可持续发展主要通过节约发展成本，实现资源的最大化利用和环境保护。在传统乡村发展模式中，建筑的推倒重建不仅会消耗大量的资源、人力和物力，还会产生大量建筑垃圾，对环境造成压力。相对于这种模式，适应性改造设计通过对废弃建筑的再利用，提供了一种环境友好且经济有效的替代方案。通过保留建筑的主要结构并利用原有材料，适应性改造减少了对新材料的需求，降低了材料采购和运输的成本。这种做法减少了生产新材料时的资源消耗和环境污染，减轻了废弃材料处理的环境负担。利用当地材料和技术还能突出建筑的地域特色，增强建筑的文化价值。适应性改造设计通过最大限度地利用现有建筑和材料，避免了大量建筑废弃物的产生，从而减少了对生态环境的潜在威胁，同时节约了处理这些废弃物可能产生的额外经济负担。

2.延续乡土文脉

乡村废弃建筑的适应性改造设计是乡土文脉延续的重要方式。在长时间的发展过程中，乡村建筑与其环境之间形成了特定的关系，这种肌理是自发形成的稳定状态，体现了乡村的自然和文化特色。然而，盲目采用城市的建造模式可能会导致乡村特色的破坏，使发展模式变得畸形。适应性改造设计重视保留乡村建筑的历史价值，并延续其传统的建筑形式与风貌，在提升居民生活品质的同时，保持了乡村特色的长远发展。废弃建筑本身是乡村文化的重要物质载体，其中蕴含着丰富的建筑造型、建造工艺及相关的建筑思想和情感，这些都是乡村文化的重要组成部分。改造这些建筑，是物理形态的更新，更是对乡村文化脉络的一种延续。通过保留原始的视觉和知觉体验，有助于乡村文化的持续传承，并适应现代发展的需求。这种方法也符合可持续发展的理念，因为它避免了无谓的拆除和重建，减少了资源的浪费和减轻了对环境的负担。

3.适宜的建造工艺

在建筑行业的快速发展过程中，传统的建造工艺面临被现代技术和材料替代的挑战。尽管新技术提高了建造效率，但传统工艺因其深刻适应当地自然环境和气候的特性而具有一定的价值。这些传统工艺既是对早期技术的传承，也是地区文化的体现。它们基于本地材料发展而来，形成了独特的工艺文化和建筑风格。传统乡村建筑中的被动式节能方式，如天然的通风和合理的阳光利用，在今天的可持续建筑设计中依然具有重要的参考价值。这些传统技术在现代建筑实践中的应用，能够提高建筑的能效，还可以减少对环境的负担。在对乡村废弃建筑进行适应性改造设计的过程中，挖掘并优化这些适应本地气候和地理环境的传统建造技术尤为重要。通过选择适宜的建造工艺，既延续了建筑的文化价值，也增强了建筑的环境适应性和可持续性。

## （三）乡村废弃建筑适应性改造设计的内容

乡村废弃建筑的适应性改造设计深受其地域环境的影响，包括当地的气候、使用材料和人文环境。这些因素塑造了建筑的原始特征，也为改造过程提供了更多的可能。

1.功能空间的适应

随着经济发展和社会变革，传统的活动空间已无法完全满足村民对多样化生活方式的需求。将废弃建筑改造为具有公共功能的空间，既可以提高建筑的使用效率，也能够丰富乡村生活。公共空间的设立旨在支持阅览、娱乐和休闲等多种功能，以适应村民的多样化需求。这些空间为村民提供了集体活动的场所，促进村民之间的互动与交流，加强了乡村凝聚力。此外，这些改造空间还承载着传播和保护地域文化的重要职能，成为展示乡土文化和传统工艺的重要平台。在具体的改造实践中，应当考虑建筑的原始结构和设计，以及如何通过最小的干预达到最大的功能性和美学效果。适应性改造要充分利用现有材料和结构，减少建筑废料的产生，同时确保改造后的建筑能够有效地融入当地的自然和文化环境。

2. 结构的适应

乡村废弃建筑的结构适应性改造是一个复杂的过程，涉及对现有建筑结构的彻底评估和必要的修复或改造。由于长时间的使用和自然侵蚀，这些建筑的结构可能已经出现了不同程度的损坏，进而影响建筑的安全性和功能性。在进行适应性改造时，需要先对建筑的结构稳定性进行详细评估，以此来决定哪些部分的结构需要被修复，哪些部分可能需要完全更换以确保整体的安全性和功能性。对于那些结构尚好的部分，可以通过较小的修缮来恢复其原有功能。对于需要扩展或改变功能的空间，可能需要引入新的结构体系以支持更大的空间尺度和不同的使用需求。这要求建筑设计师在保持建筑原有风貌的同时，创新结构设计以适应新的功能需求，如更开放和更灵活的公共空间。建筑结构的改造还需要考虑到与周边环境的和谐以及使用的建造技术。适应性改造应采用适合当地环境和文化的建造材料和技术，保护环境的同时，有助于维护和传承当地的建筑传统。

3. 材料的适应

在乡村废弃建筑的适应性改造中，选择和使用适合的建筑材料是一个关键的考量。利用当地的乡土材料，如木材和石材，可以促进建筑与地理和文化环境的和谐融合。这些材料因其在当地的广泛可用性，降低了运输成本，同时减少了对环境的影响，符合可持续发展的原则。这些传统材料往往蕴含着丰富的历史和文化意义，其使用既是对建筑功能的恢复，也是对当地历史和文化的一种传承。通过适应性改造，旧建筑得以保留其原有的文化特征，同时融入新的功能，满足现代生活的需求。在改造过程中，对旧材料的回收和再利用也是一种值得提倡的做法。既可以减少对新材料的需求，也能够减轻对环境的压力，并且还可以保持建筑的原有风貌。

新型材料如混凝土和钢材因其卓越的力学性能和可塑性强的特点，已成为建筑设计中的首选。这些材料提供了良好的建筑性能，包括保温、隔声和防火等特性，使建筑更加坚固耐用，满足了现代居住的舒适性需求。在乡村废弃建筑的改造项目中，合理地运用这些新型材料能够突出现代与传统的不同，体现乡土文化的独特魅力。例如，在张雷对云夕深澳里的改造中，建筑师巧妙地在内部空间中引入钢材和玻璃，用这两种材料连接不同的功能区域。[①] 这种设计保留了建筑原有的古朴气质，提高了其实用性与舒适度，展示了如何将传统建筑元素与现代设计理念融为一体。在选择和运用建筑材料时，建筑师需精准评估材料的性能，以确保它们能够适应特定的环境条件和满足建筑的功能需求。

4. 建筑生态的适应

建筑的生态适应性是乡村建筑设计中不可或缺的一部分，要求建筑师在改造项目中充分考虑自然与人工环境的关系。建筑师应保持对场地原有自然景观的敬畏与保护，如古树和湖泊等元素，这些都是环境中的宝贵资源。有效的生态适应还意味着建筑设计需要与村落现有的空间结构和自然肌理保持一致，减少对环境的干扰，促进人与自然的和谐共处。建筑改造后的形态应自然地融入周围环境，维持与原有村落建筑的视觉和功能连续性。

随着使用要求的提高，乡村许多旧建筑因建筑性能的限制而无法满足新的功能需求。然而，通过技术改造，这些建筑不仅能够获得新的使用机能，还能延续其历史价值，从而避免了不必要的资源浪费。生态适应性改造的实施主要包括四个方面：第一，通过优化设计和材料的选择，减少不可再生能源的消耗；第二，更新系统和提高建筑的保温性能，有效降低能耗；第三，通过保留原有结构及材料，减少拆除产生的固体废物；第四，在改造过程中要顺应当地自然环境的特点，保护本地生态系统。改造的过程中除了要考虑建筑的物质条件，还应考虑到人与自然环境的和谐共处。

① 张雷，马海依，吴冠中，等．云夕深澳里书局 桐庐 [J]. 城市环境设计，2015（10）：28-41.

# 第二节　乡村废弃建筑公共性改造设计与规划

## 一、乡村废弃建筑公共性改造的原则

### （一）公众参与原则

1.村民的参与

村民作为乡村建设和生活的主体，其需求和期望将会直接影响公共空间的改造。因此，增强村民在改造设计过程中的参与度，可以有效确保改造结果更好地服务于他们的实际需求。通过让村民参与到改造的每一个阶段，从需求调研到设计反馈，都可以提升最终建筑的实用性和满意度。

在进行建筑改造时，建筑师需要深入调研并详尽了解村民的需求。通过有效的需求调查，建筑师能够更精准地把握村民的期望和需求，从而设计出更符合实际使用情况的公共空间。通过让村民表达他们对改造的看法和设计意见，可以实现真正的“以人为本”的设计理念。这种参与可以提高设计的适用性和实用性，增强村民对改造项目的认同感和满意度。此外，村民的参与还能激发他们的积极性，促进村民对建设项目的支持。这种积极回应对于公共建筑的成功改造至关重要，因为它确保了设计方案能够真正反映并满足村民的需求，从而避免了理论上可行但实际上不适用的设计方案。在整个设计和改造过程中，建筑师需充分考虑村民的生活现状和具体功能需求，确保改造项目美观且实用，保证改造后的公共空间既满足村民的功能需求，也增强村民对改造成果的满意度和归属感。例如，在富阳文村的农居改造项目中，王澍深入地考虑了村民的实际需求。在项目的第一步便与村民一同走访老民居的巷道，直接倾听他们对改造的具体需求。村民强调了对生活空间的具体要求，如需要扩大厨房和厕所的面积，同时希望加入柴灶和农具室等设施和空间。王澍在设计过程中记下了这些需求，并确保这些功能在最终设计中得到实现。[①] 这种设计方案既符合村民的实际生活习惯，也提升了居住的舒适性和实用性。此外，这种参与式的设计流程还可以加强村民对改造项目的归属感，确保项目的成功实施。

2. 业主的参与

在我国乡村建设领域，业主的构成多样，包括政府、慈善机构、个人及企业，以及一些独立项目的发起者。这些不同的业主群体对乡村建设的影响深远，形成了各具特色的建筑类型和功能业态。

政府作为主导的项目往往覆盖广泛的建筑类型和功能，如南京江宁的墅村乡村计划和祝家甸古窑文化馆，这些项目通常规模较大，功能多样，旨在推动区域发展和文化保护。慈善机构主导的项目则通常规模较小，功能简单，但具有显著的公益性质，如福建的土楼桥上书屋和云南沙溪的修复工程，这些项目强调文化的保存与地方服务。以个人和企业作为主导的项目则更加注重商业价值，这类项目常见于文化、旅游和民宿业态，如平田村的爷爷家青年旅社和云夕戴家山的乡土艺术酒店，这些项目往往融合了地方文化与现代商业运营，创造出经济效益和文化价值双重提升的模式。由建筑师、艺术家或独立个人出资开发的独立项目，如欧宁设计的先锋碧山书局及牛圈咖啡馆改造和安吉生态民居，这些项目往往体现了更高的创新性和个性化，反映出建设者对于环境和文化的独到见解。这些不同的业主类型展示了乡村营建在追求经济、文化及社会价值方面的多样化路径，每种类型都在乡村建设中扮演着独特的角色，在推动乡村景观和功能丰富与多元化发展的同时，实现乡村全面振兴。在乡村建设过程中，不同业主类型的参与带来了各自的优缺点，影响了项目的成果和持续性，如表 4-2 所示。

① 王澍．那山 那水 那村 浙江富阳文村改造[J]．室内设计与装修，2016（11）：86-91.

表4-2 不同业主类型的优缺点

| 业主类型 | 优点 | 缺点 | 案例 |
|---|---|---|---|
| 地方政府 | 提供多样的建筑类型和完整的业态，拥有充足的资金支持和综合考虑的能力 | 受政府审美和政策导向的影响，可能导致建筑风格和设计不完全符合乡土文化和环境需求 | 西河粮油博物馆、尚村竹篷乡堂 |
| 慈善机构 | 广泛覆盖，创建服务于游客和村民的公共空间，具有显著的公益性质 | 资金有限，功能业态往往较为简单，难以满足更广泛或复杂的需求 | 福建土楼桥上书屋、平田农耕博物馆 |
| 个人和企业 | 能带来业态丰富且具有明显商业性质的项目，有助于推动当地经济发展 | 经济限制，无法全面提升乡村的业态布局，且其服务的主要对象往往是游客，不完全符合当地居民的需求 | 陈家铺先锋书店、飞茑集民宿 |
| 建筑师、艺术家、独立个人 | 专业知识和艺术素养可以探索新的乡村建设模式 | 受经济水平限制，有时无法达到完整的设计表达，可能影响项目的完整性和持久影响力 | 先锋碧山书局、牛圈咖啡馆 |

3. 建筑师的参与

随着乡村振兴战略的推行，政府和社会资本的大量投入，建筑师和艺术家通过设计与艺术的手段介入乡村发展，成为改变乡村面貌的重要力量。例如，欧宁和左靖在碧山计划渠岩的许村实验、徐甜甜的松阳故事、何威的上坪古村复兴计划以及张雷的山阴坞村改造等，均展示了他们的深度参与和创新实践。在这些项目中，建筑师除了关注传统建筑学的范畴，更通过艺术活动促进乡村的产业转型和社会发展。他们的工作强调了通过创新设计实现功能性与美学的完美结合，同时激发了乡村经济的新活力和社会结构的优化。这种跨领域的合作模式为乡村带来了文化和经济的双重提升，有效促进了乡村的全面振兴。

在乡村废弃建筑的改造过程中，建筑师的角色至关重要。通过运用他们的专业技能，建筑师不仅解决了改造实践中的各种问题，而且优化了乡村的空间环境。在项目实施中，他们综合考虑了村民的功能需求、当地的经济条件和适宜的建造技术，精心策划每一个细节，确保改造方案的实用性与美观性。特别是对村落的空间肌理、自然条件和地形等方面的深入考量，建筑师通过专业的建筑学知识，对原有建筑进行了精确的修缮。这种方法保持了建筑与环境的和谐，强化了建筑的文化价值和历史感。以何威在上坪古村的改造项目为例，他对烤烟房和牛棚等废弃建筑的改造恢复了这些建筑的功能，使它们在视觉和环境上与周围的村落环境和谐共生。通过这些细致的改造实践，何威展示了如何通过建筑师的主导作用，有效地提升乡村建筑的美学和功能，同时保留了村落的传统风貌。这些实践证明，建筑师在乡村废弃建筑改造中的参与，是推动乡村振兴和文化传承的关键。通过他们的努力，不仅提升了乡村的居住环境质量，还为乡村社区的持续发展注入了新的活力。

### （二）可持续原则

在乡村废弃建筑公共性改造的过程中，应全面考虑现状与面临的问题，提出具体的建议。重点是保留建筑的原始风格以及确保这些建筑的改造能够与乡村的整体风貌和特色相协调。选用当地建材，有助于减少运输过程中的能耗和排放，进一步降低环境影响。同时，根据当地的自然气候条件，选取适合的节能技术，可以有效地提升建筑的能效，减少长期的维护成本。可持续原则的实施是实现乡村良性发展的基础，包括三个主要方面，即建筑的可持续性、经济的可持续性和文化的可持续性。

#### 1.建筑的可持续性

在建筑的可持续发展中，空间重构和扩展是关键手段，通过这些方法可以让已废弃的建筑得到有效再利用。这种可持续性的实现主要表现在以下几个方面。

（1）建筑场所精神的延续。在对乡村废弃建筑进行公共性改造时，关键在于确保新功能与原有物质环境形成和谐的延续。这种延续体现在对乡村原始建筑肌理、空间特色及地域风貌的保护上。通过选用与地方环境协调的材料，保持建筑的传统形态，并在空间布局上做出细致的调整，改造工作应强化与当地自然与人文环境的联系。这样的处理既可以维护乡村建筑的历史连续性，还能够增强其在现代用途中的功能性和环境适应性，确保改造后的建筑与周围环境实现和谐共生。

（2）建筑功能的开放性与可变性。在乡村废弃建筑的公共性改造中，建筑功能的开放性与可变性是关键因素，它反映了建筑设计的前瞻性和灵活性。乡村公共建筑数量有限，这意味着这些建筑在改造后需要能够适应不同功能的需求，以满足村民多样化的生活方式。建筑的多功能性意味着其在不同季节或不同时间段可以服务于不同的群体和活动。例如，到了夏季，当儿童活动增多时，公共建筑可能需要转变为儿童手工坊或娱乐中心。而到了春季和秋季，当人们访问乡村的频率增加时，相同的空间可以转变为茶室或展示馆。这种设计既提高了建筑的使用效率，也使建筑能够根据社区成员的实际需求和季节性变化灵活调整。建筑的可变性还应体现在内部结构的灵活设计上，如可移动的隔墙和多功能的家具配置，便于快速地适应不同活动的空间需求。通过这种方式，乡村公共建筑能够最大限度地发挥其价值，增强乡村的吸引力。

（3）建筑材料与结构的再利用。在乡村废弃建筑的公共性改造中，应该根据原建筑的保存状况进行细致的评估。不同建筑的保护情况各异，有的建筑整体结构相对完整，有的仅保留了主要的围护结构，还有的则是部分承重结构保持良好。对这些结构进行恰当的修复和改良，可以有效地将它们重新纳入新的建筑设计中，保证结构的安全性与功能性。原建筑中的瓦、砖石、木材等传统材料也应当经过仔细的回收和处理，使其得以在新的建筑中继续使用。这种做法可以减少对新建材料的需求，降低建造成本，还有助于保持建筑的历史连续性和文化特色。

（4）适宜的建造工艺。乡村废弃建筑的公共性改造涉及多方面的技术考量，其核心在于结合传统工艺与现代建造技术，形成一种适宜的建造工艺。随着乡村开放程度的加深，建筑地域性表达的方式亦从狭隘的地域主义演进至批判性地域主义，这种转变使建造工艺得以结合全球视野与本土实践。在采用新型材料与技术的同时，乡村建筑的改造需精准评估现有建筑的结构与材质，确保新工艺在增强建筑功能的同时，保留其地域文化特色。选取与乡村场地环境相适应的生态技术，对于提升建筑的环境适应性与持久性尤为关键，包括利用太阳能等可再生资源，以及应用高效的隔热材料，都是改造过程中可以考虑的技术方案。现代化建造技术的融入，为乡村建筑提供了更强的功能性和灵活性，也为公共空间的创造提供了新的可能。例如，可变性设计允许空间根据不同季节或活动需求进行快速调整。这种设计确保了建筑的长期使用价值，同时也符合经济性、实用性与可操作性的要求。

2. 建筑经济的可持续性

在乡村废弃建筑的公共性改造中，实现项目的有效落地需关注成本控制。成本涵盖建造、装修、运营以及后期维护和使用各阶段，其管理对于项目的成功至关重要。合理的成本控制可以确保项目在财务上的可持续性，同时有助于满足预定的功能需求和服务目标。

在乡村废弃建筑的公共性改造项目中，建筑师需要在维持建筑主体结构的基础上，通过减少材料和人工成本的方式来降低总体成本。例如，平田爷爷家的青年旅社和奇峰村史馆均通过利用本地材料和选择当地施工团队有效减少了建造支出。此外，有的乡村建设项目也可以通过公益性质的方式进一步降低费用，如成本卢健松在崇木凼村进行的农村住宅厨房更新项目，以及刘振负责的里坪小学改造项目，均未收取设计费用。在改造设计过程中，必须平衡建筑师的设计要求和成本控制的需求。适当地降低成本，而不牺牲设计质量和功能，是推动项目顺利进行的关键。

建筑经济的可持续性不仅涉及初始建设成本的控制，还包括整个建筑生命周期中的运营和维护成本。在乡村废弃建筑公共性改造中，需要考虑到后期维护的简便性和经济性，可以采用简化施工过程和选择易于本地获取及修复的材料，减少长期的维护成本，并使建筑更加适应当地维护能力。采用就地取材能够减少运输和相关的环境成本，增强建筑与其地理和文化环境的连贯性。这种方式也支持了本地经济，因为它依赖当地的材料供应商和工人，增加了村民对改造项目的参与和投入。在乡村环境中，由于专业技术服务的可达性较低，建筑的设计与构造应便于村民自行维护。这种“让本地师傅会修”的方法除了可以提升建筑的实用性，还能够培养当地村民对维护工作的能力和责任感，这是实现真正可持续发展的关键。

3. 建筑文化的可持续性

在乡村建筑发展的历程中，每一个时期的建筑都承载了那一时代的历史与文化。因此，在进行废弃建筑公共性改造时，不仅要注重建筑的物理保存，更应重视其文化意义的传承。建筑改造需与村落现有的建筑风貌保持一致，确保新旧建筑之间的和谐。随着城镇化的快速推进，许多乡村的传统文化面临着消失的局面。在这种背景下，乡土建筑和文化的保护与传承显得尤为重要。传统乡土文化的继承不应是简单的复制，而应是一种批判性的继承，在保留传统文化精华的同时，对其进行创新与适应现代需求的改良。乡土建筑的可持续发展还要求在设计与改造过程中深入挖掘并强化地域文化和人文精神的元素，确保乡土建筑在地域性、文化性和时代性方面的平衡。

乡村建筑反映了地区的文化特征，也是乡土文化可持续性的重要体现。这些建筑通常使用当地材料，由本地工匠按照适应当地自然环境和社会习俗的方式建造，从而确保其与乡村生产和生活方式的兼容性。在进行乡村废弃建筑的公共性改造时，应当优先使用当地材料和传统工艺，既有助于提升建筑的环境适应性，也有利于保持乡村建筑的原始风貌和文化内涵。重视建筑的地形适应性，以及对材料和结构的原真性的保持，是传承乡村历史与记忆的重要方面。

### （三）生态优先原则

随着产业结构的调整，乡村的自然环境面临众多挑战，因此在进行废弃建筑的公共性改造时，必须考虑到生态环境的保护。改造设计应侧重与自然环境的和谐相处，尽量减少对生态的破坏。实施过程中，应选择环保材料并运用可持续的建造技术，确保建筑活动不过度消耗自然资源或破坏当地生态。设计方案还需充分考虑地形和地貌，力求在提升建筑功能与美观的同时，维护和增强自然环境的稳定性和多样性。

乡村振兴的总体思路是实施生态优先和绿色发展的策略。在这一战略框架下，乡村建设需依据生态优先原则进行，充分发挥乡村的自然和文化资源的优势，推动旅游产业和其他绿色产业的发展，从而促进经济增长与生产力的转型。为乡村规划设计振兴模式时，需要根据各地的具体环境和条件，摒弃传统的“拆—改—建”模式，转而采用创新的方法优化资源配置，以生态和环保为导向重新利用和开发乡村资源。田园综合体作为一种新型的乡村发展模式，其建设必须突出生态理念。在规划和实施过程中，坚持宜居宜业，实现生产、生活与生态的统筹兼顾。通过维护和增强乡村的自然景观，保护生物多样性，田园综合体可以成为展示乡村生态美和文化特色的重要平台。推广循环农业模式是实现乡村生态可持续的有效途径。在田园综合体中构建完整的生态循环链条，确保农业生产和生活废弃物的资源化利用，形成闭环经济体系。这种以自然规律为基础的运行模式，既优化了资源利用效率，还有助于构建健康和谐的乡村环境。

设计过程应顺应自然环境，尊重并保护原始场地的自然元素如地形、水体和树木，确保改造活动不破坏乡村的生态平衡，同时增强建筑的生态性。在实际改造实践中，应最大限度地减少对自然生态的干扰。例如，选择环保材料，并采用可循环利用的建筑产品是保护环境的有效方法。此外，利用被动式节能设计，如自然通风、采光和使用太阳能，可以显著减少建筑的能源需求，从而减少对环境的影响。

## 二、内部空间的公共性改造设计与规划

### （一）功能空间的公共性转换

建筑空间是人类为满足生产和生活需求而创造的内部和外部环境的总和。这些空间通过建筑的主要要素和形式精心设计与构造。在设计过程中，空间形式的创造必须紧密对应其功能要求，确保每一个设计细节都服务于其预定的用途。“埏埴以为器，当其无，有器之用。凿户牖以为室，当其无，有室之用”[①]，强调的是空间的存在和形式是为了实现其功能性的必要性，即空间的设计不仅仅是为了形式上的美观，更重要的是对功能的满足。

本书探讨的乡村废弃建筑的功能转换，主要针对的是将小尺度的住宅空间或杂物间改造为开放且可变的公共空间。书中汇总了江西万安夏木塘村、福建建宁上坪村、浙江松阳平田村和陈家铺村在废弃建筑公共性改造中的各种功能，如表 4–3 所示。改造后的建筑功能多样，既包括具有公益性质的图书室和展示馆，也包括具有商业性质的民宿、酒吧和餐厅。这种功能性转换改善了建筑的使用效率，提升了建筑的社会价值。通过引入这些功能，废弃建筑得以重新融入乡村生活，成为促进乡村发展的活跃因素。

① 吴诚真．道德经阐微[M]．北京：东方出版社，2016：27.

表4-3　乡村废弃建筑公共性改造后的功能汇总

| 村落 | 废弃建筑功能 | 改造后功能 | 建筑师 |
| --- | --- | --- | --- |
| 江西万安夏木塘村 | 住宅 | 冰心图书馆 | 崔彤 |
| | | 夏虫咖啡屋 | 王彦 |
| | | 木塘酒吧 | 李冀 |
| | | 木塘民宿 | 李以靠 |
| | | 木塘宴 | 叶友 |
| | | 儿童绘本图书室 | 周宇舫 |
| 福建建宁上坪村 | 牛棚与杂物间 | 书吧 | 何崴 |
| | 猪圈 | 酒吧 | |
| | 杂物间 | 莲舍（茶室） | |
| | 杂物间 | 水吧 | |
| | 烤烟房 | 烤烟房 | |
| 浙江松阳平田村 | 住宅 | 爷爷家青年旅店 | 何崴 |
| | | 平田农耕博物馆 | 徐甜甜 |
| | | 山家清供餐厅 | 王维仁 |
| | | 木香草堂精品民宿 | 许懋彦 |
| | | 爷爷家农产品展示中心与民宿 | 王维仁 |
| 浙江松阳陈家铺村 | 住宅 | 飞茑集民宿 | 孟凡浩 |
| | 村民礼堂 | 先锋松阳平民书局 | 张雷 |

乡村废弃建筑公共性改造的功能转换是通过空间扩展、空间重构和独立空间的植入三种主要方式进行的。这些改造手段可以使建筑适应现代生活的多样化需求，还能够有效延长建筑的使用寿命，赋予其新的生命力。

1.废弃建筑的空间扩展

在乡村废弃建筑公共性改造中，空间扩展是常用的一种方法，这些建筑通常具有显著的社会、文化和历史价值，反映了乡村发展的历程和村民的生活方式变迁。通过空间扩展，原有的结构得到重新整合和扩建，以适应新的功能需求和增强公共空间的开放性。通过移除原有的限制性结构，如墙体和木楼板，并使用玻璃或木格栅等通透性较强的材料，可以大幅提升空间的光线和视觉连通性。

例如，陈家铺村的地理特点与其传统建筑风格为先锋书店陈家铺平民书局项目提供了独特的背景。这个由建筑师张雷主持的改造项目，充分利用了村落的天然山体梯田布局和传统的夯土木构建筑，保留了村落的空间肌理和自然风貌。该项目通过植入书店功能，为当地村民提供了一个集阅读、休闲于一体的文化空间，也成为吸引外来游客的重要场所。① 该书店的设计巧妙地融合了现代功能与传统元素，实现了建筑与自然环境的和谐统一。改造过程中的每一个决策旨在最小化对原有结构的干扰，从而维护了村落的历史连续性和文化真实性。

该建筑原为村民礼堂，历史超过半个世纪，曾是村里的公共生活中心之一。该建筑外墙由夯土构建，内部结构采用木结构屋架。底层空间开阔，通高且通透，曾是村民集会和进行各种公共活动的主要场所。二层则设有走道，用于人群观看底层活动，功能上主要支持底层空间的使用。这种建筑布局和材料使用体现了传统乡村建筑的特色，同时承载着村落的历史和文化记忆。

在改造项目中，建筑师巧妙地保留了原有的墙体和结构，移除了限制性的内部材料，并对空间进行了重新配置，使建筑内部结构和功能得到优化。新设计的主入口通向一个通高的宽阔走廊，走廊一侧设有整齐的书架，另一侧则是装配了巨大无框玻璃窗的白色实体墙面，这些窗户提供了丰富的自然光照并展现了外部的风景。走廊尽头设有一个阶梯状的阅读区，作为阅读和休闲的场所，其沿台阶设置的座位一侧的墙上开设的大窗户面向峡谷，提供了视觉上的享受。建筑内部通过拾阶可以到达一个突出于建筑外部的观景平台，该平台成为欣赏村中山峦景色的绝佳地点。改造还包括两条新的动线设计，一条通往书局中心的悬浮空间，另一条则串联咖啡区和两个研讨聚会空间，增强了建筑的功能性和空间的连续性。这些改动使建筑从原先的单一功能空间转变为具有多层次体验的复合功能空间，极大地丰富了人们的空间体验，提高了建筑的使用

① 张雷，雷晓华．空间的在地性和业态的外化动力：松阳陈家铺村复兴的两种推动力量[J]．建筑学报，2021（1）：26-33.

效率和文化价值。

建筑师创造性地在内部两层开放空间的核心位置设置了一个悬浮的半透明盒体，优化了空间布局，还通过与屋顶天窗的连接，形成了一个容纳柔和自然光的容器。这一中心元素极大地增强了图书馆的仪式感，成为内部空间的视觉焦点。在建筑的西南角还增设了一个单层的方盒子，这一部分空间作为休息和品茶的场所，在丰富建筑功能的同时，通过其屋顶设置的观景平台，进一步增加建筑的开放性和互动性。这种设计有效地回应了周围环境的开放景观，使原本较为封闭的会堂建筑变得更加开放和宜人。在第二层，添加的两个方盒子体块则被设计为讨论、阅览和休息的多功能空间，提升了建筑的使用效率和空间质量。

在此建筑改造中，建筑师选择了玻璃与阳光板等半透明材料，巧妙地作为传统木结构的背景。这些现代材料的纯净和透明特性，可以衬托出木结构的自然美，强化空间的开放感。同时，金属、玻璃和混凝土等材料被用来构建抽象的几何界面，形成鲜明的现代感，而灰泥、原木和麻绳等传统材料更加凸显其质朴的物质感，加深空间的历史与文化层次。建筑内部通过增加木屋架的次级联系杆件，创造了顶面柔和而深邃的视觉效果。这些杆件既加强了结构的稳定性，也使顶面成为一个视觉上逐渐消失的边界，增强了内部空间的连续性与流动性。

### 2.废弃建筑功能转换的空间重构

废弃建筑的再利用应综合考虑村落的乡土文化及其演变逻辑。这些建筑是村落历史的见证，承载着村民的集体记忆。通过研究这些建筑的历史、环境和文化背景，可以深入理解其在乡村生活中的意义和价值。建筑师在进行废弃建筑改造时，应通过精准的设计，对内部空间进行调整和重构，确保改造后的建筑既满足现代使用需求，又体现乡土文化特色。

在废弃建筑的功能转换过程中，小尺度住宅类建筑及其附属结构，如杂物间的空间重构是一种常见的设计模式。这种重构不局限于单一建筑，有时涉及多栋建筑的综合改造，以形成一个集中的公共空间。例如，徐甜甜的平田农耕博物馆和张雷的先锋云夕图书馆就体现了这种转变方式。建筑师在重构这些空间时，需要精细梳理和重新定义内部结构，确保新功能的加入能够与原有建筑的空间特征和场地环境相协调。除了涉及空间布局的调整，也包括功能定位的创新，促使废弃建筑被转化为具有现代功能的公共空间，同时保持与原有建筑环境的和谐共存。

位于浙江松阳平田村村口的农耕馆，由于长期闲置而破败不堪，但因其地理位置使其成为该村落的象征性建筑。徐甜甜的设计方案是将这座废弃的农宅转变为展示平田村农耕文化的文化展示馆，并使其成为村民的文化活动中心。在改造过程中，徐甜甜保留了建筑的原始外表肌理，并融入了村庄的传统建筑风貌。通过拆除部分内部隔墙和楼板，徐甜甜成功地将闭塞的空间转变为开放的公共活动区域，为村民提供了一个集文化展示、手工艺作坊以及社区活动中心于一体的空间。这种设计增强了建筑的功能性，也为平田村的社会和文化生活注入了新活力。农耕博物馆还兼顾支撑村里民宿的发展，通过提供文化配套设施，成为促进文化交流的平台。[①] 农耕馆的创设利用了相邻的农舍和旧猪圈，这种组合保持了古村落的建筑肌理。在保留原有建筑外观的基础上，建筑师对内部的间断空间进行了整合，形成了一个连续的展示空间，有效地梳理了参观路线。这种空间的连续性改善了功能布局，增强了公共空间的流畅感。通过打通原有隔断，尺度发生了变化，形成了不规则的平面布局，这些变化为参观路线带来了额外的趣味性。整个设计旨在通过现代建筑手法强化建筑的展示功能，同时保持与村落传统建筑风貌的和谐一致。在该农耕馆的设计中，原猪圈部分被改造成建筑的入口。通过打通楼板创建了一个通高空间，增大了入口的尺度，增强了其标志性。出口部分也采用了相似的处理方法，通过竖向空间的打通，促进了一层和二层展厅之间的视觉及交流联系。设计中取消了室内楼梯，改为利用村落内连续的室外阶梯巷道来进入建筑的第二层，这一改变优化了建筑内的动线，将公共空间的体验扩展至室外，使建筑与村落环境的联系更为紧密。这种设计方法有效地融合了室内外空间，提升了建筑功能的连续性和互动性，增强了建筑的公共开放性和访问体验。

平田手工作坊项目，也是由徐甜甜采用组合重构的方法进行改造的项目，位于平田农耕馆北侧。原结构包括两栋各自拥有附属用房的住宅，它们之间接近半米的间隙，原本是无法供人通行的，逐渐变成了居民丢弃杂物的地方。这一空间的存在降低了区域的整体功能性和美观度。通过改造，徐甜甜有效地将

---

① 徐甜甜．平田农耕馆和手工作坊[J]．时代建筑，2016（2）：115-121，114．

这两栋建筑及其间隙整合，转变了此前的消极空间，增强了其功能性和视觉连续性。在平田手工作坊的改造中，建筑师采取了打通两栋住宅中一层空间的方式，创建了一个大型的连续空间，专用于手工艺品的展示。为了加强建筑之间的连接并改善内部的自然光照条件，建筑师引入了天窗，有效地连接了原先分隔的两栋建筑，同时优化了空间的光线环境。二楼被巧妙地划分为两个独立单元，这些空间既可以作为民宿使用，也适合作为艺术家的工作室。这种布局确保了各个单元既保持独立性又具备灵活的使用可能性。原建筑的附属用房被转变为一个公共庭院景观，在美化环境的同时，通过景观楼梯与上层空间相连，增加了建筑的空间层次和功能多样性。

徐甜甜采用组合重构方法，将平田手工作坊的原有住宅及附属用房改造为公共建筑，优化了内部空间的组织。通过重新梳理空间动线，增强了建筑内部的流动性，并有效地处理了之前的消极空间，使整个建筑更具开放性和活力。建筑的开放性通过向室外景观的延伸得到了进一步的增强，为村落带来了一处既观感强烈又功能丰富的公共场所。改造完成后，平田手工作坊已成为当地村民和游客广受欢迎的文化交流中心。它不仅提供了一个展示当地手工艺品的平台，也成为乡村活动和文化互动的重要场所。

### 3. 独立空间的植入

在乡村废弃建筑的公共性改造中，独立空间的植入展现了功能置换的有效性。此方式涉及在现有建筑结构中加入一个或多个独立单元，每个单元都具备特定功能。这种方法满足了新的功能需求，增强了建筑的空间层次感和艺术表达。独立空间的设置，能够在保留原有建筑风貌的基础上，为建筑添加新的功能元素。这种改造手法不单纯是对空间的重新分配，更是一种文化和艺术的融合，使建筑既展现了其历史价值，也适应了现代使用需求。独立空间的引入也体现了对乡村环境的深入考虑与融入，有助于延续和弘扬本土文化的精神。改造后的建筑可以为当地村民提供必要的功能空间，也能够成为乡村文化传承的新载体。

浙江松阳平田村的爷爷家青年旅舍由建筑师何崴负责改造。① 此建筑原为

① 何崴．爷爷家青年旅社设计随想 [J]. 城市环境设计，2016（6）：428-433.

二层土木结构的夯土民居。在改造工作中，何崴在外观设计上秉持了对村庄整体风貌的尊重，保留了建筑的传统形态。内部则进行了深入的改造，以适应新的使用功能。一层被重新设计为开放的公共空间，用于村民以及游客间的交流与休息。二层原用于存储粮食与杂物的空间被改为青年旅馆，提供住宿服务。在内部空间配置上，何崴采用了创新的设计理念，摒弃了传统的隔墙方法，改为插入一系列的立方体空间单元，每个单元能够容纳四至六人居住。这种“房中房”的设计有效利用了现有空间，增强了建筑的功能性与互动性。这些单独的居住单元在保证私密性的同时，使整体空间更加灵活和适应多变的使用需求。

在二层空间的改造中引入了三个独立的居住单元，这些单元既可以作为居住空间，也能够充当空间的分隔元素。通过将这些居住单元错落有致地布置，有效地重构了整个楼层的空间布局。这些居住单元的设计采用了轻质、半透明的材料，具有可拆卸和可移动的特性，增加了空间的灵活性和可变性，使二楼的居住空间能够根据需要进行调整和改变，不再是固定不变的结构。居住单元的材料和形态也与原建筑的内部材质形成了鲜明的对比。半透明的阳光材料使墙面光滑细腻，与原建筑内墙使用的生土材料的粗糙表面形成对比。同时，“房中房”清晰的几何形体和边界与其半透明的材料特性之间的对比，营造了一种视觉上的模糊性，增添了空间的艺术感。这些通过居住单元分隔出的空间节点自然成为人们休闲和社交的场所，提供了旅客间互动的平台。建筑师通过这种独立空间的植入方式，让新建部分与原有建筑之间的关系更加清晰，也为建筑的功能和美学增添了新的层次。

### （二）空间尺度的公共性重建

乡村废弃建筑主要是指以居住功能为主体的住宅，这些建筑的面积和空间尺度一般较小。当这些建筑需要改造为公共建筑时，面临的主要挑战是空间尺度的不足，因为公共建筑对空间的需求通常远大于原有住宅。为此，建筑师需要在改造过程中对建筑的尺度进行重建，以满足公共空间的舒适性和功能性要求。

空间尺度的重建在乡村废弃建筑公共性改造中采用两种主要方式。第一，拆除原有的空间限定结构，如内部墙体和楼板。这种做法的目的是打开空间，增加建筑内部的通透性和流动性。拆除这些结构后，为了维持空间的定义和功能分区，通常会采用玻璃或其他半透明材料作为新的分隔手段。使用玻璃等材料的优势在于，它们能够在不阻碍视线的情况下，保持空间的连续性和开放性，增强空间的视觉效果，提高了自然光的利用效率，使室内环境更加明亮和宜人。玻璃的使用还为建筑添加了现代感，使改造后的建筑能够满足现代使用需求，同时保持建筑的原始外观和结构特点。

第二，通过对建筑内部空间的重新整合与布局，实现空间的竖向和水平扩展，从而满足开放空间的需求。

竖向空间尺度的重建主要涉及两个方法，一种常用的方法是竖向空间的整合，即将原有建筑的多层空间打通，形成单一的通高空间。这种改造增加了空间的高度，还为建筑内部带来了更多的自然光照和视觉通透性，从而提高了空间的开放感和宜人度。另一种方法是通过结构调整直接提升建筑的屋顶或楼层高度。这种物理扩展方式可以有效地增加整个建筑的竖向尺度，使建筑更加适应公共活动的空间需求。例如，桐庐先锋云夕图书馆位于浙江桐庐县戴家山村，原为两栋闲置的土坯房及其附属院子，曾是两户人家的住宅。这两栋建筑经过改造，被赋予了新的公共功能，旨在成为村落的文化产业核心。张雷在设计中充分考虑到了当地独特的自然景观，意图通过这一项目加强村民的公共活动联系。① 原建筑作为居住用途，具有较低的层高，这在其转变为公共空间时呈现了明显的局限性。为了克服这一限制，张雷设计了屋顶提升方案，通过整体抬高建筑的梁柱框架约 600 毫米，巧妙地增加了空间的垂直尺度。此举解决了因层高不足带来的压抑感，还通过高侧窗的设置改善了内部的自然光环境。这些高侧窗作为采光的主要来源，优化了图书馆的光照条件，提升了阅读和交流的空间质量。同时，屋顶的提升和高侧窗的设计赋予了建筑独特的视觉特征，使之成为村落中的一个视觉焦点。高侧窗与青瓦屋顶及墙体的结合，展现了一种封闭而开放、厚重而轻盈的戏剧性效果，增强了建筑的美感，丰富了其文化表达。

针对建筑原有功能与新需求之间的面积不匹配问题，水平空间尺度的重建成为必要措施。为了适应聚集性人流活动，常见的做法包括部分空间的改扩建和内部空间的整合。例如，徐甜甜主导的油田工坊改造项目位于浙江松阳县

---

① 张雷．桐庐莪山畲族乡先锋云夕图书馆，浙江，中国[J]．世界建筑，2017（3）：101.

横樟村，原建筑是一处利用传统工艺制作油茶的夯土墙和木结构工坊，但已闲置多年。该项目的地理位置极为优越，位于村口临近山间溪流的下沉场地，环境宜人。在改造这一历史建筑时，徐甜甜致力于保留其传统建筑特色，同时赋予其新的生命和功能。改造后的油田工坊不仅继续承载油茶制作这一传统工艺，更变身为一个集山茶油制作、展示与体验于一体的休闲空间。通过这种方式，工坊既服务于村民，也吸引游客，成为一个文化和经济活动的中心。在空间布局上，徐甜甜优化了内部结构，增强了其作为公共交流和活动场所的功能。为满足加工生产与公共活动的需求，在原有建筑旁新增了两栋坡屋顶的建筑。这些扩建部分采用了鹅卵石作为外墙材料，旨在与周边梯田和溪水的自然美景相融合。扩建的石墙采用了地方建筑中常见的技术，将鹅卵石对半剖切后砌成墙面，在使墙面平整的同时，还可以暴露鹅卵石内部的质感和颜色，与原工坊的老旧夯土墙形成了鲜明对比。新增建筑的围合布局与原建筑通过卵石片墙分隔，自然形成了供游客观览的通道，这种布局重新组织了访客的空间流线，增强了场地的公共互动性。这种空间的扩展有效地重建了建筑的水平空间尺度，提供了更多的公共空间供人们休息和社交，极大地提升了原工坊的功能性和公共性。

## 三、建筑结构的公共性改造设计与规划

### （一）既有结构的改良与修复

在当前乡村建筑改造中，木质结构和内部墙体结构大多用于空间分隔，提供了极大的灵活性和变化可能性。在此背景下，改造既有结构通常涉及对具有结构性作用的构件进行保留和修复，在保持建筑历史元素的基础上，维护其文化记忆。对于这些结构的修复与加固，我国已经发展了一套较为成熟的技术，包括构件的替换、使用金属构件进行加固以及剔补修复等。这样的修复工作旨在确保建筑的结构安全，同时保留其历史特征。除了结构的修复和加固，建筑改造过程中还需对既有的木结构进行改良，以适应新的公共功能空间的需求。这种改良涉及重新配置内部空间布局，或是增强结构以支持更广泛的使用需求，如扩大开放空间或增加建筑的承重能力。这种对既有建筑进行结构改良和功能提升的方法增强了建筑的使用效率，还为乡村地区带来了新的公共空

间，满足了乡村发展的需求。

岩下三悦餐厅项目位于浙江省丽水市松阳县岩下村，紧邻双童山景区入口。该建筑是三栋闲置已久的传统民居，业主与建筑师共同计划将其改造成一个集游客就餐与当地村民聚餐于一体的餐厅。这些建筑均采用木结构与夯土墙体，体现了地方传统的三合院住宅形制，具有简单的双坡屋顶，展示出典型的地方建筑特色。在对岩下村的三栋建筑进行改造前，建筑师进行了详尽的实地勘测和评估，发现这些建筑的夯土墙体和木结构体系整体保留完好，但存在椽子的严重损坏和较差的保温隔热性能等问题。基于这一评估，建筑师决定采用修旧如旧的改造方式，主要涉及对夯土墙和木结构进行细致的修复，以维持其结构完整性和传统外观。修复过程中，为了保护和延续传统材料的肌理，对木结构部分施加了清漆作为保护层。为提升其保温隔热性能，建筑师采取了拆除原屋顶并替换新椽的措施，同时引入了防水和保温层，最终利用原有的旧瓦完成屋面的重铺。这种改造方法解决了功能性问题，维护了建筑的历史外观，保留了文化遗产的完整性。通过这种细致的修复和谨慎的更新，建筑师确保了建筑结构的稳固，同时增强了其环境适应性。这样的处理在尊重原有建筑特色的基础上，提高了居住舒适度，为建筑带来了新的生命力。通过最小化设计干预和成本控制，建筑师成功地实现了实用与美学的平衡，延续了建筑的原始风貌和构造方式。

### （二）新结构体系的植入

在乡村废弃建筑的公共性改造过程中，面对原有结构严重破损或部分失去承重功能的建筑，一般会采用植入新的结构体系的方式。通过引入独立的结构系统，既可以完全独立于原有建筑结构外，也可以与原结构共生，共同承担改造后建筑的承重。新引入的结构体系通常采用现代工程技术和材料，以确保足够的强度和耐久性，同时允许建筑功能的多样化扩展。这种结构不仅作为主要的承重体系，还通过材质和形态上与旧结构形成对比，增强建筑的视觉和文化层次。新结构的植入是延续建筑生命周期的重要方法，在保护和利用了原有建筑文化价值的基础上，引入了新的功能和美学元素，既增强了建筑的实用性，也为建筑本身增加了更多的表达形式和现代感。

在浙江松阳县陈家铺村的飞茑集民宿改造项目中，孟凡浩首先对两栋老住宅进行了实地调研和结构评测。评测结果显示，尽管原有的夯土墙保留较为完整，但由于年代久远，传统的木屋架结构已不能满足新的功能需求。因此，孟凡浩决定在保留并修复夯土墙的基础上，植入新型轻钢结构作为民宿的主要承重体系。[①] 新引入的轻钢结构设计旨在与原有的夯土墙相互独立，确保两者在结构上互不影响。这种设计维持了建筑的传统外观，同时引入了现代建筑技术以增强其功能性和安全性。轻钢结构的尺寸与原建筑基础保持一致，确保了新结构可以在原址范围内施工，同时考虑到了基础土层的稳固性。通过使用平板基础并在柱脚处加强结构，确保了新结构的安全与稳定。基础设计中预留了与原土墙的安全距离，既保护了土墙的结构完整性，也为施工提供了充足空间。屋面部分采用轻钢龙骨填充混凝土，并覆以防水卷材，上层则使用从原建筑中回收的小青瓦。这种材料的再利用体现了地域文化，也符合可持续发展的生态理念。轻钢结构的引入与原有的夯土墙形成了鲜明对比，旨在突出建筑的更新换代，同时强调结构的持久性和建筑的生命力。

### （三）结构的功能性转换

在乡村废弃建筑的公共性改造项目中，面对那些结构损坏严重且无法继续承担承重功能的旧结构，建筑师常采用功能性转换的方式，以符合可持续发展的原则。这种方式主要涉及将无法承重的结构元素转化为新的功能性用途，如将其改造成公共建筑的装饰或重新设计成具有实用功能的家具等构件。通过这种方式，原有的结构不仅得到了保存，并且还被赋予了新的生命和价值。

何崴负责的圈里酒吧与杨家学堂书吧项目，均位于一处原先作为猪圈和杂物间使用的废弃建筑中。这些建筑由砖混结构的毛石墙体构成，与新设计的酒吧和书吧功能在风格上初看似乎不匹配。在改造过程中，何崴精心设计，不仅植入了新的功能，还保留了原有的毛石墙体，利用这些墙体作为散座区的自然分隔。在圈里酒吧的设计中，新植入的木质构架承担了屋顶的重要承重作用，并对新旧建筑部分进行了视觉和结构上的区分。同样的设计与规划方式也被应用于杨家学堂书吧，其中木构架被巧妙地置于毛石墙体之上，强化了结构，增添了空间的划分功能。这种设计通过对毛石墙体的再利用，展现了建筑

① 孟凡浩．工厂化预制与手工艺再生：飞茑集·松阳陈家铺 [J]. 室内设计与装修，2019（2）：118-121.

的历史感，突出了材质之间的对比——粗犷的毛石与温暖的木质构架形成了视觉和触感上的强烈反差。这种材料和功能的融合，节约了资源，赋予了旧建筑新的生命，使其转化为具有现代功能的公共空间，同时保留了乡村建筑的原始韵味和文化价值。

## 四、材料与建造工艺适宜性运用

### （一）乡土材料与地方工艺的应用

乡土材料作为一种可以从本地直接获取并通过简单加工使用的建筑材料，历来被视为自然环境的直观体现。这类材料通常包括土、木材、竹子等，它们易于获取，其在建筑中的应用反映了地区的环境特性和文化传统。地方工匠利用这些天然材料，通过长年累月的实践，积累了丰富的经验和独特的技艺，形成了具有地方特色的建造方法。尽管乡土材料的应用受到了地域环境因素的影响，导致不同地区在材料选择和使用上存在差异，但这些材料的使用和加工工艺在历史的长河中逐渐稳定并灵活发展。传统的乡土建筑工艺，虽然起源于技术相对落后的环境，却因其适应性强和环境友好等特点，在现代依旧保持着其价值和重要性。随着经济和技术的进步，乡土材料的建造工艺也得到了进一步的完善和创新。现代建筑技术的介入，使这些传统材料的应用更加广泛且有效。

材料的属性通常分为结构属性和表皮属性两大类。对于乡土材料的应用，主要从三个方面进行深入探讨。第一，乡土材料的结构属性，如梁柱木构架体系以及夯土墙的应用既体现了这些材料承重的能力，也展示了其在传统建筑技术中的应用历史和文化价值。第二，乡土材料的表皮属性，如色彩、质感和构造细节等，是建筑设计中不可或缺的视觉和触觉元素。这些材料被用来制作建筑的维护结构，展现了材料自身的美学特性，增强了建筑的整体表现力。第三，通过技术创新优化乡土材料的性能，如提升其保温、隔热和防水能力，是现代建筑科技进步的体现，使乡土材料能够满足现代建筑的功能需求，也确保了建筑的可持续性和环境适应性。

1. 土

在建筑领域，土并不单单是自然界中的沙泥混合物，而是一种经过适当加工处理后的建筑材料。这种处理后的土称为生土，主要由黏土和水组成，通常还含有一定比例的沙砾和淤泥。生土作为一种传统的乡土材料，由于其加工过程简单、造价低廉、寿命长且能耗低，在我国乡村地区得到了广泛的应用。

对于乡土材料的使用，主要见于生土建筑中，而夯土建筑又是生土建筑的一个重要分支，其在乡村建筑中的应用历史悠久且范围广泛。这种建筑工艺利用当地的泥土，通过添加少量水分和有机黏合剂，经过层层压实，形成密实且持久的建筑墙体。这样的墙体结实耐用，具有良好的保温性能。在处理乡村废弃建筑的公共性改造项目时，建筑师通常会评估原建筑的状况，尤其是夯土墙的保存情况，会选择尽可能保留这些夯土墙，不仅是因其结构稳定性，更因为这样可以维持建筑的原始外观和文化价值。保留夯土墙体不仅能够延续建筑的传统文脉，还能保持其原有的立面肌理，增强建筑的历史感。

地方工匠在长期的建筑实践中不断探索和完善夯土的建造工艺，以提升墙体的结构强度。传统建筑方法中，工匠会在夯土过程中加入碎石或瓷砖等骨料，以此来提升墙体的承载能力和抗裂性。另外，还可以通过调整不同材料的比例，进一步增强夯土的结构稳定性。现代建筑技术在传统夯土工艺上进行了改良，主要体现在两个方面：一方面，现代工艺通过向生土中添加石灰或水泥等建筑材料，提高夯土墙的强度和耐久性。这些添加剂能够与土壤颗粒更好地结合，形成更加坚固的墙体结构。另一方面，现代技术中将钢筋植入夯土墙体中部，形成一层绝缘层，增强墙体的结构强度，改善其热工性能。这种结构设计使夯土墙体在保温隔热方面的性能得到了显著提升。

2. 木材

木材作为乡土建筑中的主要材料，因其优良的抗拉性能而被广泛应用于建筑结构中。在传统的木结构建筑中，木材主要用于构建梁柱体系，这种体系的灵活性和开放性使内部空间布局可以根据需求进行多样化的调整。木材的轻质特性与其良好的抗震能力相结合，使其成为围护结构中的理想选择，常用于门窗等构件的制作。在木构体系中，木材的应用不限于梁和柱，还包括斗拱、枋等复杂的连接和装饰构件。这些木制构件既提供了结构上的支持，也增添了建筑的美观性。通过使用木材，建筑师能够在保证建筑安全的同时，创造出既美观又实用的生活空间。

穿斗式木构体系在乡村建筑中广泛应用，特别适用于需要灵活空间设计的小尺度建筑。该体系的构件细节在不同地区有所差异，体现了地方建筑传统与工艺的多样性。以浙江松阳的平田农耕馆为例，该建筑采用穿斗式结构，在处理中柱（位于两根柱子中间的柱子）的细节上具有独特做法。在中柱的两侧，枋（横向结构元素）的安装采用了一上一下的插接方式。在这种设计中，承重榫卯的接口位于下部，以确保结构的稳固性；非承重榫卯接口则设置在上部，保证了结构安全。枋插入檩条（横向承载梁）的距离被精确设定为整个枋长度的一半，这种精细的比例调整有助于平衡力的分布，提高整个结构的稳定性和耐用性。[①] 为了提升建筑内部的自然采光，建筑师巧妙地在屋顶设计了天窗。这些天窗主要设置在屋脊的两侧，以充分利用顶部光源，增强室内光线的均匀分布。在构造上，天窗的玻璃部分被安装在屋顶的最上层，并覆盖整个屋脊的木结构，这样的设计既考虑了结构的稳定性，也保证了防水效果。

木材作为一种优良的可再生资源，因其质轻和抗震性强的特点，经常被用于构造门、窗等维护结构。尽管木材来源的树木具有较长的生长周期，但其在建筑领域的价值和功能性促使更多的建筑设计采用木材作为主要材料。木材除了用于建筑维护结构的面层之外，还常与其他建筑材料结合使用，形成多样的结构类型，如土木结构、砖混—木结构和钢木结构等。例如，王维仁在山家清供餐厅的改造项目中，针对一处合院式住宅进行了精心的翻新。该建筑原先处于闲置的状态且状况破败，建筑师通过全面整修，赋予其新的生命。改造中大量使用木材，不仅包括门窗和门扇，还涉及建筑的主体结构，并且采用穿斗式的间架结合檩条，清晰划分了主屋、门厅及过道的空间布局。设计中的一大特色是运用木百叶门扇对院子进行围合，既保护了居住隐私，也强化了建筑与自然环境的互动。木百叶的使用划分了室内外的界限，其开启方式还允许光影的变化可以自然渗透，增加空间的通透感和视觉层次。

① 孙培真，徐怡芳．南方传统木构技艺的活化应用：松阳县平田村废弃农宅改造项目记 [J]. 建筑技艺，2017（5）：122-123.

3. 砖材

砖材在乡村建设中广泛应用于建筑墙体、道路铺设及装饰。这种材料以黏土为基础，通过烧结等工艺加工而成，具备优良的抗压和抗冻性能，同时有良好的保温属性。砖材的表面因烧制过程中温度和氧气控制的不同，而展现出多样的颜色和肌理，增加了其在建筑装饰中的应用价值。在建筑“表皮”的构建中，砖材通过多样的砌筑方式，如顺式砌筑、丁式砌筑、斜砌和立砌等，增强了建筑的结构稳定性。砖材砌筑中，搭接部位的填缝材料通常是水泥和石灰混合而成的砂浆。这种砂浆除了可以起到固定砖块的作用，还能够通过其凹缝和齐缝等不同的接缝方式，与砖块共同构成独特的表面肌理，为建筑立面带来丰富的视觉和艺术效果。通过精细的砖块选择、砌筑方式和灰缝处理，建筑师能够营造出具有不同深度和层次感的立面艺术效果。不同砖材使用汇总如表4-4所示，便于提供对乡村建筑材料使用的初步参考。

表4-4　不同砖材使用汇总

| 材料用途 | 图例 | 材料名称 | 运用特征 |
| --- | --- | --- | --- |
| 道路 |  | 红砖 | 红砖竖砌是一种具有视觉效果的建筑技术，通过利用红砖的宽度，可以精确地形成台阶的高度，从而创造出有序和节奏感的建筑元素 |
| |  | 红砖与水泥 | 利用色彩略有差异的红砖进行竖向斜砌，创造出独特的视觉效果。这种斜砌方式让每块红砖的色彩变化更加明显，形成强烈的对比感。在红砖之间的缝隙中填充水泥，增强结构的稳定性，也为整体的表面肌理增添层次和细节 |
| |  | 面砖与卵石 | 采用灰色面砖的水平砌筑方式与线性排列的卵石相结合，创造出丰富的面层肌理，形成视觉上的对比和互补。灰色面砖提供稳定而均匀的背景，而卵石的自然纹理和形状增添不规则性和动感，共同营造出一种质朴且和谐的氛围 |

续 表

| 材料用途 | 图例 | 材料名称 | 运用特征 |
|---|---|---|---|
| 墙体 |  | 青砖与石材 | 使用青砖与暖色调砖搭配，并在两种砖块之间嵌入薄石材进行分隔，在色彩上形成对比，石材的插入增加了纹理的多样性，丰富了外立面的视觉效果 |
|  |  | 红砖 | 使用红砖的镂空砌筑方式，在建筑界面上创造出通透的视觉效果和有节奏的立面纹理，提供了良好的光线和空气流通，增加了立面的艺术魅力 |
|  |  | 回收的灰砖 | 利用废弃建筑的灰色砖材，采用水平搭接的方式自发砌筑，形成一种天然且具有视觉吸引力的立面效果 |
|  |  | 灰砖 | 无规则的砖砌镂空方式形成穿孔，增加视觉上的趣味性，调节了建筑的光照和通风 |
| 围墙 |  | 红砖 | 水平向的砖砌形成洞口，并在这些洞口内以两块砖斜放作为承重部分，错位搭接的方式增强了结构的稳定性，形成了独特的艺术效果 |
|  |  | 灰砖与红砖 | 将新的灰砖以镂空方式砌筑，并在这些镂空部位加入废弃的红砖，形成新旧材料的视觉对比 |
|  |  | 青砖 | 采用青砖顺式砌筑并形成大面积的镂空效果，再通过砌块的错搭方式，巧妙地使用砖块形成“米”字形状，实现建筑界面的通透性，又在视觉上提供了丰富的艺术表达 |

4. 竹子

在我国乡村地区，竹子作为一种生态材料，具有资源丰富、生长周期短、强度高、柔韧性良好和易于种植等特点，成本较低，相较于资源日益紧缺且成本高昂的木材，竹子提供了一种性能优良且可持续利用的替代方案。竹材在建筑领域的应用非常广泛，通常用作建筑的维护结构和空间分隔等构筑物。然而，竹子也存在易开裂的缺点，这在满足新型功能建筑的结构标准方面构成了一定的挑战。特别是在竹子的受力部位，传统的建构方法往往难以承受较大的力量。为了克服这一点，常采用金属构件与竹子结合的工艺来增强关键受力部位的结构强度，从而提高整体结构的受力合理性，并充分发挥竹子的性能优势。除了在结构上的应用，竹子还广泛用于建筑的装饰构件，其自然的纹理和温和的色调能够为建筑增添独特的美感，同时保持环境的和谐。

在江西万安夏木塘村的儿童公益书院改造项目中，张海翱便巧妙地利用了经碳化处理的竹子。该设计的主要特色是采用斗拱状的结构形态，通过短竹子螺杆搭接工艺精心构造，形成独特的伞状结构。这些伞状构件的制作，涉及将短的竹子圆筒交叉排列，每两个交叉点呈 60° 角相互排列，并通过螺杆连接以确保结构的稳定性。[①] 这种结构设计展示了竹子的强度和灵活性，通过其自然的材质和形态，为书院创造了一种轻盈而开放的公共空间，使书院成为一处既实用又具有观赏性的公共设施。

5. 石材

石材在我国乡土建筑中广泛使用，其粗犷而细腻的质感，以及便利的取材特性，使其成为一种深受欢迎的建筑材料。尽管石材自重较大，运输较为不便，但其出色的抗压能力和稳定性使其在建筑中的应用非常关键，尤其适用于构建建筑的承重部位，如地基、承重墙和柱础等。石材因其丰富的质感和视觉表现力也常被用于建筑的外立面装饰，增加建筑的美观性和文化表达。石材的多样性体现在其种类繁多，包括毛石、卵石、片石等，每种石材都具有独特的肌理和色彩，可根据建筑需求和设计风格进行选择和应用。不同石材的应用汇总如表 4-5 所示。

① 张海翱，徐航，曾伟人．竹莲之家：夏木塘儿童公益书院 [J]. 室内设计与装修，2019 (9)：126-129.

表4-5 不同石材应用汇总

| 用途 | 名称 | 运用特征 |
| --- | --- | --- |
| 建筑基础 | 卵石 | 大体积卵石因其坚固的性质，在建筑中用作基础，可以有效分散和承受荷载，从而提高整个建筑结构的安全性和耐久性 |
| 建筑墙体 | 块石 | 块石砌筑墙体用于承重，确保结构的坚固和耐久性，利用不同形态的块石可以创造出质朴而独特的立面效果 |
| 户外环境 | 碎石 | 碎石颗粒色调稳定，能提供良好的视觉效果，质感细腻，增加铺装面的美观度。碎石铺设简单快捷，其密实度使得铺装后的路面坚固耐用，同时也便于行走，确保良好的行走体验。碎石铺装还具有良好的排水性能，适用于各种户外环境 |

6. 其他建筑材料

乡村建筑中除了常见的木材和砖等材料，还广泛运用了农作物纤维材料、瓦材、沙砾等其他材料。特别是农作物纤维材料，由于其自然的质朴纹理，已逐渐受到建筑师的重视。例如，张雷在先锋书店陈家铺平民书局的观景台项目中，采用麻绳作为外立面的主要材料，这种设计创造了深邃并与环境融为一体的视觉效果，展示了材料的独特魅力。同样，张雷在松阳云夕 MO+ 共享度假空间的设计中也采用了麻绳。通过麻绳的编织，建筑表皮形成了两种色差的纹理，丰富了立面的层次感，增强了整个建筑的艺术表现力。

乡村建筑中的屋顶覆盖材料主要采用瓦材，包括板瓦、筒瓦等多种形式，根据颜色的不同，常见的有青瓦、灰瓦、红瓦等。瓦材以其优良的耐久性和防水性，成为屋顶材料的主流选择。虽然一些原始材料如茅草和树叶也可用作屋顶材料，但由于其较低的耐久性和遮挡能力，这类材料在现代乡村建筑中使用较少。瓦材的应用并不局限于屋顶覆盖，还广泛用于道路铺装和装饰。不同的瓦片可以通过各种砌筑方式排列组合，形成独特的地面纹理，增强视觉效果。这种灵活的使用方式提升了建筑的功能性，也为建筑提供了丰富的视觉和风格表达，使建筑设计更具多样性和创意。

### （二）新型材料的运用

随着科技与经济的快速发展，新型建筑材料，如混凝土、玻璃、金属材料及各类复合材料越来越多地被建筑师采用。这些材料的引入，满足了现代生活方式对公共建筑功能的新需求，提高了建筑材料的性能标准，包括保温、隔声和防水等方面。在乡村建筑的改造设计中，新型材料的应用使得建筑除了在力学性能上得到显著提升之外，在可塑性和美观性上也有了更好的表现。与传统的砖、石、瓦等材料相比，新型材料使得建筑师可以为村民创造出更舒适、更符合现代审美和功能需求的公共空间。

在乡村建筑改造过程中，混凝土、玻璃、金属等新型建筑材料的运用极大地丰富了建筑的设计语言，这些材料与传统的乡土材料在质感、色泽和建构方式上形成鲜明对比，有效地弥补了传统材料的某些性能缺陷。例如，玻璃因其卓越的透明性，成为表现现代公共建筑开放性的理想选择。它能够清晰地展示建筑的内部结构和肌理，并通过对环境的反射增添戏剧性的空间效果，使得建筑与周围景观融为一体，增强了与环境的互动。金属材料以其独特的色泽和质感，在建筑改造中的应用也日益增多。建筑师常利用金属材料制作新的结构组件，如楼梯、窗框、栏杆等，既提升了建筑的功能性，也增添了视觉美感。金属的使用，尤其是在细节处理和结构强化上，为乡村建筑带来了现代化的触感和效果。

1. 混凝土

混凝土作为一种由胶凝材料将集料胶结而成的工程复合材料，已被广泛应用于现代建筑领域。众多建筑师，包括被誉为“混凝土诗人”的普利兹克奖得主安藤忠雄，都对这种材料“情有独钟”。安藤忠雄在其设计中对清水混凝土的使用，使建筑物展现出独特的朴素美感，强调了材料本身的表达力。基于乡村全面振兴背景下的乡建热潮中，混凝土的应用也逐渐延伸到乡村建筑的改造与建设中。例如，刘家琨在鹿野苑石刻艺术博物馆的设计中，通过运用清水混凝土，成功地将建筑的素朴氛围与现代设计理念相结合，展现了材料的多样性与功能性。[①] 此外，在废弃建筑的改造过程中，混凝土的引入为旧建筑注入现代特征，与原有的传统材料形成时空对话。这种材料的新旧碰撞增添了建筑的视觉冲击力，也为建筑带来了新的生命力和文化层次，使建筑作品在满足实

① 刘家琨，汪伦．鹿野苑石刻艺术博物馆 [J]. 城市环境设计，2009（12）：62-65.

用功能的同时，也兼具艺术审美价值。

华黎在福建屏南厦地村的废弃建筑改造项目中，设计了厦地水田书店。该项目巧妙地结合了现代建筑技术与传统材料，展示了建筑复兴与文化保护之间的和谐共生。原建筑作为一座长期闲置且结构损坏的民居，其特点是仅存的三面较为完整的夯土墙体。在改造过程中，华黎决定保留这些具有历史价值的夯土墙体，将其作为新建筑的外观“表皮”。为了加固结构并增加功能性，他在内部引入了以屏南本地碳化松木作为模板的混凝土结构。这种设计增强了建筑的稳定性，提升了空间的实用性和美观性。新建筑的核心结构包括两部分：一部分是内部的折线形混凝土墙，作为新的结构主体，在视觉上与老夯土墙形成对比；另一部分是浇筑的混凝土楼板，支撑了二层空间，同时与老墙体衔接，进一步提高了整个建筑的结构完整性。[①]

2. 玻璃

玻璃在建筑中的应用可以追溯至古罗马时期，最初主要用于窗户。进入现代，玻璃的使用在建筑设计中达到了新的高度，尤其是在现代主义大师路德维希·密斯·凡·德·罗（Ludwig Mies Van der Rohe）的作品中。密斯被誉为玻璃幕墙之父，他对钢框架结构和玻璃的探索和应用，开发出了一种结合古典均衡与极致简洁的建筑风格。密斯的设计理念通过使用大量玻璃和钢材，创造出透明度高、形式简洁的空间，这种建筑被称作“钢和玻璃的盒子”。

在乡村建筑改造中，玻璃因其透明性，成为展示乡村建筑原有文化肌理与结构的重要材料。通过利用玻璃，建筑师能够在保留和强调传统建筑特征的同时，引入现代元素，为乡村建筑注入新的生命力。玻璃的应用主要集中在窗户及部分栏杆的设计上，增强了建筑的光照和视觉通透性，还起到划分内部空间和连接不同界面的作用。玻璃的使用，特别是在窗户设计中，使室内外视野得到无障碍的延伸，保证了空间的私密性和安全性。玻璃的色泽、质感和肌理与乡村传统建筑材料的朴素相比，形成了鲜明的对比。这种对比除了在视觉上产生了吸引力，也从材料性能上体现了现代与传统的融合。

在先锋陈家铺村平民书局的改造项目中，张雷巧妙地结合了传统与现代

① 华黎．先锋厦地水田书店设计[J]．建筑学报，2020（6）：63-65.

材料，创造了一种独特的视觉与空间体验。项目在保留的夯土墙体基础上，西南角凸出一个 3 米的方形玻璃盒子，用作观景平台。该玻璃盒子外覆盖一层麻绳作为表皮，起到保护玻璃的作用，同时为整体建筑增添了质感与深度。这个玻璃盒子的插入，使新旧材料之间的强烈对比在视觉上形成了冲击，增强了建筑的表现力。书店沿必经道路的一侧还设置了一块大面积的玻璃，有助于拉近书店与过往人群的距离，使内部活动对外部观众开放，同时内部的反射光也创造出戏剧性的空间效果。

3. 金属材料

金属材料，包括黑色金属和有色金属以及它们的复合材料，因其较高的机械强度在乡村建筑改造中被广泛利用。这些材料可以增强建筑的结构稳定性，其独特的色泽和质感与乡土建筑的朴实风格形成鲜明对比，带来新颖的视觉和感官体验。在乡村建筑公共性改造过程中，利用金属材料可以构建新的结构体系，提升建筑的功能性，为其增加现代美学元素。金属的应用，如在窗框、门扇或作为结构性支撑件等，均展现了其在建筑技术中的多样性和适应性。这种材料的引入，使乡村建筑在保持传统美的同时，也融入了现代设计的创新。

在浙江松阳平田村的农产品展示中心和清供餐厅的建设项目中，王维仁采取了保留原有废弃农宅的夯土墙体和屋顶的策略，同时拆除了无法承担结构作用的原木结构体系，取而代之的是引入了黑色的新型轻钢结构体系。新型轻钢结构的引入为建筑提供了坚固的支撑和现代化的视觉元素。室内空间中，黑色金属的色泽和质感与周围的朴素卵石墙体形成了鲜明对比，激发了一种视觉和感官上的碰撞，丰富了内部空间的表达层次。这种现代材料与乡土材料的结合，不仅提升了建筑的功能性，也增添了艺术美感。这种植入新型建筑材料的方式展示了乡村建筑改造的新可能性，展现了如何在保护和继承传统的基础上，通过现代技术和材料增强建筑的实用性和美观性。

## （三）适宜的建造工艺

在乡村废弃建筑的公共性改造项目中，适宜的建造工艺主要涉及两个方面：一是提升使用材料的性能，二是改良这些材料的建造工艺。通过这种方式，改造工程不仅可以更顺利地实施，还能确保新改造的建筑能够有效地适应其新的功能需求。采用适宜的建造工艺，有助于延长建筑的使用寿命，提高其耐用性和安全性。

乡村地区在长期的房屋建造过程中形成了独特的工艺，这些工艺充分利用了各地的自然资源和本地材料。然而，随着时间的推移和科技的发展，传统的建造方法已经难以满足现代生活方式的需求。为此，新型的建造工艺应运而生，适应了当前乡建热潮中对功能性、经济性和科技性的高标准要求。在废弃乡村建筑的公共性改造过程中，建筑师通常会选择适宜的建造工艺，如对传统建造工艺的改良、采用现代数字技术等。这些技术的应用使建筑更加精确，施工更加高效，同时更好地适应环境和使用需求。

1.传统建造工艺的改良

适宜的建造工艺融合了本地区的传统建造方法与现代建筑工艺，旨在充分发掘地方传统工艺的潜能，同时确保新工艺能够适应当地的自然与社会环境，实现建筑项目的最佳效益。这种工艺的选择应考虑到地区特定的施工条件和当地居民的施工能力，因此，在设计阶段，建筑师必须深入了解并分析传统建造工艺，在设计的过程中除了要保留并强化那些适合当地环境的传统工艺，还需要通过工艺创新简化复杂的建筑构造。这样的改良使设计更易于当地村民理解与掌握，便于他们参与到建设过程中来。此外，这种设计方法还有助于提高建筑的可持续性，降低维护成本，并增强建筑的环境适应性。

在飞茑集更新项目中，孟凡浩展开了深入的前期调研，详细梳理了当地村民的建造工艺，并分析了这些工艺在未来项目中的实际应用可能性。这一过程包括对当地夯土使用的材料配比、建造技术及其环境适应性的综合评估。孟凡浩还特意走访了当地的传统工匠，学习并了解了夯土工艺。在充分理解传统工艺的基础上，孟凡浩对夯土材料的配比进行了科学调整，以优化其材料性能和施工工艺。这些改良使夯土墙面的质感、肌理和色泽相较于传统夯土有了提升。改良后的夯土在视觉上更具吸引力，其保温、防水和结构强度等性能也得到了增强。

在西河粮油博物馆及村民活动中心的改造项目中，何崴采用了一种创新的砌筑方式，对传统花砖砌法进行了现代改良。此工艺特征在于将四块砖头尾部相对排列成菱形结构，随后这种排列方式连续扩展至整个外墙面。这种设计呼应了地方的建筑传统，增加了建筑外墙的视觉和光影效果。[①] 改良后的砌筑工艺由何崴与当地工匠通过深入交流合作而成，这种合作模式确保了新工艺的地域适应性和文化连续性。大面积的镂空砖墙不仅美化了建筑外观，同时使内部空间的光影效果更加丰富多彩，为使用者带来视觉上的享受和实用功能的提升。这种通过现代视角改良传统砌筑工艺的做法，体现了建筑师对设计意图的精准把握，提升了建筑的示范作用。该建筑作为一种成功的案例，可以激励其他乡村建设项目采纳类似的建造技术，推动地方工艺的持续发展和创新。

2. 数字技术的运用

随着数字技术在建筑领域的日益普及，参数化设计已成为现代建筑实践中的一大亮点。由扎哈·哈迪德（Zaha Hadid）等建筑师推广的参数化方法，通过高级计算和建模技术，允许建筑师探索复杂且精确的设计方案，优化了建筑的结构性能，丰富了建筑的美学表达。尽管数字技术在城市建筑中已广泛应用，然而由于农村地区施工人员的技术水平和基础设施条件的限制，在乡村建筑改造中的运用则面临更多挑战。但是，一些建筑师已经开始探索如何将这些先进技术应用于乡村建设，以适应乡村环境并提高建筑的性能和效率。

牛背山志愿者之家的改造项目由李道德精心设计，旨在为驴友和当地老人儿童提供服务。改造前，该建筑是一栋具有西南民居特征的闲置旧民居，采用木结构坡屋顶。在此基础上，建筑师采用了创新的数字化建造技术和选用复合材料进行改造，尤其是在屋顶设计上进行了大胆尝试。建筑师通过数字技术设计屋顶，使其呈现出与牛背山背景相呼应的起伏形态，旨在与远方的云海形成视觉对比。屋顶采用的是由当地慈竹加工形成的新型竹基纤维复合材料，这种材料环保，具有良好的结构强度和视觉效果。屋顶的延续使用小青瓦，保持了传统民居的风貌的同时融入了现代设计元素。[②] 这种异形屋顶的加工采用了工厂预制与现场手工相结合的方式，确保了施工的精确性和设计的实现。通过建筑师的精确模型和图纸，现场放样加工能够精确复制设计意图，确保建筑的

① 何崴. 向工匠学习，在农村建筑：以河南省信阳市新县“西河粮油博物馆及村民活动中心”项目为例 [J]. 建筑技艺，2015（6）：50-57.

② 李道德 . 牛背山志愿者之家 [J]. 建筑学报，2015（5）：62-68.

每个细节都符合预期效果。此项目中的参数化设计展示了现代建筑技术与传统材料的完美结合，也是对乡村建设中新材料和新技术应用的一次有意义的探索。连绵起伏的屋顶与牛背山的自然景观相得益彰，创造了戏剧性的艺术效果。

## 第三节　乡村废弃建筑公共性改造的实证分析

江西省万安县夏木塘村，位于井冈山革命根据地附近，历史悠久，文化底蕴深厚。该村在乡村振兴战略的指导下，成功实现了传统与现代的融合，被评为“中国十大乡村振兴示范村”。夏木塘村采用“趣村”主题，通过设计、文化和艺术的综合运用，有效激活了乡村的发展潜力。该村特别邀请了来自不同地域的建筑师和设计师，对村内的院落和场地进行了创新性的改造。这种以“针灸式”建筑改造为核心的策略，为夏木塘村注入了新的活力，也推动了整个区域的乡村发展。改造过程中，夏木塘村重视传统文化的保护与传承，同时引入现代设计理念和运营模式，探索一条文化与经济并重的发展路径。通过与品牌的合作，夏木塘村实现了内部资源的有效激活，将传统文化与现代商业理念相结合，形成了一种新的经济增长点。夏木塘村的成功实践，不仅提升了当地村民的生活质量，也为周边地区提供了可借鉴的乡村振兴模式。

### 一、夏木塘村概况

#### （一）区位

夏木塘村位于江西省吉安市万安县枧头镇，具有地理位置优越和交通便利的特点。村庄距离万安县城区 10 千米，与万安高铁站相距仅 2 千米，便捷的交通条件为村庄的发展提供了重要支撑。万安县坐落于罗霄山脉东麓，赣水流经此地，形成了独特的地理和自然景观。历史上，辛弃疾曾在《菩萨蛮·书江西造口壁》中提到的造口，便位于万安县西南方向，这一文化背景增添了该地区的历史厚重感。夏木塘村原本由“上木塘”和“下木塘”两个村落组成，其中“下木塘”因夏季竹木葱郁、山花烂漫而更名为“夏木塘”。村庄的命名寓意“夏日林木，汇水为塘”，展示了当地人与自然和谐共生的生活方式。万安县被描述为“六分半林一分荒，半分河库和水塘，耕地园地一分半，半分道路和村庄”①，描绘了一个典型的山区县的生态和土地利用格局。夏木塘村作为该县的一部分，承载了地区典型的山水林田湖草的自然资源配置，这些资源是当地发展旅游和经济的基础。

### （二）文化背景

万安县的文化底蕴深厚，具有丰富的非物质文化遗产。万安儿郎会作为一项起源于唐朝的民俗文化活动，已流传超过一千年，象征着地方的传统与历史。麒麟狮象灯作为自唐朝以来的民间祭祀舞蹈，至今在夏木塘村及周边村落，如涧田村广泛流传，展示了当地独特的文化传承。万安采茶戏是另一项具有两百多年历史的地方剧种，起源于万安的民间艺人与“灯戏班”师傅之间的学习与传承。这种艺术形式丰富了当地的文化生活，促进了文化艺术的多样性发展。股子灯作为一种独特的民间祭祀舞蹈，每年春节期间的表演已成为当地文化活动的一部分，通过灯彩道具的使用，增加了表演的视觉效果与吸引力。夏木塘村作为这些非物质文化遗产的传承地，其村民在长期的文化熏陶中形成了独特的乡村文化。

### （三）自然环境

夏木塘村占地面积 0.12 平方千米。该村庄拥有温暖宜人的气候，温和多雨且阳光充足，四季变化分明。四周稻田连绵，村庄周边稻田连绵，村内古树繁茂，树木形态多样，为村庄增添了独特的自然美。这些自然元素与村庄精心布局的房屋相得益彰，营造出和谐美观的乡村景致。夏木塘村的自然景观为其发展带来了独特的优势。村民们在乡间道路两侧种植了丰富多样的花草及不同种类的植物，这些植被随着四季更迭展现出不同的色彩变化，为村庄增添了无限生机与活力。村中的五六处大小不一的水景，成为村民夜晚散步或休息的首选地点，池塘边的桌椅提供了休憩空间，使水景成为社交和放松的场所。这些水元素既丰富了村庄的自然景观，也提升了居民的生活体验。夏木塘村内散布

① 万安县地方志编纂委员会.万安县志[M].南昌：江西人民出版社，2006：93.

的竹林与广袤的树木相互映衬，形成了独特的乡村风光。这些绿色植被为村庄增添了生态美感的同时提供了自然的凉爽环境，增强了乡村的吸引力。这种结合水景和绿植的景观设计，有效地促进了自然与人文的和谐共存。

夏木塘村的南侧耕地区域因地形高差而形成了梯田，这些梯田增添了乡村的美丽景观，呈现出独特的乡土风情。在乡村的提质改造过程中，保护这些自然环境应继续遵循自然的原则，维护和增强乡村景观的连续性与和谐。通过保护和优化夏木塘村的梯田和其他自然景观，保持生态的健康，为人们提供丰富的乡村体验。这种景观的维护和发展，满足人们探索和体验传统乡村生活的需求的同时支持当地经济的发展。

## 二、以乡村全面振兴为基础的废弃建筑改造设计

### （一）空间改造设计

#### 1.设计改变乡村

夏木塘村与城市环境设计杂志社合作，启动了“遇见夏木塘”项目，采用大师集群设计的方法，由多位建筑师共同参与。这些建筑师根据夏木塘村内的废弃建筑和场地的现有条件，遵循乡村设计的基本原则，进行创新性的改造和设计，旨在提升废弃建筑的空间价值和公共功能。在项目中，建筑师对选定的废弃建筑进行了精心的改造和功能重构，在保留每座建筑原有形式的基础上，调整其结构以适应新的公共用途，特别是那些被转变为支持生活休闲功能的建筑。每项建筑改造都紧密考虑其在乡村旅游发展中的角色，确保其功能转换与夏木塘村的旅游资源整合策略相匹配。通过一系列的废弃建筑改造，夏木塘村的空间结构得到了优化重构，增强了村庄的整体旅游吸引力。改造项目不仅美化了乡村景观，也促进了游客、村民之间的良性互动，提升了夏木塘村的社会和经济活力。

夏木塘村的空间功能重构成功整合了乡村旅游资源，促进了乡土景观、农耕生态与村民主体性的良性互动。该村落通过精心设计的游客中心、宴会设施、民宿以及咖啡馆等，实现了文化和设计内容的有效落地。这些设施丰富了

村民的社会生活，吸引了大量游客，增强了村庄的吸引力和活力。通过采用针灸式手法，夏木塘村在小尺度上介入，创造了一系列公共空间，这种以点带面的方式有效激发了整个村落的活力。这些新设施和空间的加入，提升了村庄的功能性，也带动了夏木塘村的全面振兴。夏木塘村的更新与发展通过引入来自不同地域的知名建筑师和设计师，对村内的废弃院落和场地进行创新性改造，这种“针灸式”的建筑改造方法刷新了传统乡村的面貌，促进了整个地区的乡村发展。项目中实施了“建筑师 + 品牌”的合作模式，有效地将村庄的内部资源与外来的设计和运营模式相结合，从而激活了这些资源，并促进了资源与外部力量的共同发展。这种模式的实施，使夏木塘村的经济和文化活力得到了显著提升，为村庄带来了新的生机。

（1）乡村公共空间的提升。夏木塘村的空间重构致力提升所谓的“负空间”，即那些环境较差或未被有效利用的废弃区域。通过对这些区域进行精心设计和改造，夏木塘村成功转化了原本闲置的住宅为公共空间，激活了这些建筑的潜力，提升了村庄的整体形象。在改造过程中，建筑师在保持村庄原始风貌的基础上，引入新的元素和业态，为夏木塘村增添了多样性和趣味性。新引入的业态包括手工作坊、图书室、餐饮场所、茶室等，丰富了游客的体验，促进了乡村的文化交流和经济发展。为了增强游客对夏木塘村传统乡村生活的体验，还特别设置了酒吧、剧场、农耕文化展示区及果园采摘等活动空间，让游客能深入体验乡村的风土人情，有效地吸引了更多访客，促进了当地旅游业的发展。

（2）基础服务设施提升。在夏木塘村的基础设施改善项目中，公共厕所、垃圾处理设施、小池塘及小菜市场的升级是重点。公共厕所的改造主要集中在人流密集的村口及广场等地方，以便满足村民和游客对卫生设施的需求，为村落的日常生活和旅游活动提供支持。垃圾处理设施的合理布局确保了垃圾的有效管理，不仅保持村落环境的清洁，而且方便了村民和游客的使用。小池塘的整治和小菜市场的改造提高了公共场所的功能性和美观，增强了村落的吸引力。夜间照明设施的升级改善了夜间的出行安全，并且通过独特的设计手法增添了村落的夜景美观，为夏木塘村的夜生活增添了魅力。

（3）乡村新空间营造。夏木塘村致力打造新的公共空间，以满足人们的需求，特别是针对老人与儿童进行了专门的设计。该村在新公共空间的设立中，也考虑到亲子游客的活动需求，因此规划了包括秋千、真人CS和观览亭等在内的多样化娱乐设施。这些设施的引入旨在为儿童提供安全且富有吸引力的游乐区域，同时为老年人提供了休息和观赏的场所。新空间的创设丰富了村民的日常生活，增添了娱乐和休闲的选择，并且提升了夏木塘村的旅游吸引力。通过这些公共空间的合理规划与建设，村内的可玩性增加了，有效延长了游客的停留时间，直接带动了当地经济的增长。

2. 文化引领乡村

夏木塘村通过文化自我重塑，展示了如何利用文化力量引领乡村发展。村庄中的空地，如竹林、庭院或历史遗留的砖石和夯土结构，既反映了村落独有的空间形态，也承载了丰富的文化积淀和历史传统。这些特色空间是夏木塘村文化自我认同的重要组成部分，形成了乡村的独特风貌。在进行乡村改造时，建筑师应致力保护和强化这些文化和自然元素，让它们在现代化进程中继续发挥作用。改造设计中需为自然元素预留足够的展示空间，以便更好地展现乡村的原生态美。夏木塘村利用其独有的“土著场所”优势，即原始的村民、土地和房屋，成功保留了村庄中的传统生产资料和生活场景。这种环境为村落的“地脉文化”提供了肥沃的土壤，使文化传承成为可能，并鼓励村民与游客重新连接和体验这片土地。村中的废弃建筑重构应侧重使用当地资源，主要采用木材，并适当利用钢结构强化关键结构节点，在节约了建设成本的同时，成功打造具有地方特色的建筑，增强村落的文化氛围和美学价值。

夏木塘村通过采取创新的“1+1”合作模式（建筑师＋品牌），成功地引入了新的时尚和创意业态，从而传承和发扬了乡村的传统文化。这种合作模式不仅满足了原住村民的需求，还符合乡村发展的自然规律，通过适度的文化刺激恢复村落的生命力。例如，“冰心奖”儿童图书室与崔彤的竹林茶园合作，为当地儿童及青年提供了一个专门的阅读和互动空间，除了提供书籍阅读区，还组织了关于作家冰心及“冰心奖”的主题活动，促进了儿童的文化和精神发展。纸在学堂与建筑师王求安合作的手工作坊，让游客和村民有机会亲手体验古法造纸术和木活印刷术。陈展辉与李以靠合作的“美好之家”展览项目，在木塘客栈举办，为当地儿童提供艺术启蒙教育，通过艺术教育激发儿童的创造力和想象力。这些合作项目的成功实施，既丰富了夏木塘村的文化生活，提升了居民的生活质量，也吸引了大量游客前来体验乡村的独特文化和艺术活动。通过这种方式，夏木塘村有效地利用了文化资源刺激乡村振兴，为实现可持续的乡村发展提供了有效路径。

3. 艺术修复乡村

夏木塘村实施了“艺术家驻村计划”，定期邀请艺术家进行驻地创作，以艺术的方式对乡村环境进行修复和美化。此计划特别注重环境的可持续发展，通过对废弃材料的适应性再利用，艺术家将村内常见的废旧瓦片转化为艺术作品的媒介。在具体实践中，艺术家收集废弃的瓦片，采用竖向铺装的方法进行创作基底的构建，在这些重新利用的瓦片上绘制竹子、莲花等自然元素，这种艺术化的处理既赋予了材料新的生命，也为夏木塘村带来了独特的视觉和文化体验，提升了村庄的艺术氛围，吸引了众多游客前来欣赏和体验。

4. 产业振兴乡村

夏木塘村借助“遇见夏木塘之乡村的美好生活”展览，实现了以“未来乡村生活方式”为主题的产业振兴。通过持续的展览和活动，夏木塘村成功地将儿童产业引入，结合设计、文化、艺术及资本，吸引了人才资源，使该村逐渐转变为一个城市外的亲子乐园及儿童乡村体验教育基地。夏木塘村的改造重点在于儿童产业的植入与活化，通过儿童绘本图书馆、祠堂书院、夏虫咖啡和手工作坊等设施落地以及一系列设计的文化活动，营造了一个丰富多元的教育和娱乐环境。这些空间和活动设计旨在为儿童提供自然运动和体验的机会，以弥补快速城市化进程中儿童成长空间的缺失。夏木塘村的这种产业振兴增强了村庄的文化和教育吸引力，有效提升了当地经济水平。通过创造一系列旨在满足游客“趣向”的娱乐生活产业，夏木塘村成为一个理想的亲子旅游目的地。这种以文化和艺术为驱动的乡村振兴模式，展示了如何通过专注于特定产业，尤其是儿童教育和体验产业的发展，为传统乡村带来可持续的经济和社会效益。

### （二）夏虫咖啡屋改造设计

在夏木塘村，郑静云与王彦合作，对位于村核心的一栋废弃住宅进行了改造，并命名为“夏虫咖啡屋”。该项目旨在搭建一座连接乡村与城市的文化桥梁，通过引入西方咖啡文化与当地传统文化的融合，形成具有新颖特色的咖啡体验。项目面临资金和技术的双重限制，建筑师通过“针灸式”改造方法，创造性地保留了建筑的原始特征，同时激活了其潜在功能。[①] 夏虫咖啡屋的设计巧妙地使用树脂砖块作为主要的立面材料，增强了建筑的美学，优化了内部的光照条件和空间布局，成功地解决了自然采光与展示空间的设计问题，为夏木塘村增添了一个温馨且富有吸引力的公共场所。

1.改造建筑的位置及现状

夏木塘村的夏虫咖啡屋，由废弃建筑改造而来，位于村庄的核心地带，处在进村的主要道路上，自然成为聚集人流的关键地点。这个位置的选择优势明显，既便于吸引过往的村民，也容易吸引游客。咖啡屋的内部设计宽敞，拥有一片较大的休闲广场，旨在为人们提供一个既能享受美食，又能休闲放松的环境。咖啡屋与一片竹林相邻，且与村落中心的池塘仅有五米之遥，这种自然的邻近关系极大地增强了观光的吸引力。紧邻咖啡屋的还有祠堂前的一个集散广场，这里是村落内人流聚集的核心区域，无疑为咖啡屋的运营提供了稳定的客源。

夏虫咖啡屋的建筑原是夏木塘村典型的三开间八房式传统民居。这座建筑的中心是一个厅堂，主要用于居民的聚会和日常起居，厅堂的中央装饰有精美的木制太师壁。厅堂两侧的腋门分别通向楼梯和厨房，确保了生活区的功能性和连通性。建筑的侧翼分布着卧室和厨房，二楼则被用作储物空间。建筑一侧的单层空间曾是牛棚，建筑本身采用了砖木混合的结构方式，充满地方特色。门窗上的装饰纹路展示了地域文化的独特风格，而人字形的硬山顶和镂空的屋面设计，有助于内部的通风和光照条件。

2.夏虫咖啡屋的改造思路

在夏虫咖啡屋的改造过程中，郑静云与王彦继承了原建筑的形制和传统风貌。他们在保留建筑历史特征的同时，引入了现代材料和建造技术，旨在

① 郑静云.传统民居微更新江西夏虫咖啡屋的设计思考[J].时代建筑，2019(1)：118-121.

提升建筑的功能性和适应性。针对夏虫咖啡屋的设计改造，建筑师重新定义了空间功能，将原有的厅堂转变为制作区，两侧的空间则发展成为休闲区，便于居民与游客放松的场所，同时配置了能够举办儿童电影放映和展览活动的多功能区域，满足更广泛的乡村文化需求。为增强建筑的公共开放性，设计中引入了黑色金属装置，并在墙面设置向外开启的门。这种设计提高了空间的可访问性，也在视觉上形成了原有砖墙与新型金属材料之间的对比，突出了现代设计元素与传统材料的和谐共存。

在夏虫咖啡屋的内部空间改造过程中，建筑师采取了结构调整的措施以优化空间利用。首先拆除了附属于主建筑一侧的废弃牛棚，有助于消除可能对主体结构产生的不利影响。随后，为了扩展公共空间并提高其功能性，原建筑的两层空间被打通，通过提高竖向空间高度的方式，增强整体的空间感和使用舒适度。在水平布局方面，以增强室内流动性为目标，对建筑内部的横向墙面进行了拆除，提升了空间的连续性，增加了室内的开放感。同时，尽可能保留了建筑的原始外观和内部空间布局，确保了场地的历史连续性和文化身份得以保存，为村民提供了一个兼具回忆与现代的交流场所。在夏虫咖啡屋的改造中，对原有结构的适应性修复是关键。原建筑采用的是砖木混合结构，墙面与地面均由土坯砖块构成。修复工作力求保留建筑的原始形态，包括屋顶、墙面以及主体结构等元素。在屋顶部分，除了保留原有的瓦片，还增加了木望板与防水层，有效提高了建筑的防水性能。这种结构上的改进不仅提升了建筑物的功能性，还增强了其耐久性。同样，二层的木横梁得以保留，使得空间呈现出历史沉淀下的木质结构特色，展现木材的自然质感和肌理。地面部分，在原有基础上覆盖新的木望板，并加入地暖系统，使得冬季室内环境温暖舒适，满足现代居住需求，同时保留了建筑的传统韵味。

在材料方面，建筑师巧妙地融合了传统与现代材料，即透明树脂砖块的应用，以便解决传统建筑采光不足的问题。项目中，在不扩大原有窗户的前提下，建筑师选择在墙面上按照砖块的模数开设小洞口，并嵌入不锈钢框架支撑的透明树脂砖块，内部设有 LED 光源。透明树脂砖块的引入，使光线能够在日间自然渗透，而在夜间，内置的 LED 光源则模拟星光效果，有助于增强室内的艺术氛围，提高建筑内部的光环境质量，为室内空间增添动态与趣味性。透明树脂砖块在建筑外立面上的应用与原有的土坯结构形成了显著的视觉对比，在突出建筑现代元素的同时，为老建筑注入了新的活力，展示了如何通过材料创新来强化建筑的视觉冲击力和层次感。在废弃土坯砖块的再利用中，建筑师依据地形与道路边界巧妙围合，形成具有不同尺寸的内院，重新定义了室外空间的边界，还提供了视线遮挡，增强空间私密性的作用。这些内院转变为室外就餐区，其中现代黑色金属桌椅与传统土坯砖墙的对比，形成了一种视觉上的冲击，体现了设计中的创新思维。庭院中大量种植的竹子既可以美化环境，还能够增添一份宁静与自然氛围，使整个空间既有现代感也不失自然韵味。这种设计规划在提升空间功能性的同时，让传统与现代元素产生了对话，通过强烈的反差效果，增强了场所的艺术表现力。

### （三）冰心图书室改造设计

建筑师崔彤针对夏木塘村的改造，将“人”作为核心。改造的第一阶段，致力恢复村民的传统生活方式及其生活场景，强调文化的连续性与生活质量的提升。第二阶段，通过激活已恢复的生活场景，增强夏木塘村及其周边地区的活力。第三阶段，应考虑如何吸引外来人士参与到夏木塘的生活中。通过创建吸引人的旅游与居住条件，鼓励外来人士除了作为游客访问，更多的是作为新村民加入。重视地脉文化的延续与场所精神的重构，不单纯追求物质更新，而是致力文化与精神层面的深度复兴。建筑师选择将废置的住宅改造成为集茶室与图书阅览室于一体的文化空间，即冰心图书室，该空间既服务于本地居民，也欢迎外来游客，旨在为村民及游客提供一个精神的归宿，加强地方身份的认同感。

#### 1.改造建筑的位置及现状

冰心图书室坐落于夏木塘村的中枢位置，这座由废弃农宅改造而来的建筑具有得天独厚的地理位置和视觉景观。图书室面向村中心的池塘，不仅可以享受到开阔的水景，还能观赏到四季变换的自然美。建筑背靠的废弃竹林，尽管杂草丛生，却为图书室提供了一种原始的自然背景，增加了一处静谧而幽深的视觉层次。图书室内部的设计充分利用了这一优势，大面积的窗户使人们可以透过室内阅读区域轻松望见外部的竹林景致，创造了一个既连接自然又便于沉思和阅读的环境。站在图书室的广场上，可以一览夏木塘村的耕地。这片广阔的农田是村民耕作的地方，也是他们日常生活的一部分，形成了回家路途中的风景线，因此，这里也成为一个理想的观景点，提供了观赏当地乡土风光的机会，增添了游客体验的体验感。图书馆毗邻祠堂，并紧邻一片用于举行大型活动的广场。这个位置是村落的社交和文化中心，也是重要的公共区域，承担着集会和节庆活动的核心功能。图书室的存在增强了这一地区的文化重要性，为村民提供了一个集学习、阅读与乡村活动于一体的空间。

夏木塘村的冰心图书室，是从一栋废弃的二层农宅经过改造得来的。此建筑原由土坯砖构建，具有传统民居的典型三开间砖木混合结构。南侧附带一座砖砌结构，原用于储存农户东西。由于长期无人照管，原建筑与周围环境杂草丛生，结构也遭受损害。中心厅堂原本用作居住和社交聚会之地，其中心装饰有代表性的木制太师壁，两侧配置腋门以便于空间流通。建筑的屋顶设计为双坡硬山顶，符合当地的建筑习俗。

2. 冰心图书室的改造思路

在冰心图书室的改造项目中，崔彤通过拆除原有的配套用房体块，确保了改造后的主建筑不受遮挡，主立面得以完整展示。这一改动提升了建筑的美观性，增强了其与环境的互动。建筑场地的前后分布——广场与竹林，为此次改造提供了独特的自然背景。崔彤将一开间的墙体拆除，打通了视线，创建了一个视线通廊。这样的设计使得内部空间与外部环境的联系更加紧密，增强了人在内部的视觉体验。对于茶室与图书室，由于尺度需求的不同，打通后的空间与原有三开间住宅的比例进行了适当调整。茶室相比之前有所缩小，但这种调整使得公共空间与私人功能区之间的过渡更加和谐，同时满足了功能性和审美的需求。茶室区域进行了结构调整，拆除了横向墙体和木梁板，增加了其竖向空间的尺度，提升了空间的开放性和流动性，为公共交流提供了更加宽敞的环境。图书室方面，对内部功能进行了重新构思，优化了阅读和活动区域的布局，增加了必要的配套用房空间，包括新设立的洗手间、办公室和储存间，有效增强了图书室的功能性，确保了设施的完整性和使用的便捷性。

冰心图书室的改造侧重原有废弃建筑的空间重构，并在功能置换的基础上明确划分了不同区域。入口设计为一个通透的观景区，使进入者的视线能直接穿过建筑延伸至后侧的竹林，形成了一条清晰的视线通廊，优化了空间的视觉流动性，增强了建筑的开放性与互动性。茶室区域设定为完全开放式，便于人们聚集与交流。建筑的入口通向茶室，穿过该区域能直接到达室外的茶亭，这一布局方便了人们的流动并增强了空间的连贯性。图书室分为两层，一层主要包括阅览室、储藏区及管理用房。图书阅览区则采用了半封闭半开放的设计，既保留了阅读的私密性，也提供了一定的开放视野，旨在为访客提供一个安静且舒适的阅读环境。二层则设有一个小型的讨论空间，专为增进人们之间的讨论和交流而设。冰心图书室作为一个融合了图书阅览和茶室休闲的公共建筑，成功满足了村民和游客对多样化公共服务的需求。通过植入地域文化的方式，激发了整个村落的文化活力，唤醒了夏木塘村的集体记忆。

针对建筑结构的处理，原建筑为典型的砖木混合结构，改造过程中，建筑师保留了屋顶和主要结构框架，避免了过度的城市化改动。在茶室部分的改造过程中，拆除了部分楼板，以打通竖向空间，增加空间的开放感和视觉高度。同时，保留的木梁既可以作为内部装饰元素增添美感，也功能性地界定了空间，可用作展览时的悬挂构件。内部空间的设计巧妙地利用了原始材料的粗犷特性，未经修饰的土坯砖墙体裸露出来，与细腻而空灵的室内设计形成了鲜明对比突出了材料的自然美，增强了空间的艺术氛围和深度。在翻新设计中，建筑师采取材料处理方式以提升建筑整体的视觉效果和公共形象。对保留的土坯墙进行了涂白处理，既使得建筑立面更加明亮和现代，也符合了公共设施的审美需求。设计过程中还注重环保和资源再利用。建筑师从村中收集废弃的物品，如旧瓶罐和木根雕等，被重新整理后用作茶室的装饰元素。这种做法赋予这些物品新的生命和功能，为室内空间增添了独特的文化氛围，运用具有地方特色的材料也有助于激发人们对当地文化的记忆，进而增强整个村落的文化活力。

### 3. 室外空间的改造思路

冰心图书室的室外茶室位于图书室对面，通过一条小道与之相连，构成了夏木塘村中的一个重要公共空间。该茶室的位置靠近村落的祠堂和一处水塘，同时毗邻西侧的步道，地理位置的优势使其成为连接村落不同区域的关键节点。原场地是一片荒废的竹林，内部覆盖着杂草，地形由三堵呈阶梯状分布的矮墙分割成不同高度的台地。这些矮墙使用了村民丢弃的废弃砖材建造，体现了资源的再利用，也增加了场地的历史感和文化深度。此外，这种利用废弃材料和自然地形的设计有效地将一个被忽视的“消极空间”转变为具有实用功能和审美价值的公共区域。

位于茂密竹林中的室外茶室，通过其自然特性创造了独特的空间体验。竹林的上部空间被竹叶充分覆盖，形成一个隐秘而独特的顶部界面，这为下方空间提供了一种自然的覆盖感。竹子的密集生长不仅定义了竹林的竖向空间界限，还因其生长特性，在林下形成了开放而通透的视觉效果。这种空间的配置，通过线状的界面介入，有效地模糊了室内外的界线，营造出一种连续且流动的空间感。这样的设计利用了自然元素的特性来强化空间的感知，增强了场地的视觉和感官体验。在该设计中，通过“可被打破的界面”这一概念的引入，实现了与自然环境的深度互动。建筑师在林下空间中置入了多个盒子，这些盒子与场地内已存在的矮墙相呼应，形成一种有序而富有逻辑的空间布局。通过消解盒子的顶部，允许竹叶的自然渗透，进一步强化了内外环境的连续性。盒子的边界被条带状的膜材料所围合，形成了类似“竹帘”的结构，这些“竹帘”悬挂在空中，营造出一种模糊而连续的界面。这种设计美化了空间，也为人们提供了一个独特的体验，即在穿行中既感受到界面对行动的轻微限定，又能根据个人意愿选择穿越或维持这些界面。

在细部节点的构造上，植入场地的盒子使用了 TPU 膜、泡沫胶和垫片这三种材料。这些材料在精确对齐后被安装于 U 型不锈钢框的内侧。在制作过程中，为确保膜材料能竖直下垂并在钢槽处干净利落地展开，在钻孔、切割膜材和选择构件上进行了细致的操作和控制，保证了安装的精确性和整体的美观。灯光设计也是这一项目的关键部分。灯光配置分为钢框内部的灯带和地面的竹筒灯两部分。为实现这一设计，场地中预埋了必要的电线，LED 灯带被隐蔽地安装在 U 型钢槽的内侧，竹筒灯则通过挖坑埋设于地面。这种灯光布置为夜间的竹林增添了温暖的色调。半透明的膜也使整个盒子装置在夜晚成为一个柔和的光源。

该室外茶室设计巧妙地融合了现代与传统材料，创造出一种独特的视觉与感官体验。盒子装置作为主要的茶室空间部分，底部由高起的瓦台支撑，台面边缘采用金属材料收边，以确保结构的稳固与美观。瓦片以竖直方式正反交错排列，形成密集且规整的鱼鳞图案，增加台面的美观度，体现了对传统瓦工艺的现代诠释。在盒装置下方的地面设计中，采用 U 型不锈钢槽，槽宽 25 厘米，内填充石子，外围则以相同的瓦片进行铺设。这种设计在视觉上与悬挂在空中的钢框形成镜像对应，增强了整体设计的连贯性。这些金属和瓦石材料的结合，在材质上形成了对比，同时在光影中呈现出动态的视觉效果，反射和衬托着四周竹林和阳光的自然美。在盒子装置的内部，使用边角木料与麻绳进行手工编织，制作了用于休息和品茗的桌椅。这种手工艺的使用带来了一种温暖和亲切的氛围，与外部的现代设计形成了温馨的对比。这个室外茶室通过巧妙的材料使用和设计布局，成功地营造了一个既展示艺术美学又兼顾功能实用的公共空间，使人们在自然的怀抱中体验到高雅而舒适的环境。

### （四）木塘客栈改造设计

在讨论木塘客栈的改造设计中，李以靠提出了一个具有前瞻性的视角，即随着中国经济的转型和政府对农村的增加投入，乡村未来将吸引更多人选择留下。在这一背景下，木塘客栈的改造不仅是为了提供舒适的住宿环境，更是为夏木塘村展示了一种可持续和经济适用的住宅改造模式。该设计的核心在于创造一个既符合当地经济水平又具有示范性的“样板间”。李以靠希望通过这种方式，激励村民看到乡村住宅的潜力，同时吸引游客增加对村落的逗留时间。这种改造设计还注重未来的可持续发展，设计出的空间旨在提供“宽敞明亮”且“住着舒服”的居住感受。改造后的房子应是一个可持续调整的底板，可以根据不同家庭的生活习惯和经济条件进行个性化的再设计。这种设计理念就像为孩子提供了一本基础的绘画本，家庭成员可以根据自己的喜好和需要在这个基础上“填色”，使每一个空间都能反映出居住者的个性和生活方式。

#### 1.改造建筑的位置及现状

原建筑处于两条主要道路的交叉口，一条通向村民的住宅区，另一条则直达村民活动中心。这样的地理优势使客栈成为村内一个重要的集会和交流地点。客栈的邻近设施——夏虫咖啡屋，为住宿游客提供便捷的餐饮和娱乐选项，增强了游客的整体住宿体验。客栈内部拥有一片广阔的广场，这里既是村民进行蔬菜种植的场所，也是他们休闲娱乐的空间，兼具实用性与社交功能。广场的存在增强了客栈的公共属性，为村民提供了一个多功能的活动区域。场地东侧的树林为客栈增添了一抹绿色，提供了一个宁静的散步和休息场所，同时丰富了客栈的景观环境，提升了整个住宿体验，使客栈不再只是一个住宿点，更是一个享受自然美景的理想场所。

原建筑由两栋两层的土坯砖和木结构组成，具有当地传统的建筑风格。一楼主要用于日常居住，而二楼作为储藏空间，用以存放粮食和杂物。尽管建筑结构在保留上比较完整，且墙体与屋顶结构仍能承担原有的重量，但由于长时间无人居住和缺乏适当维护，建筑周边的环境已经变得杂草丛生，场地整体显得较为混乱。原有建筑的窗户面积较小，导致室内采光不足，环境昏暗且潮湿，这样的条件难以满足客栈所需的采光标准和游客对于舒适住宿环境的期望。改造这类建筑时，关键在于如何在保留其历史价值的同时，改善其功能性和提高居住舒适度。这需要对建筑进行适度的结构加固，并重新设计窗户和门的尺寸与位置，以增加自然光的引入和改善通风条件，从而使建筑既能保持其传统特色，又能满足现代居住的需求。

2. 木塘客栈的改造思路

充分利用现有的两栋住宅结构，通过功能置换与空间重组，创建适合现代需求的住宿设施。每栋建筑包括四间客房、一间娱乐室、一间客厅以及一间前台会客区，充分满足商业运营的需求。原有的厅堂被转换成客栈的会客中心和接待前台，成为客栈运营管理的核心区域。这一区域的设计旨在优化客户接待流程并增强住客的入住体验。底层原卧室的空间被划分为两间客房，通过对内部结构的精心调整与优化，增强了空间的利用效率和舒适性。其中，将两间原卧室合并改造成一间客房及配套的洗浴空间，通过拆除竖向楼板来形成通高空间，旨在提升洗浴区的空间感受和使用舒适度。原住宅的杂物间经过改造，转变为娱乐室，保留了其基本结构形制，仅进行了必要的修复和简单装饰，以适应其新的功能需求。二层空间则设计为两间卧室和一个宽敞的客厅，这里既是休息的空间，也是住客交流与社交的场所。客厅通过一扇木门直接连通室外阳台，增加了空间的开放性和自然光线，使得整体环境更加宜人。

在木塘客栈的改造设计中，建筑师特别注重提升内部空间的采光，尤其是客房和洗浴空间。对于客房的设计，考虑到当地居民的生活习惯，建筑师决定将客房保留在一楼，并采取了创新的措施来增加采光面积。通过去除部分二楼的楼板，一楼的客房可以借助二楼窗户引入更多自然光，使一楼卧室的阳光照射面积比原来增加了一倍以上，显著改善了室内的光照条件。洗浴空间的设计则保留了原有建筑的布局，确保水平空间的连贯性，使洗浴空间与卧室保持相同的尺度。在处理洗手间和淋浴区的隔断时，建筑师注重保持其独立性，避免水汽相互干扰。为了进一步提高洗浴空间的采光和使用舒适度，建筑师在竖向空间上做出了大胆的设计——拆除了二楼全部的楼板，并在屋顶安装了三块约 0.6 平方米的采光玻璃瓦，直接引入了自然光，使洗手间的层高达到了两层半，极大地提升了空间感和使用舒适性。为确保木塘客栈的房间即便在阴暗天气下也保持宽敞明亮，建筑师采取了巧妙的照明设计策略，即在二层的梁上方，暗藏了暖色调的灯光，以增强洗浴空间的光亮度和视觉舒适感。这种灯光设计提升了空间的功能性，增加了洗浴空间的美感和宽敞感。为了提高卧室在阴天的照明效果，建筑师在挑空部分使用了阳光板作为隔断，并在阳光板之间配置了 LED 灯，使灯光在开启时能有效地照亮一楼的卧室和二楼的空间，确保了足够的光线覆盖，通过现代照明技术增强了室内的光环境质量。

为优化木塘客栈的室外空间，建筑师进行了精心的重新设计，旨在为游客提供一个优质的居住环境。在客栈外围建造一道约 1 米高的砖砌低墙，增强了结构的整体美感，提升了居住的隐私性。低墙的设置巧妙地定义了客栈的界线，同时不封闭视线，保持了开放的感觉。院子的入口处设计了一个隐形的玄关空间，既维护了民宿的私密性，也便于与外界的自然过渡和交流。玄关的设置为进入民宿的游客提供了一个引导性的空间，既展示了接待的热情，又保留了一定的距离感，确保游客在进入住宿区域前能感受到从公共到私密的过渡。木塘客栈的院子设计体现了多功能性，旨在为不同访客提供独特而丰富的体验。中心设计了一个儿童活动区，为旅行中的家庭提供了适合小孩的游玩空间，也在平时对当地儿童开放，增强民宿与当地的联系和开放性。客栈保留了五处菜园，鼓励长期居住的游客亲手耕种，有助于提升住宿的舒适度和生活质量，也使游客能够亲身体验耕作的乐趣及乡村生活的韵味。这样的活动不仅丰富了游客的住宿体验，也深入地让他们接触和了解乡村文化。为了增强整个场地的景观效果，建筑师在场地内种植了大量树木，并设置了一个池塘水景。自然元素地融入美化环境，创造了一种宁静和谐的氛围，使木塘客栈不只是一个住宿地点，更是一个可以放松身心、享受自然之美的理想场所。

# 乡村全面振兴路径规划二：乡村景观设计

# 第五章　乡村景观与乡村景观设计

乡村景观作为一个独特的景观设计领域，与城市景观截然不同。其研究源于对文化景观的探讨，目前已积累了大量的研究成果。然而，随着社会的进步和人们对环境质量要求的提高，乡村景观设计的理念和方法应与时俱进。在乡村全面振兴的大背景下，乡村景观的研究除了要求更新旧的设计理念，更要深入理解乡村景观的多维度功能与价值。

## 第一节　景观与乡村景观

### 一、景观与乡村景观的概念界定

#### （一）景观的概念界定

“景观”一词最早的含义实际上是城市景象。进入 14 世纪，意大利画家安布罗吉奥·洛伦泽蒂在其壁画作品中，对城市与乡村景观进行了细腻的描绘。洛伦泽蒂的作品显著改变了景观在艺术创作中的地位，不再是边缘的装饰，而是转变为作品的核心元素。到了 16 世纪，英语中引入了“landscape”一词，进一步扩展了景观的文化与语言表达。“landscape”这一术语，在德语中由“land”（土地）和“scape”（形状）两部分组成。在学术领域中，“landscape”指代的含义广泛，包括花园、景物、园林、风景名胜及自然保护区等多种空间与视觉元素。

根据《辞海》对“景观”的解释，可以将景观的概念划分为三种不同的理解方式。第一，景观作为一般概念，泛指地表的自然景色，包括山川、森林、河流等自然元素的视觉展现。第二，景观在地理区划中被视为特定的区域单位，代表一种地理区域内发生的相对一致和形态结构统一的自然地理区，这种理解使景观成为研究自然地理和生态系统的基本单元。第三，从类型的角度出发，景观还指按外部特征相似性划分的类型单位，如草原景观、森林景观等，这种分类依据地段的物理和生物特征，将具有相似外观特性的地区归类为相同的类型。

《欧洲景观公约》于2000年颁布，该公约指出“景观是受自然和人类因素的作用和相互作用的影响而产生的被人类感知的地区。景观之所以重要，不仅仅是因为它作为风景或者背景，而是因为它连接文化与自然、过去与现在。景观有很多价值，但不都是有形的；它强调景观的整体性，不仅是某一小部分的景观，也用于任何地方和任何条件的所有景观——土地、地下水，潮间带、海洋、自然、乡村、城市和郊区，可以是秀美的、普通的或退化的”[①]。

“景观”一词表现出丰富的复杂性和多义性，依据不同的学科领域有着各异的解释。在视觉美学领域，景观通常是审美研究的主要对象，与“风景”“景色”“景致”等词汇具有等同的意义，强调视觉感受与审美体验。地理学则将景观与“地形地貌”关联，更多关注地理位置的形状与结构特征。在生态学中，景观着重于生态系统的功能和结构，强调生态功能及其对生物多样性和环境健康的影响。“景观”这一概念具有广泛的内涵和外延，涵盖了多个维度的意义。第一，景观作为视觉审美的对象，吸引着人类的观察和欣赏。第二，景观还构成了人类的生活环境，提供了必需的栖息地。第三，景观是一个结构和功能都具备的生态系统，它既包含内在的生态机制，也与外部环境形成了有机的联系。第四，景观作为一种载体，除了记录人类的历史，也体现了人类对未来的希望和理想，成为人们认同与寄托的精神象征。

20世纪80年代以来，中国在“景观”与“风景园林”学科命名问题上进行了持续探讨。在《中国古典园林分析》一书中，彭一刚从功能层面阐释了“景观”包含“景观”与“观景”两重含义，强调了景观的双向互动特性。肖

① 鲁苗．环境美学视域下的乡村景观评价研究[M].上海：上海社会科学院出版社，2019：17.

笃宁从生态学视角出发，描述“景观”为由不同土地单元构成的具有明显视觉特征的地理实体，位于生态系统与大地理区域之间的中间尺度，拥有经济、生态与美学的多重价值。宋立民则从国家战略的高度强调景观作为国土资源的重要组成部分，提出中国需要对国土景观资源进行保护与合理开发，并倡导建立具有中国特色的景观资源评价体系。

本书中提到的景观指的是人们在一定地理空间内，通过视觉和感知所体验的自然和人工环境的整体。包括自然元素（如山川、森林、河流）和人造元素（如建筑群、城市规划、园林），它们共同构成了一个地区的外观和特色。

### （二）乡村景观的概念界定

乡村景观是城市景观的一个重要对照，体现了人类与自然环境的互动以及农耕文明的影响。这类景观是由人类长期的农业活动、土地利用、居住模式和社会组织形式塑造而成的。在乡村景观中，人类的生活方式与自然资源的利用方式共同定义了该地区的外观和特色。

乡村景观是一个多层面、多功能的景观类型，体现了人类与自然环境的密切互动。此景观类型以集镇为中心，四周散布着各种村落，构成一个地域内的复合体。从景观生态学的视角，乡村景观由不同的土地单元组成，这些单元包括农田、林地和水体等。乡村景观的定义在学术界有不同的解释，但通常认为其范围包括城市建筑区以外的广阔地域。这些地域不仅包括乡村聚落本身，还包括农业生产区和自然生态区，涵盖生活、生产与生态三个基本层面。乡村景观具备多重功能，如美学欣赏、娱乐活动和生态保护等。乡村景观的聚落形态从分散的农舍到提供综合生产和生活服务的集镇不等，表现出由分散到集中的空间结构变化。这种景观的特点是土地利用相对粗放，人口密度较低，具有明显的田园风光和田园特征。乡村景观在乡村地区展现出一定的自然地理基础，其利用程度和发展过程具有相似性。形态结构及功能方面也表现出相似性或功能上的互补，其各组成要素之间相互联系、协调统一，形成一个整体的景观系统。

乡村景观作为一个综合性的概念，涵盖了多个层面的含义。第一，地域范围。乡村景观指的是城市景观以外的广阔区域，涵盖从都市乡村到城市郊区，以及更远的野生地域。这些地区通常展示从人工干预到自然状态的过渡，具有不同程度的人类活动痕迹。第二，景观构成。乡村景观由乡村聚落景观、乡村经济景观、乡村文化景观和自然环境景观四个主要部分构成。这些组成部分相互交织，共同形成了乡村地区的独特风貌和功能，每一部分都承载着该地区的历史、经济和文化价值。第三，景观特征。乡村景观是人文景观与自然景观的复合体，其中自然属性较强，自然环境在整个景观中占据主导地位。这种景观的特点是人类干预程度相对较低，展示了广阔而深远的自然与文化交融。第四，功能与文化。乡村景观的核心在于农业生产，这种以农业为主的生产方式形成了粗放的土地利用特征，并孕育了乡村特有的田园文化和生活方式。这些特点使得乡村景观与城市或其他类型景观显著不同。第五，生态构造。在景观生态学中，乡村聚落、道路、河流、水渠及农田各自扮演着景观中的不同角色，如斑块、廊道和基质，共同构成了一个协调统一且功能完善的乡村景观系统，支持生物多样性并维持生态平衡。

## 二、乡村景观的构成要素

### （一）自然要素

乡村景观的构成依赖多种自然要素，其中包括地形地貌、土壤、气候、水文以及动物和植物。这些要素共同构成了乡村景观的基本框架，并且在其形成过程中各自发挥着不同的作用。

#### 1.地形地貌

地形地貌是乡村景观形成的基础，其对景观的影响起着决定性的作用。地形地貌的类型，包括平原、丘陵、山地、盆地及高原，是根据自然形态的差异进行划分的。这些地形特征，如坡向、坡度和高度，塑造了乡村景观的物理外观，也决定了该地区的景观风貌，展现了多样化的视觉效果。地形地貌在视觉上的特征较气候和植被更为显著，因为它直接影响下垫面的物质构成、土壤类型及植被分布。这种影响进一步决定了水文流向和区域内生态系统的健康状态。每种地形地貌因其独特的自然条件，支撑着不同的生物群落和农业活动，这在乡村景观中形成了独有的生态和视觉特点。

地形地貌对乡村景观的空间特征产生深远影响，特别是在不同海拔上对农业景观、自然景观及村镇聚落景观的差异化表现。第一，海拔改变了自然景观的地带性规律，导致山地区域出现明显的垂直地带分布。在这些地带中，随着海拔升高，气候条件、植被类型、土壤特性及地形坡度发生变化，形成独特的环境层次。山地的坡度和坡向对生态系统具有重要意义。坡度直接影响地表水的分布及径流形成，进而影响到土壤侵蚀的概率和强度。因此，坡度成为决定土地如何使用及管理方式的关键因素。例如，较陡的坡度可能限制某些种植活动，增加土壤流失的风险。同时，坡向对于形成局部小气候也起着决定性作用。迎风坡面通常接受更多的降水和阳光，与背风坡面相比，这些自然资源的差异显著影响植被的分布和生长。第二，在山区，地形地貌的起伏显著，直接影响了农业景观的形成和布局。由于山地地形的复杂性和坡度的变化，耕地通常是以小块形式沿山势散布，往往位于山谷或沟壑之间。这些耕地的面积相对狭小，并且形状不规则。与平原地区的广阔、连续的耕地相比，山区的农业生产景观呈现出截然不同的特点。第三，地形地貌对村镇聚落景观的影响尤为明显，特别是在山区。中国传统的山地村落在建筑选址与民居建设中充分展示了对地形的适应性。通过对自然地形的充分利用，人们创建了具有鲜明地理特征和丰富景观风貌的村镇。这种适应性表现在建筑与自然环境的和谐融合中，使得即便是结构相似的建筑，在不同的地形条件下也能展现出独特的风貌。特定的地形地貌如山脉、坡度和方位的差异，使得相同建筑形式的村落在视觉和功能上呈现多样化，从而形成了各具特色的建筑群。

2.土壤

土壤作为乡村景观的关键组成部分，其类型和变化在很大程度上定义了一个地区的景观特性及其演变过程。土壤的多样性源于地域的广阔和各种自然条件的复杂性，尤其是在气候、岩石、地形和植被的影响下。在中国，由于地形和气候的多样性以及农业开发的长期历史，形成了多种不同的土壤类型。从东南到西北，土壤类型包括森林土壤（如红壤和棕壤）、森林草原土壤（如黑土和褐土）、草原土壤（如黑钙土和栗钙土）以及荒漠和半荒漠土壤等。这些土壤类型各具特点，直接影响着适宜的植被种类和农作物的种植，从而形成了地域特有的农业生产景观。不同的土壤条件决定了植被的生长状况和农业的可能性，这种适宜性因素导致了乡村景观的异质性。

3. 气候

气候影响着全球不同地区的乡村景观，尤其体现在植被带与土壤条件上。地球的气候系统具有一定的稳定性，主因是特定地区的太阳辐射、大气环流与地表特征相对恒定。各地域的气候条件，包括太阳辐射、温度、降水量及风速等，为区域内生态与地理特征的形成提供了基础。气候差异通常依据温度与降水量两大指标来评估，这两者对于判断及分析不同气候带的特性尤为关键。

我国覆盖热带、亚热带、温带及寒温带四种气候带，这种地理特征使得我国的气候类型表现出多样性。由于这种气候的多样化，中国的农业生产方式也呈现出相应的多样性。这种气候差异性进一步影响了乡村景观，如建筑风格和农作物种植的差异显著。气候因素对乡村建筑的布局与样式有着决定性的影响。在中国北方，由于气候寒冷，常见的建筑风格包括低矮的结构、厚重的墙体和相对集中的布局，这些设计旨在增强保温效果。南方沿海地区，频繁的降雨使斜顶建筑成为普遍选择，这样的设计有助于排水，避免雨水损害建筑。热带地区的高温多湿环境则促使建筑设计离地较高，如吊脚楼，以优化空气流通和减少潮湿影响。西北干旱地区的窑洞建筑，因其能在炎热的夏季提供凉爽的环境，而在寒冷的冬季保持温暖，因此被广泛采用。这些建筑的布局与样式直接响应了各地气候的特定需求，包括采光、通风、防潮和保暖。气候对农作物的种植的决定性影响主要体现在不同地理纬度的气候条件塑造了相应的农业生产模式。在高原或中高纬度地区，由于气候寒冷，适宜植物生长的季节较短，主要种植耐寒性强的农作物，这些地区一般只能实现一年一熟。而在中低纬度地区，气候温和，生长季节较长，支持了中高纬度地区农作物的种植，也适合种植一些需越冬的作物，常见的种植模式为一年两熟或两年三熟。低纬度地区，由于热量充足，支持更高的种植频率，常达到一年三熟，从而能够种植更多种类的农作物。

4. 水文

水作为生命体的基本生存要素，与空气、食物、住所一样，对人类至关重要。在乡村景观中，水的存在不仅是维持生命的必需品，还承担了灌溉和美化环境的多重功能。

乡村中的水体主要包括河流、水沟、水井和池塘等形式。河流作为最自然的水体形式，常见于乡村景观，为该区域提供丰富的自然资源。水沟和水井则主要用于引导水流和灌溉农田，如稻田、花园、草地和绿地等，是乡村生产生活中不可或缺的部分。而池塘的形成往往是为了调节和储存降水，以应对降水不均的问题。

5. 动物

动物在自然生态系统中对维持生态平衡和环境健康起着至关重要的作用。中国的自然环境为动物提供了优越的生存和繁衍条件，使其能够在乡村生态中自由生长。例如，朱鹮作为全球濒危鸟类之一，历史上广泛分布在俄罗斯远东、中国东北及朝鲜和日本等地区。然而，受到人类活动的广泛影响，20 世纪中期以后，朱鹮的分布已大幅缩减，仅在中国部分地区得以见到。人类活动对其栖息地的破坏导致朱鹮的数量急剧减少，迫使这些鸟类迁移到更高海拔地区以寻找新的生存空间。1981 年，在中国陕西省洋县姚家沟的海拔 1356 米处，科学家重新发现了失踪已久的野生朱鹮群体，并在此地建立了专门的朱鹮保护站。随着时间的推移，当地村民与这些珍稀鸟类逐渐形成了深厚的情感联系，甚至将它们称为“吉祥之鸟”。为确保朱鹮能在此区域安心繁衍生息，村民自发决定停止使用农药，以减少对朱鹮食物来源的潜在威胁。这一决策虽导致农作物产量下降，但保证了朱鹮的安全摄食，从而促进了人与自然的和谐共处，同时对朱鹮的保护使得这一地区逐渐成为当地的一大景观。

6. 植物

中国的植物资源极为丰富，除了近 3 万种高等植物，还涵盖了北半球的多种植被类型。这些植被不仅具备多样化而且还广泛分布，农田植被更是占据了全国总面积的 11%。[①] 植被的形成和发展与其所在地的环境条件有着直接的联系，包括土壤、气候和地形等因素。这些自然条件塑造了植被的特征，使其

① 郭雨，梅雨，杨丹晨．乡村景观规划设计创新研究 [M]. 北京：应急管理出版社，2020：21.

具有明显的适应性。因此，每一种植被的出现都可以视为对其特定生长条件的自然响应，这些植物既可以适应当地的环境，也能够形成具有区域特色的植物景观。

植被类型的多样性，反映了植物群落的复杂结构与生态特性。在中国，根据这些特性，植被被细分为八个区域，每个区域具有其独特的生态环境和结构特征。这些区域包括寒温带针叶林、温带针阔叶混交林、温带草原、温带荒漠、暖温带落叶阔叶林、亚热带常绿阔叶林、热带季雨林及雨林和青藏高原的高寒植被。这种划分基于植物群落的自然分布与适应性，揭示了植被类型与其所处地理和气候条件之间的紧密联系。例如，温带草原区域和温带荒漠区域表现出不同的降水和土壤条件适应性，热带季雨林和雨林区则展现了对高温多湿环境的适应。青藏高原的高寒植被则适应了极端的气候条件。每个区域的植被均构成了中国特有的自然景观。

在乡村景观中，植物景观的设计极为关键，因为植物不仅生机勃勃，还随季节变化而展现不同的生长状态。在乡村景观设计中通过选用具有地方特色的植物并进行巧妙搭配，可以极大地增加乡村景观的多样性和吸引力。植物的这种多样化除了体现在物种的选择上，还表现在如何根据植物的生长习性和季节性变化进行科学配置，通过合理的植物搭配和布局，乡村景观可以呈现出随时间变化的生动画面，反映出深厚的乡土文化和自然美。

### （二）人工要素

人工要素指的是人类创造的各种物质元素，与自然环境形成对比。这些要素主要包括建筑物、构筑物、道路铺装以及各种产业用地等。它们在景观中起到了重要的功能和美学作用，既满足了人类生活、工作的需要，又反映了人类对环境的改造和利用。

#### 1.建筑物

建筑是乡村聚落景观的基础。建筑物不仅具有实用功能，也具备审美功能，是乡村社会结构和文化的直观表现。乡村建筑风格体现了该地区的地域特色，常见的建筑类型包括民居、庭院、戏台、祠堂、庙宇和牌坊等。

乡村景观中的建筑物根据使用功能可划分为民用建筑、农业建筑、工业建筑和宗教建筑四大类。民用建筑可进一步细分为居住建筑和公共建筑。居住建筑主要是指供人们居住的房屋，其中住宅是最常见的类型。公共建筑则是为所有居民服务的设施，包括学校、图书馆等。这些建筑既可以满足基本生活需求，还能够提供教育和信息资源等公共服务。农业建筑是专门为农业生产设计的，包括用于养殖、种植、储存、维修和蓄能的设施。这类建筑可以优化农业生产流程，增强农业效率。工业建筑则涵盖了用于冶金、化学、机械制造及轻工业的生产厂房，以及与生产直接相关的发电站和仓库等设施。宗教建筑则涉及与宗教礼仪和活动相关的结构，如佛教寺庙、清真寺和教堂等，各类宗教建筑在形式和风格上各异，反映了不同宗教的传统和文化特色，也造就了独特的景观。

2. 构筑物

构筑物是乡村景观中不可或缺的元素，包括水利、桥梁、台阶、墙体、围栏以及座椅等公共休息设施。这些构筑物提供了必要的实用功能，如连接不同地区、提供通行便利、划定空间边界以及提供休息场所，同时具备审美功能，增强了乡村环境的整体美感和舒适度。

其中，水利设施是乡村地区较为独特的构筑物，对农业文明的发展至关重要。这些设施历来被视为农业的命脉，无论历史时期如何更迭，水利事业一直是被关注的焦点。这些设施包括用于防洪、发电以及农业灌溉的各种类型，对于维护和增强农业生产力发挥着关键作用。它们作为乡村景观中不可或缺的一部分，有实用功能和景观美化两种作用。例如，都江堰水利设施作为中国古代杰出的工程之一，具有超过两千年的历史，被誉为世界文化遗产。这一古老的水利工程因其技术特性而闻名于世，还因其持续至今的实用价值和文化意义而受到高度评价。都江堰是目前世界上最古老且仍在使用的无坝引水工程，有效地解决了自动分流、自动排沙和控制进水流量的技术难题。此工程使得原本汹涌的江水被科学地管理和利用，转化为农业灌溉的宝贵资源，极大地促进了当地农业的发展，使危害转化为利益。都江堰不仅是一项水利设施，更是一种独特的文化象征，它将工程艺术与自然景观完美结合，形成了独一无二的历史文化景观。

3. 铺装

铺装是乡村景观空间中的关键要素，它在设计和功能上提供了多样化的选择。在乡村环境中，铺装通常见于道路、台阶、广场和庭院等区域，在满足了实用需求的同时增强了整体的美观性。使用的铺装材料多种多样，包括自然的砂石和经过人工加工的条石、砖块、瓷砖、水泥及木材等。这些不同的材料通过其独特的质感和颜色，为乡村景观带来了丰富的视觉效果和感受。例如，自然石材能够呈现出更加原始和自然的风貌，现代加工材料，如瓷砖或水泥则呈现了更加整洁和现代的外观。木材的使用则增添了温暖和质朴的感觉。这些材料的综合应用体现了对美学的追求，也考虑到了耐用性和维护的便利性，使得乡村景观既美观又实用。

4. 产业用地

在乡村地区，产业用地主要指的是农田，这是因为农业活动在这些区域占据了核心地位。中国作为一个农业大国，拥有庞大的农业生产面积，农业是乡村经济的基础，在乡村区域也形成了特有的农业景观。

农业起源于人类早期的采集与狩猎活动，逐渐演化并发展为种植业和畜牧业这两种主要形态。即便在当今科技高度发展的时代，农业的基本形态依然主要是种植与饲养。广义上的农业除了包括传统的种植和畜牧，还涵盖了伐木、野生植物采集以及水产物捕捞等活动。这些活动利用了自然界原有的生物资源，与种植业和饲养业紧密相连，常常是这些主要农业活动的补充或延伸。农业劳动者参与的农产品加工活动也属于农业的一部分，表现了农业活动的广泛性和多样性。因此，在一个更广泛的视角下，农业包含了林业、渔业、种植业、畜牧业及相关的副业等多个部分，每个部分都为农业的整体贡献着力量。

### （三）非物质要素

非物质要素作为乡村景观的一部分，体现了村民的思想、精神和价值观念。这些要素包括乡村环境观、乡村生活观、乡村道德观、乡村审美观、乡村生产观、乡村风土人情等。这些要素深刻影响着乡村社会的结构和居民的日常生活，从而在乡村景观中留下了独特的文化印记。

1. 乡村环境观

在我国，传统的环境协调观强调“天人合一”，这一理念在多数乡村景观中得到体现。居住在自然环境中的人们，形成了与自然环境相依相存的生活方式，遵循“靠山吃山，靠水吃水”的环境观。这种观念指导着人们在利用自然资源的同时，需要强调生活环境的和谐与可持续利用。乡村环境还着重考虑安全性、丰富性和多样性，旨在创造一个既安全又能满足村民多样需求的生活空间。

2. 乡村生活观

传统乡村生活通常遵循“日出而作，日落而息”的自然节奏。在许多乡村地区，这种生活规律仍被保持，居民的欲望相对较低，对生活现状感到满足。然而，随着社会经济和信息化的快速发展，乡村生活观念不可避免地受到现代城市文化的影响。这种影响体现在夜生活的普及和丰富性上，乡村地区的生活方式相比过去已发生显著变化。虽然许多乡村地区仍保留着传统习惯，但现代化的进程使得乡村生活观与城市地区的差异逐渐缩小。

3. 乡村道德观

乡村居民普遍持有较为传统的道德观念，这些观念深植于当地的历史和文化传统之中，与城市中普遍的道德观念以及现代流行的道德观念形成了鲜明对比。乡村道德观倾向于更加重视传统礼仪和习俗，强调与自然和谐共处的重要性。

4. 乡村审美观

乡村审美观深受其环境观、生活观和道德观的影响，通常以自然为核心，反映出一种淳朴、自然且鲜明的审美特质。这种审美观强调与自然和谐共生，倾向简单、未经过多加工的美学元素，展现出乡村生活的本真与朴素。

5. 乡村生产观

乡村生产观历经变迁，从传统的“自给自足”模式逐步转向市场化。在过去，我国乡村的生产主要以满足本地需求为主，村民依靠自己的生产活动维持生活所需。然而，随着市场经济的推进和经济全球化的影响，村民开始通过市场销售自己的产品并购买自身无法生产的物品。这种转变加深了乡村与城市之间的联系，使得乡村生产不再仅仅是为了自给自足，而是越来越多地参与到广泛的经济活动中。乡村地区的生产活动已经拓展到农业之外的其他领域，如工业、建筑业和服务业，这些领域的发展为乡村经济的增长带来了新的动力。

6. 乡村风土人情

乡村风土人情涵盖了节日庆典、风俗习惯等多种形式，是乡村独有的非物质景观要素。该现象通常是自发性形成的，即村民在自然环境和日常生产生活的互动中，逐渐发展出一套具有本地特色的规范体系。这套体系在长期的社会实践中形成，并对村民的行为模式、心理状态和语言表达产生持续的影响，这种影响力通过世代传承，成为乡村文化的一部分。

在中国的历史发展中，各民族形成了多种多样的生活方式和风俗习惯，这些习俗大多数是基于传统农业生产活动，随着时间的推移逐渐发展并完善。例如，江南农村的稻花会、汉族和白族的打春牛、苗族和布依族的吃新节、哈尼族的吹栽秧号以及杭嘉湖地区的望蚕讯等，都是深受农业文明影响的文化表达。这些风俗习惯展示了中国农业文明的特点，也与人口的繁衍和社会的延续紧密相关，尤其是在乡村景观中表现出来的婚丧嫁娶等人生大事习俗。农业文明中的祭祀活动也是乡村文化景观中非常重要的一部分。不同民族根据其独特的农业信仰进行不同的祭祀，如景颇族会祭拜风神，傣族和布朗族等则会祭拜谷神。

# 第二节　乡村景观设计的理论体系

## 一、共生理论

### （一）共生理论框架

共生理论框架主要包括四个关键组成部分，如图 5-1 所示。

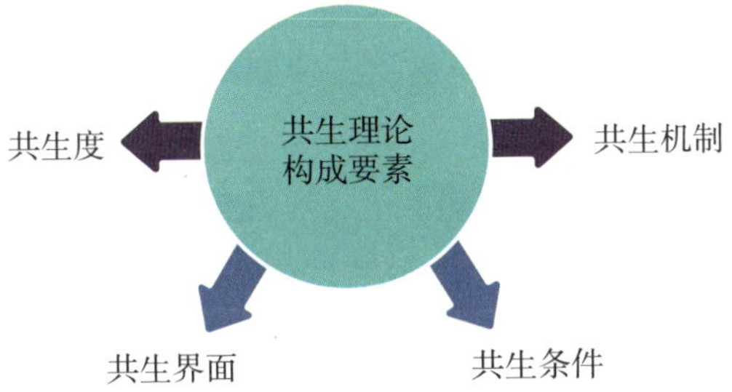


图 5-1　共生理论框架

1. 共生度

共生度是衡量共生单元间关系强度和互依程度的指标。它依据共生单元的内在性质来确定，反映了各单元之间的交互和依赖关系的紧密程度。共生度既可以说明单个单元间的互动，也能够揭示整个共生系统的发展本质和运行规律。

2. 共生界面

共生界面是共生体内部的一个重要环境，它承担着传导、交流和分配的关键功能。研究共生界面主要涉及传导效率、能量传递和分配特性三个方面。传导效率通常通过阻尼系数来衡量，阻尼系数较低表明共生界面的传导效率较高，即共生体之间的互动和资源传递更为顺畅。能量传递在共生界面中的表现可以通过选择系数来描述，该系数反映了共生能量使用的效率和优先级。分配因子则用来揭示共生界面在资源分配中的表现和变化规律，它指出了资源如何在共生体中被分配和利用。

3. 共生条件

共生条件是指共生关系得以存在和发展的基本要求与影响因素，涵盖充分条件与必要条件两个层面。充分条件主要体现在几个关键方面：首先，共生单元内部环境的交流动力需要大于阻力，确保资源和信息能够顺畅交换；其次，共生系统的能量函数必须为正值，表示系统整体能量收益大于消耗，从而支持系统的稳定和发展；最后，共生信息的交流丰富度需要大于共生单元的临界值，以维持有效的通信和互动。必要条件则主要包括：共生单元的内在性质因素需要至少有一组质参量相容，以保证共生单元间的基本适应性和兼容性；必须存在共生界面，且该界面能有效发挥物质交换的功能，促进共生单元间的实质性互动；以及同类及异类共生单元间的关联度必须大于某一临界值，确保共生关系的结构性和功能性基础。这些条件共同构成共生条件的核心框架，是其能够持续运作的基础。

4. 共生机制

共生机制描述了共生单元之间的相互作用动态方式，涵盖环境、动力和阻尼三个关键方面。在环境方面，共生关系的形成往往需要环境的诱导，即环境条件必须促进或支持共生体间的互动。环境对共生体的影响是形成有效共生关系的前提。动力方面关乎共生单元之间产生相互作用的内在动力，这种动力是共生单元之间交流和互补的主要驱动力。动力的大小和方向决定了共生关系的强度和效果，对共生单元之间的交流产生显著影响。阻尼方面涉及在共生过程中可能遇到的障碍和限制。这些阻尼因素包括共生单元之间的空间距离、性质差异等，它们可能对共生关系的形成和稳定性构成挑战。

### （二）共生理论与乡村景观设计

乡村景观中的共生要素，如动物、水文、植被和气候，以及共生模式，包括产业多样化发展和循环经济模式，都是设计中应考虑的关键方面。这些元素和模式的结合为乡村景观带来了创新变化，增强了其可持续性和功能性。

在共生理论的指导下，乡村景观设计的核心目标是实现自然与人的共生共荣。当前，我国乡村景观设计面临多项挑战，可以通过实践共生理论，将景观设计与乡村建设进行有机融合。根据共生原理，乡村景观设计应当因地制宜，针对每个地方的不同特点实施分类施策，包括强化景观设计的功能性和与自然环境的贴合度，以确保设计方案既美观又实用，同时符合当地的实际需要。乡村景观设计应将自然原则作为设计的基础，利用共生理论深化设计的各个方面，确保乡村自然景观设计的元素与当地的自然环境和现有景观完美融合。设计时还需要考虑乡村的传统生活方式和环境，以达到全面的天然和谐。乡村景观的自然化和野趣化审美也应被纳入设计重点，以提升景观的吸引力和环境的可持续性。乡村景观设计还需要与村容村貌的整洁和协调性相结合，确保景观设计既可以提升乡村的美观度，也能够加强乡村景观的功能性和实用性。

在乡村景观设计中，运用共生理论可以实现系统间良好的互动。建筑师必须精心协调乡村景观的各个系统，确保它们之间形成有效的共生关系，以满足实际的功能需求和美学期望。通过在不同景观要素之间建立竞争和合作的机制，可以激励各要素的发展，实现优势互补，增强景观的吸引力，提高整个景观系统的综合竞争力和稳定性。各要素间的互补关系能有效促进景观生态系统的持续健康发展，形成一个更加稳定和可持续的发展格局。然而，乡村景观设计是一项涉及众多自然因素与非自然因素的复杂工程。依靠单一的理论框架往往难以完全满足设计的复杂需求，因此必须将共生理论与其他设计理论相结合，以实现更全面和合理的设计解决方案。乡村景观系统是不断变化的，系统内的要素关系也需要随着环境和社会需求的变化而调整。维持系统内要素的相对稳定状态，需要建筑师持续调整这些关系，确保乡村景观能够适应外部变化，持续向着积极的方向发展。

## 二、景观生态学理论

### （一）景观生态学概述

生态学从最初定义为研究生物生存环境的学科，逐渐演变成为一门广泛研究生物、人类与自然环境相互作用的学科。它除了关注自然生态系统的结构与功能，还涵盖了人工生态系统的多方面研究。随着时间的推移，生态学的研究范围扩展到了更多的学科领域，为各种学科提供了理论基础和研究方向。

1939 年，景观的概念被首次引入生态学中，用以阐释一个区域内自然生物综合体的相互关系。景观生态学并非被定义为一个新的学科或科学的新分支，而是被视为一种综合研究的特殊视角。这种视角试图将地理学中用于描述空间的分析方法与生态学中用于解释功能的方法结合起来，形成一种新的分析维度。此综合研究的观点开辟了从地理学到生态学发展的新路径，通过将两者的研究方法融合，为解决复杂的生态和环境问题提供了新的视角和工具。此后，景观生态学在这一理论基础上逐步发展，不断深化对生物与非生物组件在空间上相互作用的理解，进而探讨它们如何共同影响生态系统的结构与功能。

景观生态学专注于研究生态系统在较大空间与时间尺度上的空间格局和生态过程。此研究领域汇聚了多种学科的专家，包括自然地理学家、生态学家、经济学家、城乡规划专家、建筑师及农业专家。这些专家共同致力一项核心任务，即在人类活动与自然景观之间建立和维持良好的互动关系。景观生态学的研究对象是整个景观。这一学科利用生态系统的原理和系统科学方法，分析和探讨景观中的结构与功能、景观的动态变化以及各种相互作用的机理。景观生态学的研究重点包括在地球表层的生物与非生物组件之间传输与交换的物质与能量流。这一领域还重视如何美化景观格局、优化结构配置、合理利用及保护景观资源，以确保生态系统的持续健康和生物多样性的维护。[①] 景观生态学作为生态学的一个分支，突出了异质性的维护与发展、生态系统间的相互作用以及大区域生物种群的保护与管理。这一学科注重研究的尺度和高度的综合性，因而在现代科学中占有重要的地位。景观生态学将低层次的生态研究综合在景观这一层次上，展示了其强大的实用性和应用前景。景观生态学充分体现了现代学科的多个优势，特别是在组织和协调跨学科、多专业的区域生态综合研究方面表现出色。它不仅促进了对复杂生态问题的理解，还为生态保护、资源管理和环境规划提供了科学的方法和理论支持。

### （二）景观生态学与乡村景观设计

随着人类活动的增加，乡村景观的各元素变得不再像以往那样联系紧密，这种松散化的趋势导致了景观生态的调控和活动能力遭受影响。景观生态学理

① 魏兴琥．景观规划设计 [M]．北京：中国轻工业出版社，2010：34.

论为优化这些区域的景观空间配置提供了科学指导，能够在改善景观结构和功能的基础上，增强其稳定性。乡村景观作为乡村生态的一种表现，展示了随历史发展而形成的乡村在文化、经济、社会和自然等方面的独特地域特征。这些特征反映了乡村的独有属性，还能够作为区分不同乡村地域的重要标志。

从景观生态学的视角出发，乡村景观设计应致力具备四个方面的特征。第一，宽广感、辽阔感、稳重感和宁静感。在平原地带，乡村景观通常不受视线阻挡，宽阔的视野使人可以远眺到连绵的农田，从而体验一种开放和自由的空间感。这种设计提供了视觉上的舒展，也带来心理上的释放和平静。在山区或丘陵地带，通过强调山脚的厚重感，可以营造出一种稳定而安定的背景，使人感受到更多的安心和宁静。这样的设计考虑了地形的自然属性，通过合理利用这些地形特征，增强景观的表现力和情感深度，满足了人们对于乡村景观安稳与和谐的需求。第二，丰富的水系与生物多样性构成多样化的生态环境。河流、沟渠等水流空间既可以增强景观的连续性，还能够形成乡村景观的重要框架。水系与周边的植被相结合，成为景观中的主要元素，并且展现出明显的循环性。这种结合水体和植物的景观设计既增加了视觉上的美感，还提高了生态系统的功能，使乡村景观能够为人们提供一种自然而舒适的享受。第三，四季的景观变化和植被的多样性，营造出温和而多彩的气氛。在这种设计中，自然植被的丰富多样性是关键特征。随着季节的更替，植被展现出不同的状态，使得同一地点在不同季节下呈现出截然不同的景观。这种四季分明的变化丰富了视觉体验，增加了乡村景观的吸引力。通过对物种进行合理的时空配置，依据自然规律，乡村景观得以呈现其丰富多样的特征。第四，合理利用地形。只有考虑地形的自然倾向和特性，景观设计才可以更有效地配合自然资源和条件，增强乡村地区的生态功能和美学价值。这种设计可以提高地区的生活质量，还有助于保护和恢复生态系统，促进生物多样性。合理的地形利用可以最大化自然水流的利用，减少侵蚀，提高土地的使用效率，同时为居民创造出更加安全舒适的居住环境。

在乡村景观设计中，景观生态学的应用主要关注斑块、廊道与基质的经济效益及其在生态系统中的功能，以支持乡村景观生态的可持续发展。特别是基于景观生态学中的“源—汇”景观理论，设计应集中在如何科学地选择和维护村庄内的斑块，并将它们有效转化为连接不同“源”地的生态廊道，以此来增强生态网络的连通性，并且有助于保持和增强生态系统的整体功能，为重塑具有自然特色的美丽乡村环境奠定坚实基础。

在乡村景观中，斑块规模的大小不仅反映了乡村经济的发展动力，还涉及人口数量、产业状况、公共设施完善程度及医疗卫生体系是否健全。较大的自然斑块通常表明基础设施较为完善和产业形式的多样性。乡村斑块的形状也是研究乡村发展的重要方面，这些斑块的形状通常会随着时间的推移而发生变化。在自然村落中，常见的现象是存在一个人口密集的核心区，这个区域通常是斑块的中心，最初可能呈规则的几何形状。随着人口的增加和社会经济活动的扩展，这个核心区的形状会逐渐变得不规则。通过观察和研究这一核心区的形态演变，可以揭示村落经历的不同发展阶段，从而为理解其经济和社会变迁提供线索。这种分析可以帮助建筑师更好地理解乡村景观的动态变化及其对整体乡村环境的影响，为未来的乡村设计规划和发展提供科学依据。

## 三、景观美学理论

### （一）景观美学概述

“美学”作为研究人与世界之间审美关系的学科，于1750年首次被提出。该学科关注人类精神文化活动中的审美产物。从景观美学的角度出发，景观本身从诞生之初便与美学紧密相连。在农业时代，人们的生活环境主要由自然景观构成，科技的限制使人们对周围环境持有一种天然的向往。在此背景下，很多文人雅士常常在遭遇世事烦扰时，寻求山水之间的慰藉，他们将心中理想化、美化后的自然景观通过绘画和诗歌表达出来。

从美学的视角来分析，“景观”指的是那些具有观赏价值的风景。不是所有自然存在的风景都可以称之为景观，只有当它们具备观赏价值时，才能被定义为景观，即“价值风景”。这种定义强调了景观本质上是美的体现，它所具有的美包含了多样性、社会性、可愉悦性及时空性四个方面。

第一，景观美的多样性源于世界本身的多样性。这种多样性包括自然景色、生物种类以及人类的各种活动，每一种元素都能够增添景观的美。自然景色从广阔的海洋到崇山峻岭，从平静的湖泊到壮观的瀑布，每一种自然现象都有其独特的美。生物的多样性，如色彩斑斓的花卉、稀有的动物和丰富的植被，也为景观增添了丰富的层次和生动的色彩。人类活动，如建筑、园林、城市规划等，通过人的创造力和技术，也构建了独特的人工景观。这些因素综合在一起，使景观美呈现出无限的变化和丰富的表达，每个角度和每个时刻都可能展现出不同的美感，体现了景观美的多样性。第二，景观美的社会性体现在它与人类社会活动的密切联系上。人作为审美的主体，不仅观赏景观，还通过他们的文化、历史、经济和社会实践影响和塑造景观。每一个景观都是人类与自然交互作用的结果，无论是通过农业活动、城市建设还是保护区的设立，人类的活动都在不断地改变着自然界的面貌。第三，景观美的可愉悦性核心在于其欣赏价值，这是确定某个景观是否能够成为审美对象的关键因素。景观的审美价值来源于其自然或人工构成的视觉吸引力，还包括能够激发人们情感反应的能力。当人们接触到这些景观时，它们的美丽、和谐或独特性能够触动观者的感情，引发愉悦和满足感。正如王长俊所言，“一切景观，在内容上总是有益的，至少是无害的，而在形式上则必定是赏心悦目的。只要不是情感麻木的人，就能触景生情，人的感官就会获得一种满足，从而产生审美的愉悦感。”[①]第四，景观美的时空性指出，一切事物都存在于时空之中，景观也不例外。任何景观都与特定的时空背景紧密特点相关，其变化过程中的动态美展示了景观的时空属性。例如，随着季节的变换，同一地点的景观可能呈现出截然不同的视觉效果，从而提供不同的审美体验。这种与时间和空间条件相结合的特性，增强了景观的审美价值，深化了人们对景观变化的感知和欣赏。

景观美学作为美学的一个重要分支，基于美学的基本理论构建，注重研究和分析景观美的生成因素、特征以及多样化表现形式。其研究对象广泛，包括自然景观、人工景观和人文景观等所有形式的视觉环境。景观美学是环境美学的核心内容，也是连接多个学科的桥梁，涵盖地理学、建筑学、城乡规划学和风景园林学等领域。此学科的目标在于揭示景观美的内在本质和其发展变化的规律，同时探讨景观与人类审美活动之间的关系。通过对这些美的形式、功能和影响的深入理解，景观美学有助于优化人们的生活环境，提高空间设计的质量和审美价值。景观美的演变并非孤立发生，而是与社会的历史进程和文化演变紧密相关，反映了人类对其居住环境的认知、需求和审美观念的变化。随着人类对经济、政治和文化等领域追求的不断深化和发展，景观美也在不断地

① 王长俊．景观美学[M]．南京：南京师范大学出版社，2002：23.

适应和反映这些外部变化，体现了其深刻的时代性和社会性。

### （二）景观美学与乡村景观设计

乡村景观设计融合了自然美和人文美，是人类为满足自身需求而创造或保护的美学表达。这种景观并不只是自然环境的美化，而是一种文化和哲学的体现。乡村景观中的美，深受道家思想的影响，展现了人与自然和谐共生的哲学理念。道家的“道”与“气”概念，在乡村景观设计中体现为追求自然与简约之美，强调“虚静”为美的空间设计理念。在乡村景观的创造过程中，无论是西方景观美学理论还是中国传统美学，都为乡村景观设计提供了深刻的伦理和审美指导。

乡村景观设计基于景观美学理论，其应用主要展现在三个方面。第一，乡村景观设计以景观美学理论为支柱，注重自然和文化的和谐融合。设计应根据不同地域的自然条件和文化背景，挖掘和强化乡村的地域特色，使每个乡村的景观设计都具有独特性。通过尊重并利用自然地貌和生态条件，强调原生态的美感，便于乡村景观更好地体现其自然和文化的深层价值。同时，设计师还需关注村民的审美需求和体验，使乡村景观不仅外观自然，更具居住舒适性。景观设计要避免单一模式的复制，防止不同乡村间景观的同质化，确保每一处景观都能突出显示其独有的风情和魅力。第二，在乡村景观设计中，景观美学的应用有助于与外来游客之间建立情感联系。通过整合乡村特有的文化元素，建筑能够营造一个富有地域特色的审美文化场域。这种场域既可以展示乡村的传统美，还能够为游客提供深刻的地方体验。第三，景观美学应用于乡村景观设计中，可以塑造美丽的乡村环境，提高景观的审美价值，增强了村民对他们居住地的归属感和认同感。

在进行乡村景观设计时，必须考虑到时代背景下的审美需求。由于各个时代的审美标准存在差异，乡村景观应作为时代的反映，体现当代的审美观念和文化特色。景观设计的核心在于捕捉每个时期的审美特点，确保乡村景观既展现自然之美，又融合时代精神。在设计过程中，要深入理解和分析当代文化和审美倾向，使乡村景观设计不仅满足功能性需求，还应强调美学价值的表达，从而实现景观设计与时代审美倾向的和谐共鸣。

# 第六章　乡村振兴下的乡村绿化景观设计

乡村振兴战略的目标在于全面提升乡村发展水平，包括促进产业发展、环境改善、文化繁荣、有效治理和村民生活水平的提高，从而推动城乡一体化进程。乡村绿化景观规划设计作为该战略的重要方面，对实现乡村振兴起着关键作用。良好的绿化景观设计不仅能够提升乡村的整体形象，还能增强乡村旅游吸引力，通过合理规划，可以创造和谐宜居的生活环境，使乡村成为展示当地文化和自然美景的窗口。

## 第一节　乡村绿化景观设计的相关概述

### 一、乡村绿化景观认识

#### （一）乡村与绿化

1. 乡村

在现代汉语中，“乡村”指那些主要从事农业活动，人口相对分散的地区。[①] 在行政区划上，乡村分为“乡”与“村”两个层级。其中，“乡”为中国行政体制中的基层单位，具备一定的政府管理功能。“村”则不属于正式的

① 吴成才．皖北地区乡村居民点景观品质评价研究[D]．合肥：安徽建筑大学，2018.

行政级别，它依托村民自治进行自我管理。村进一步划分为行政村与自然村两种形式。行政村具有一定的官方管理职能，而自然村作为行政村的下属单元，由行政村统一管理。一个行政村可以包含一个或多个自然村，形成较为复杂的管理与服务网络。

在广义上，“乡村”覆盖了城镇规划区以外的所有地区，包括人类居住区和未经开发的自然区域。狭义上的“乡村”则专指城镇规划区外的人类聚居地，明确排除了那些几乎无人类活动的荒野与无人区。本书所涉及的“乡村”便是这一狭义概念，聚焦那些具有居民生活与活动的地区。

2. 绿化

“绿化”指的是通过栽种植物来改善环境的一系列活动。这种活动既可以美化视觉景观，还具有多种生态效益。绿化能有效改善空气质量，通过植物的光合作用吸收空气中的二氧化碳并释放氧气。植被还有助于净化水体和土壤，它们可以吸收和过滤掉环境中的有害物质，减少污染物的流入和扩散。绿化还有降低噪声的功能，植物和树木能够阻隔噪声，为居住和工作环境创造更为宁静的条件。植被通过提供阴凉和释放水蒸气，有助于调节小气候，降低局部地区的温度，增加湿度，从而缓解城市热岛效应。绿化还对水源的涵养具有重要作用，植被可以帮助土壤保持水分，增加地下水的补给，维持水循环的健康运作。

“园林绿化”一词在人们的日常生活中频繁出现，将园林与绿化紧密关联。园林在中国已有逾 1800 年历史，比“绿化”这一概念出现的时间要早得多。在园林的发展历程中，绿化是基本组成部分，并且还是四大要素之一。园林设计不只是植物的简单配置，而是综合了植被、建筑、水体和其他装饰元素，旨在创造美观和谐的自然环境。绿化则专注于其带来的直接生态效益，如改善空气质量、调节气候、保持水土等。这些功能对于环境的可持续发展至关重要。

随着社会的进步，人们对居住环境的要求增高，在追求物质满足的基础上，更加重视环境质量。因此，绿化事业应运而生并蓬勃发展。中国政府对此亦提供了政策支持，积极推动“森林城市”和“园林城市”的建设，以提升城市环境的生态价值和美学层次。在乡村地区，随着乡村振兴战略的深入实施，乡村绿化景观研究受到了广泛关注。政策导向鼓励“美丽乡村”“特色田园乡村”及“森林村庄”的建设，加速了乡村绿化进程，旨在通过绿化提升乡村的生态功能，美化乡村环境，增加旅游吸引力，实现乡村全面振兴。

### （二）乡村绿化景观

乡村绿化景观是在乡村地域内进行的一项综合性绿化工程，其主要目标是利用乡村自有的生态与人工资源，通过科学规划，创建符合地域特色的绿化环境。这种绿化不仅包括乡村内部，还涵盖了乡村周边的农田、河流及山体等自然地貌，形成一个多元化的生态景观系统。在乡村振兴的大背景下，乡村绿化景观的设计与实施应依托乡村固有的生态资源和乡土文化，以乡村为主要设计单位，将传统与现代绿化技术相结合，力求在增强生态效益的同时，促进文化传承和社会发展。乡村绿化应遵循生态优先的原则，恰当地植入各种树木与植物，以达到改善空气质量、调节气候、保持水土等目的。村庄绿化景观的设计需考虑到植物的种类与配置，确保植物的多样性与地区适应性。绿化规划还应注重景观的美学设计，使之既满足功能性需求，又具有审美价值，从而提升村民的生活品质与游客的体验感。

## 二、乡村绿化景观设计指导原则及目标定位

### （一）乡村绿化景观设计指导原则

#### 1. 以人为本

在乡村振兴战略的背景下，乡村绿化景观设计应坚持“以人为本”的原则。在设计过程中应充分考虑村民的具体需求和生活习惯，确保绿化景观的设计能够满足不同年龄层和社会群体的需求。例如，为老年人设计安全舒适的健身设施，为中年村民提供适合休憩的环境，同时为儿童创造安全的游乐空间。绿化景观的设计不仅要美观，还要实用，有助于提升村民的生活质量。居民的积极参与在设计过程中至关重要，通过调研和讨论，收集村民的意见和建议，可以确保设计方案更贴近村民的实际需求，从而提高村民对项目的接受度和满意度。

2. 发展与保护并重

在乡村绿化景观设计中，将发展与保护并重视为核心原则。在推动乡村发展的同时，必须保护和利用其现有的自然生态资源。乡村绿化不单是增加植被覆盖，更是一种综合性的环境管理，旨在维持生态平衡和促进生物多样性。乡村地区拥有丰富的自然资源，包括古树名木以及其他珍贵的生态系统。在进行绿化设计时，应细致评估这些资源的现状，并制定策略，既促进其具备更好的生态服务功能，又确保这些自然遗产得到妥善保护。例如，通过科学的植物选择和布局，增强乡村的生态网络，同时避免对原有生态系统的破坏。乡村绿化景观设计需平衡好发展与保护的关系，确保在增强乡村美观和功能性的同时，保护和充分利用其自然资源，为实现生态宜居的乡村环境奠定基础。

3. 因地制宜

在乡村绿化景观设计中，因地制宜原则要求建筑师应全面考虑每个乡村所在的地理位置、经济条件、水文地质及其自然、文化和人文特征。这种综合性的考虑可以确保绿化方案能够与乡村的具体条件和需求相匹配，从而实现最佳的绿化效果。每个乡村的自然环境和社会文化背景都具有独特性，这些因素都应成为绿化设计的重要参考。例如，水文条件会影响植物种类的选择和布局，经济条件则可能决定绿化项目的规模和技术应用。因此，绿化设计需根据乡村的具体环境来选择适合的绿化方式和树种。在树种选择上，优先考虑乡土树种具有多重优势，首先，乡土树种更适应当地的气候和土壤条件，能够更好地生长和繁衍。其次，使用乡土树种有助于保护和展示乡村的文化特色，同时能避免外来物种可能引起的生态问题，如生物入侵等。最后，使用乡土树种还能加强乡村生态系统的自然防护能力。

在进行绿化设计之前，必须进行详尽的实地调研，主要包括对乡村的地理环境、自然资源、人文景观和风俗习惯等方面的深入了解。这样的调研可以确保设计方案的科学性和适应性，还能使绿化项目更好地融合乡村的物质和精神资源，增强乡村环境的吸引力和村民的归属感。

4. 生态优先

在乡村绿化景观设计中，设计方案应以促进生态健康和生物多样性为首要目标，通过乔灌花草的合理搭配及点线面的精心布局，达到生态、景观和经济的有机融合。合理配置植物种类和绿地，在增强生态功能的同时，还能显著提升整个乡村的美学价值，创造和谐的自然环境。设计时，应选择能够适应当地生态环境的植物，优先考虑本土或乡土树种，这些树种更能适应当地的气候和土壤条件，同时有助于保持生态平衡。可以引入经济树种或果树来丰富乡村的生态层次，为当地村民提供直接的经济收益，如水果和药材等，这样的经济植物可以有效地促进乡村经济的多元化发展，实现乡村全面振兴。

### （二）乡村绿化景观设计目标定位

乡村振兴战略中的总要求概括为“产业兴旺、生态宜居、乡风文明、治理有效、生活富裕”，其中，产业兴旺是重点，生态宜居是关键。[①] 乡村绿化景观设计应充分反映这一战略导向，通过优化生态环境，促进乡村的可持续发展与村民的生活质量提升。在进行乡村绿化设计时，需要密切结合乡村振兴的深远意义，超越传统的新农村建设、美丽乡村建设及特色小镇和绿色村庄的框架。

乡村绿化景观设计是促进乡村发展的重要手段。通过对不同类型乡村的分类研究，能够针对性地提出各种绿化方案，旨在优化乡村空间结构，同时推动产业发展和生态宜居环境的建设。对于不同绿地类型的详细化设计，是实现这一目标的关键步骤，可以根据乡村的具体条件和需要进行精准施策。乡村绿化的设计既需要考虑美观和功能性，还需考虑其对一、二、三产业发展的潜在推动作用。合理的绿化布局能够提升乡村的产业结构，如通过增设休闲农业、乡村旅游等新型业态，进而促进乡村经济的多元化发展。在乡村绿化设计中，应追求“五美”乡村的构建，即空间优化形态美、绿色发展生产美、创业富民生活美、宜居生态美、乡风文明和谐美。这一目标不仅反映了乡村景观设计的综合性和系统性，也强调了绿化设计在提升乡村生活质量和文化精神面貌中的核心作用。

---

① 贺剑峰，沈刚，龚懿．乡村振兴背景下的洪泽区农村水利发展若干思考[J].农村经济与科技，2019，303（14）：24，26.

## 三、乡村类型分类及绿化景观功能定位

### （一）乡村类型分类

根据中央国务院印发的《乡村振兴战略规划（2018—2022）》，乡村主要分为四种类型，如图 6-1 所示。

图 6-1　乡村类型分类

1. 集聚提升类村庄

集聚提升类村庄主要包括规模较大的中心乡村和其他存续乡村，这些乡村在乡村振兴中扮演重要角色。此类乡村主要分为两个小类：一是在发展过程中已形成较大规模，具备良好的经济基础和较为完善的基础设施，如江苏、浙江和上海等地的一些乡村。这些乡村通常在区域内发挥引领作用，经济活力较强；二是在一产业，即传统农业方面拥有一定优势，但在持续发展能力上存在不足，特别是在二、三产业的发展上较为薄弱。

2. 城郊融合类村庄

城郊融合类村庄位于城市近郊或县城城关镇附近，这些地区因其地理位置具备成为城市后花园的潜力，同时有条件向城市环境转型。由于其接近城市中心，这类乡村已在一定程度上融入城市的服务体系，如公共交通网络的覆盖，使居民能享受到城市提供的便利服务。

3. 特色保护类村庄

特色保护类乡村以其丰富的自然历史和文化特色资源而独具一格，包括历史文化名村、传统村落、少数民族特色村寨以及特色景观旅游名村等。这些乡村是中华优秀传统文化的重要载体，承担着彰显和传承文化遗产的责任。

4. 搬迁撤并类村庄

搬迁撤并类村庄涵盖两种基本情形。第一种，部分乡村因所在地区生存条件恶劣、生态环境脆弱或自然灾害频发，不再适宜持续居住。这类乡村需要通过搬迁来保护居民免受风险，以及实现生态环境的长期稳定。第二种，部分乡村面临的是人口流失问题，常住人口数量严重不足，导致社会和经济功能逐渐丧失，乡村呈现空心化现象。对这些乡村进行撤并，目的是通过资源和人口的重新配置，优化区域内的居住和经济条件，提高生活质量和区域发展的效率。

### （二）乡村不同功能定位绿化模式

1. 集聚提升类村庄

（1）“居住—生态景观”绿化模式。这类乡村以居住为主要功能，因其较强的经济实力和二、三产业的良好发展，不依赖绿化来推动产业发展，而是注重通过绿化提升居住质量和生态效益。在这类乡村中，建筑较为集中，内部生态系统较为脆弱，生态效应不足，因此绿化工作主要集中在内部空间的优化。内部绿化主要采用“见缝插绿”的方法，即在建筑间隙和可利用的小空间中植入绿色植物，在美化环境的同时，有助于改善小气候，提升居住舒适度。同时，规划建设一些街头游园绿地，给村民提供日常游憩和休闲的场所。考虑到乡村建筑的集中性和周边广阔的空地多为农田，乡村外部的绿化重点是构建防护林带。这些防护林带可以减少城市化进程中可能带来的负面影响，如空气污染和噪声干扰，还能提供生物多样性的栖息地，增强生态系统的整体功能。

（2）“休闲—农业旅游”绿化模式。针对以农业旅游为主功能的乡村，该类乡村虽然在种植业和养殖业上已具备基本优势，但是，二、三产业的发展尚显薄弱，且现有绿地未经系统化管理。为有效利用这些条件，绿化模式应注重加强这些乡村的农业基础，通过建设苗圃和果园等设施，充分发挥其农业潜力。通过在乡村内部建立果园和苗圃，不仅可以优化生态环境，还可作为农家乐等旅游活动的核心区域。这种结合实用性与观赏性的绿化设计，能够吸引游客参与各种季节性活动，如桃花节、花展及果蔬采摘等，丰富游客的体验，直接促进当地农产品的销售和品牌建设。此外，这种绿化模式还可以通过提供多样化的休闲和旅游体验，有效带动当地经济的发展，增强乡村的经济活力，助推二、三产业的进一步发展，促进乡村整体发展的可持续性，使乡村成为既能展示传统农业魅力又能提供现代休闲体验的综合性旅游目的地。

2.城郊融合类村庄

（1）“居住—现代乡村”绿化模式。这类乡村以居住为主要功能，位于城市近郊或县城城关镇所在地，其绿化模式受城市化进程的影响。这类乡村虽保留村庄的名称，但在功能和形态上已显著接近城市，形成了所谓的“城中村”或“镇中村”。在这种背景下，乡村的传统乡风乡貌被现代住宅建筑所取代，绿化空间相比原始农田林网大幅缩减，导致绿化覆盖率不足。在制定绿化模式时，应着力保留乡村原有的文化特色，同时引入现代绿化技术和理念，如智能喷灌系统，以提高绿化效率和功能性。这种“居住—现代乡村”绿化模式不仅要强化乡村的生态功能，也要提升其居住舒适度和美观性，将传统乡村氛围与现代居住需求相结合。设计规划的重点应放在增加绿化面积和提高绿化质量上。通过种植多功能的景观植物和创建多样化的绿地，如社区花园、公共绿带等，为村民提供休闲娱乐空间的同时促进生物多样性，逐渐形成具有高生态价值和高生活质量的现代化乡村。

（2）“休闲—农家乐旅游”绿化模式。这类乡村以农家乐旅游为主要功能，享有接近城市的区位优势和良好的交通条件，成为城市居民寻求休闲和游憩的理想目的地。在绿化模式的设计中，应深入挖掘这些优势，将乡村打造成为城市的后花园。绿化设计应包括多方面；第一，建设经济果林，不仅能美化环境，也可以提供可持续的收入来源，增强乡村的经济潜力；第二，实施个性化的绿化建设，如垂直绿化和立体果蔬种植，这些创新的绿化方法可以有效利用空间，增加绿化覆盖率，提高生态效益；第三，应通过精心设计的景观和绿化布局，吸引游客参与各种体验活动，如周末游和一日游。这些活动可以围绕果林采摘、花卉观赏等主题进行，同时，应结合当地文化特色，提供独具特色的农家乐体验，如乡村美食节、传统工艺展示等，提升生态与经济的双重效益，促进乡村的全面振兴。

（3）“生产—产业基地”绿化模式。这类乡村主要侧重生产功能，适用于城郊乡村，这些乡村以生产和工商业活动为主，农业活动相对较少。在这种环境下，绿化规划通常采用与城市相似的系统化方法，旨在支持乡村的工商业功能，同时提升其生态和环境质量。针对此类乡村的绿化设计，应重点构建附属绿地，包括为污染企业特别设立的绿带，以减少其对周围环境的负面影响。建设周边的防护林带，能有效隔离工业区与居住区，减少噪声和空气污染，同时提供生物多样性的栖息地。同时，连接的水系绿地也应得到加强，有助于提供生态服务，如水质净化和洪水控制。

3. 特色保护类村庄

（1）“居住—特色乡村”绿化模式。绿化设计中，首要任务是维护现有的自然生态系统，保护其原生态面貌，避免过度开发导致的环境退化。在进行绿化布置时，应采用“缝补”方式，即在不破坏原有景观和生态基础上进行局部修复和增添，修复因人为因素造成的生态损害区域。绿化设计需精心规划，以保持村庄的原始风貌，同时引入适宜的植被，增强生物多样性和生态功能。绿化布置还应体现出村庄的文化特色，通过植物选择和布局来回应和展示其历史和文化背景。例如，若村庄以某种历史事件或文化传统著称，相关主题的绿化元素可以被整合进设计中，如纪念性园林或以当地传统植物为主的景观。

（2）“休闲—文化旅游”绿化模式。这类乡村以文化旅游为主要功能，绿化建设起到核心作用，旨在增强村庄的自然和文化吸引力。这类乡村通常具备丰富的人文景观和自然风光，包括历史古迹和自然美景，它们是村庄吸引游客的重要资源。绿化设重点应聚焦于强化这些现有资源。通过精心设计的绿化计划，可以增强乡村的生态环境，同时突出其文化特色。在村庄中建设景观带和主题公园，绿化空间的同时，还能够美化乡村环境，成为展示乡村文化和历史的平台。绿化工程应保持和增强村庄的原始风貌，同时引入现代园林设计元素，以提供既具传统韵味又满足现代审美的游览体验。例如，可以利用本地植物和传统园艺技术，结合现代生态技术如滞洪池和生物多样性保护区，增强生态功能和观赏价值。此外，绿化项目应包括恢复和保护周边自然资源，如水系的整治和森林的保护，维护生态平衡，提升游客体验，创造一个可持续发展的生态旅游环境，促进旅游业的繁荣，实现乡村振兴。

4. 拆迁撤并类村庄

（1）“居住—生态保健”绿化模式。乡村以居住功能为主，因拆迁撤并而形成的新居民点，住宅建筑往往集中，如联排别墅或现代楼房，而相应的绿化空间常常不足。为改善这种情况，绿化模式需要系统规划，以创建健康的生态保健环境。绿化设计应依据新农村建设的标准，全面考虑建筑周边、道路沿线以及休闲绿地的布局，既可以起到视觉美化的作用，又能够增强生态功能，如提高空气质量、降低噪声、调节小气候等。此外，设计应特别注意满足不同年龄层的村民，尤其是老年人和儿童的活动需求，设立安全的运动与休闲设施，如步行道、儿童游乐场和健身区。绿地的选植也应考虑到本土植物的适应性和对生物多样性的保护，以确保植被的健康成长和维护简便性。

（2）“生产—现代农业”绿化模式。以生产为主要功能，针对这类乡村因为人口流失和空心化，集中耕地并发展现代农业成为一种可行的振兴策略。这类乡村地广人稀，耕地资源充足，适宜实施先进的农业技术和绿化措施，以恢复和提升生产功能。通过对村内自然环境，如宅旁、水旁和路旁进行系统化的绿化，可以改善生态环境，增强乡村的景观美观度。建立苗圃既可以为现代农业提供原材料，也是增加生物多样性的有效手段，这些措施共同构成了乡村绿化和现代化的基础。应采用耐旱、本土化的植物进行绿化，以适应当地气候并减少维护成本。结合现代灌溉和肥料管理系统，可以有效提升土地产出，使农业活动更加高效和可持续。

# 第二节　乡村振兴下的乡村绿化景观设计思路

## 一、乡村公共绿地绿化景观设计

### （一）公共绿地整体分类

乡村公共绿地作为向公众开放的空间，其核心功能主要是提供游憩场所。这类绿地根据其功能特性，可分为两大类，如图 6–2 所示。

图 6–2　公共绿地整体分类

1. 休闲型公共绿地

休闲型公共绿地主要服务于居民点附近，功能覆盖儿童游戏、青少年文化娱乐以及老年人的游憩与健身活动。这类绿地的建设需要考虑乡村的经济状况、面积大小及人口数量等因素，以确定公共绿地的规模和功能布局。在具体的绿化景观建设中，应根据村庄的实际需要来设计。通常，每个自然村配备一个小型的公共绿地就能满足其基本需求。这些绿地应该设计为多功能空间，利用树池座椅、花坛、花架长廊等元素来划分不同的功能区域，从而满足不同年龄层和社会群体的需求。绿化景观的设计应营造出浓厚的场所感，使村民能够在其中找到归属感和舒适感。植物的选择应结合观花与观叶的特性，确保四季景观变化，以此增加绿地的吸引力和休闲价值。此外，选用具有地方文化象征意义的植物可以进一步增强公共绿地的文化氛围，吸引更多村民前来活动。

2.旅游型公共绿地

旅游型公共绿地主要适用于以风景区、产业经济和历史文化古迹为主的乡村地区。这类绿地景观可以为村民提供休憩和游玩的场所，成为吸引外来游客的重要旅游资源，为当地村民带来就业机会和经济收益。在设计和管理这类公共绿地景观时，修复和保护自然环境是首要任务。通过优化现有资源，保持自然景观的原始美感，能够更好地展示自然之美。针对以农林产业为主的乡村，公共绿地的绿化模式应充分利用当地的农林资源，如建设果园和苗圃，强化地区的农林产业文化，为发展农家乐活动提供基础设施。通过组织采摘、赏花等活动，这些公共绿地能够吸引更多的游客，增加当地的旅游吸引力。这种互动活动可以让游客在深入体验当地文化和自然环境的同时，为乡村经济的多元化和可持续发展提供支持。

### （二）不同类型的乡村公共绿地绿化景观设计

在不同类型的乡村中，公共绿地的绿化现状各具特点，因此针对性的绿化景观设计建议必须考虑各自的环境和社会经济条件。

1.集聚提升类村庄

集聚提升类村庄因经济实力较强，其内部常设有多个公共绿地，村民对公共绿地的功能有较高的认知和期望。但是这类村庄的绿化景观设计通常偏重于乔木和常绿灌木的使用，导致植物种类的多样性不足，缺乏足够的观赏效果。因此，改善这一状况，增强绿地景观的观赏性成为优化其公共绿地的关键。在绿化设计上，应更多地融入草花植物，以提升季节性的色彩变化和美化效果。例如，可通过配置如银杏、栾树、重阳木及紫叶李等树种，搭配紫薇、木槿、蜡梅及栀子等，丰富层次，增加四季的观赏性。引入海桐、连翘和白三叶等地被植物，可以有效填补乔灌木之间的空隙，增强绿地的整体感和连续性。对于更大型的树种，如广玉兰和乌桕，可以作为视觉焦点，樱花树则能在春季提供壮观的花海效果。

2. 城郊融合类村庄

城郊融合类村庄因其特殊的区位优势，公共绿地的建设一般都会较早，村民对于这些绿地景观的认知和利用率高，因此，除了基本的遮阴功能，其观赏和休闲功能也尤为重要。目前这类乡村的绿化模式过度借鉴城市绿化，导致绿化景观呈现出过度城市化的特点，乔木种类虽丰富，但花灌木及观花、观叶的小乔木配置较少。针对城郊融合类村庄的这一现状，公共绿地的绿化景观设计应进行适当调整。首先，应增加花灌木的配置数量，以丰富绿地的层次感和季节变化的视觉效果。例如，可以配置杜英、枫香、木瓜海棠和樱花等具有鲜明季节特征的植物。其次，应优先选用乡土树种而非单一采用城市园林树种，有助于维护生物多样性，也更符合乡村环境的生态需求。通过植入如木槿、绣球、洒金桃叶珊瑚及白三叶、紫花苜蓿这些具有地方特色的花灌木，既增加了色彩和多样性，也能更好地体现乡野的文化韵味。最后，绿化造景应富含乡野文化的元素，而非简单模仿城市化的绿化景观。这种设计可以增强乡村的文化氛围，使公共绿地成为村民休闲娱乐的理想场所，通过美化环境提升整个村庄的吸引力和居住质量。

3. 特色保护类村庄

特色保护类村庄因其丰富的历史遗产和文化内涵，在公共绿地的景观设计上应突出反映其传统特色。这类乡村的绿化除了是美化环境的手段，更是保护和传承文化的重要途径。因此，公共绿地的景观设计应细致地融合乡村的历史元素，如古树名木和文物古迹，确保这些价值得到保护的同时，也得到合理利用。在新农村建设的背景下，特色保护类村庄的公共绿地景观设计经常倾向于模仿城市化的绿化模式，如频繁使用绿篱灌木，并倾向选择观叶的高大常绿乔木。这种做法可能会掩盖或削弱乡村的传统特色。为了更好地突出每个乡村的独特性，应优先考虑使用当地代表性或与当地历史故事相关的乡土树种，强化乡村的文化特色，增强公共绿地的地域认同感。公共绿地的设计应更多地引入观花类中小乔木及草本植物，如桂花、梅花以及黄杨、栀子、杜鹃、玉簪和万年青等。这些植物不仅能美化环境，还能提供季节性的视觉享受，增加生物多样性。

4. 拆迁撤并类村庄

拆迁撤并类村庄中新建的公共绿地通常直接采用城市绿化模式，缺乏乡土气息且植物种类单一。这种绿化方式虽然简便，但不足以反映乡村的独特文化和生态多样性。因此，针对这一类村庄的公共绿地景观设计应当重新思考，以增加植物种类的多样性，创造具有乡野特色的公共绿地。应当选择能够反映乡土特色的树种，如合欢、银杏和鸡爪槭，这些树种不仅美观，还能适应当地的气候和土壤条件。同时，配植如丝棉木等树种可以增加绿地的生态价值和视觉吸引力。在灌木和草本层面，应增加如棣棠、云南黄馨、红叶石楠以及红花酢浆草等多样的植物。这些植物能够提供丰富的色彩和形态，增强四季的变化感，提高生物多样性。公共绿地景观的设计应融入更多的功能区域，如儿童游乐区、休闲观景区和健身区，以满足不同年龄层的需求，促进村民之间的互动。

## 二、乡村宅旁绿地绿化景观设计

### （一）宅旁绿地类型

宅旁绿地，作为乡村内分布较为广泛的绿地类型，紧密联系着村民的日常生活。这种绿地不仅是村容村貌的重要组成部分，还是乡村生产、生活及休闲娱乐的空间。宅旁绿地的绿化设计应充分考虑其功能性，确保既满足居民的实际需要，也能提升居住环境的美观和舒适度。宅旁绿地根据居民点的性质，可分为新建居民点和传统居民点两种绿化模式。

1. 新建居民点宅旁绿地

新建居民点宅旁绿地，可以在庭院及屋后区域进行有序规划。在庭院绿化设计中，应融合村民的具体需求，选用既能满足观赏功能又可供日常使用的植物种类。庭院内可布置果园和菜园，丰富绿色植被，提供家庭所需的新鲜果蔬，兼顾实用与美观。垂直绿化与屋顶绿化也是提升空间利用率的有效途径。屋顶绿化可以增加居住环境的绿色覆盖率，有助于改善屋内的隔热和保温效果。在选择植物种类时，应考虑植物的生长习性与环境适应能力，优先选择本土品种，以保证绿化的可持续性与低维护性。庭院墙壁利用攀缘植物进行绿化，不但能扩大绿化面积，还能为居住环境增添自然美感。绿地设计应注重植物搭配的科学性与艺术性，确保植被既美观又能为村民带来实际的生活便利。

2. 传统居民点宅旁绿地

传统乡村民居宅旁绿化多集中于庭院区域。庭院绿化未经过专业规划设计，村民主要根据个人需求自行种植果蔬或者花木。庭院的绿化形式受到庭院空间大小和家庭状况的影响，形成了五种主要的绿化模式，如表 6–1 所示。

表6–1　传统居民点宅旁绿地绿化模式类型

| 绿化模式类型 | 适用条件 | 绿化景观植物种植 |
| --- | --- | --- |
| 园林型庭院绿化模式 | 适用于经济条件好且庭院面积较大的农户 | 类似苏州园林，进行景观微缩，优先选择园林树种，如桂花、广玉兰等 |
| 林木型庭院绿化模式 | 适用于需要提供遮阴和采光，同时具有经济价值的庭院 | 种植用材树主导，如黄柏、榄树，配合孤赏树和观赏苗木，满足遮阴与观赏需求 |
| 果蔬型庭院绿化模式 | 适用于满足日常生活需求和带来经济效益的乡村庭院 | 种植果树蔬菜，未经系统规划，根据需求种植，如秋葵、辣椒等 |
| 花卉型庭院绿化模式 | 适用于具有较殷实家庭环境且爱好花卉种植的家庭 | 种植花卉草木，喜阳且具观赏性植物，如波斯菊，可结合假山石、水池 |
| 综合型庭院绿化模式 | 结合前四种模式的功能，适用于多功能需求的庭院 | 综合美化、遮阴、实用功能，合理搭配林木、果木、花灌木等 |

## （二）不同类型的乡村宅旁绿地绿化景观设计

1. 集聚提升类乡村

集聚提升类乡村由于经济条件较优越，村民在宅旁绿地绿化上追求更高的观赏性及多样性，旨在提升生活品质和环境美感。在这些乡村，庭院绿化多采用园林型、综合型及花卉型模式，这些模式能够有效结合观赏性与生活实用性。乔木、花灌木及藤本植物的精心搭配，可以丰富庭院的视觉层次，增强居住环境的舒适度。在植物选择上，常见的有大花紫薇、栾树和合欢，这些树种以其良好的观赏价值和适应性广受欢迎。云南黄馨、栀子花及吊兰等花灌木的引入，以及紫藤等藤本植物的应用，进一步丰富了庭院的色彩和纹理，创造出层次分明且视觉效果显著的庭院景观。

2. 城郊融合类乡村

城郊融合类乡村因靠近城市，其经济水平显著高于一般乡村，住宅形态也呈现出明显的现代化特征，多为小区楼房和独栋别墅。这类乡村的宅旁绿地通常经过系统性规划，绿化景观与公共服务设施并存，如健身场地和花架等，充分满足现代村民的多元需求。对于小区楼房而言，宅旁绿地不仅起到美化环境的作用，还结合了功能性与休闲性，为村民提供了舒适的公共活动空间。独栋别墅区的宅旁绿化则更侧重庭院的私人化设计，常采用园林型、花卉型、果蔬型、林木型以及综合型绿化模式。这些模式既可以美化居住环境，也能够增加居住的舒适度和私密性。在植物的选择与配置上，城郊融合类乡村倾向采用观赏性强的乔木和花卉，如乌桕、广玉兰、含笑及金丝桃，这些植物可以提升景观的观赏价值，营造出独特的生态环境。同时，通过在庭院中种植季节性时蔬及果树，如桃树和枇杷树，结合桂花和龙船花等，可以在享受自然美景的同时，体验种植与收获的乐趣，这种设计有效地融合了传统乡村的生活方式与现代居住的便利性。此外，屋后的绿化多被更为系统的公共绿化与道路绿化所取代，优化了居住区的通风和采光，提高了居住区的整体环境质量。

3. 特色保护类乡村

特色保护类乡村的宅旁绿化景观设计尤其强调对其历史文化与自然风光资源的传承与保护。这类乡村通常拥有悠久的历史背景和独有的文化特色，因此在进行绿化景观设计时，需要特别考虑如何通过植物搭配和景观设计来强化这些特质。宅旁的绿化空间通常不大，但要求精致且充满特色。在植物的选择上，应侧重使用本土树种，如银杏、水杉、柿树及桂花，这些植物适应性强，能显著提升庭院的文化氛围和美学价值。同时，庭院中可以保留一些原有的树木，如十大功劳，保持乡村的原始风貌。在草本层面，选择如万年青、一串红、吊兰及芦荟等多功能性强且具观赏价值的植物。屋后绿化主要以蔬菜用地为主，采用花灌木进行围合，既满足村民的生活需求，也增强庭院的私密性和舒适性。庭院绿化模式的选择包括花卉型、林木型、果蔬型以及综合型，在整个设计过程中，须精心考虑如何将乡村的传统元素与现代绿化技术相结合，确保绿化景观设计既体现出乡村的历史文脉，又符合现代生态与环境保护的要求。

4. 拆迁撤并类乡村

拆迁撤并类乡村的宅旁绿化设计，因涉及搬迁和无人居住的原住址，主要集中于新建居住区的规划。这种绿化设计与城郊融合类乡村相似，强调现代居住需求与传统乡村文化的融合。新建居住区，无论是独栋别墅还是小区楼房，绿化设计应充分考虑保留原有乡村的文化记忆，并以此为核心，展现地区特有的乡野气息。绿化方案需适应周边环境，尤其是针对原空心村的住址，将拆除后的土地还绿，要确保绿化设计与自然环境和谐统一。通过采用本土植物及保留某些历史意义的植被，如旧村庄中的特有树种，加强与该地区文化的联结。设计中还应考虑到植物的生态功能，如提供遮阴、改善微气候等，同时需考虑村民对绿化空间的实际使用需求，如休闲娱乐或社交活动区域的设置。

## 三、乡村水系绿地绿化景观设计

### （一）水系绿化分类

水系绿化主要围绕河流（溪流）、池塘及沟渠等水体进行，旨在增强生态功能与景观美化，同时辅以一定的经济效益。乡村的水系绿化通常需要考虑自然环境的保护与生态平衡，尤其是对于自然水体，如河流和池塘，应采用自然化的绿化方式，以维护其生态系统的完整性和功能性。在河流和池塘的绿化中，植被的选择和布置需尊重原有的生态特征，强调生物多样性的保护和水质的净化功能。相比之下，乡村内部的沟渠通常经过人工硬化处理，宽度不一，绿化设计在这里则更倾向仿生态处理，目的是通过模拟自然景观，创建生态宜居的环境。水系绿化可以分为两种主要类型，即外部水系防护型绿化模式和乡村内部水系景观型绿化模式。

### 1.外部水系防护型绿化模式

外部水系防护型绿化模式注重利用植被配置，确保乡村外围水系的生态安全和环境质量，从而间接维护乡村内部居民的生活质量。此模式在设计时以防护功能为主导，通过科学的植物搭配和生态工程技术，强化水体的自净能力，减少污染物的流入，保护水质安全。在实施外部水系防护型绿化时，应选择能够适应当地环境并具有较强生态恢复功能的植物，如稳固河岸、减少土壤侵蚀的深根植物以及能够吸收水中污染物的湿生植物。植物的配置也应考虑增加生物多样性，以提升整个生态系统的稳定性和抵抗力。此绿化模式既可以改善乡村外围的水系环境，还能够通过滤净来水，为乡村内部创造更健康、更宜居的环境。

（1）河流绿化设计。乡村周围的河流环境，由于其自然流动特性，已形成良好的生态系统。针对这些自然河流的绿化，设计的主要方向是保护与修复，强调尽量减少人为干预，以维持其原有的生态平衡。绿化结构通常包括岸坡、堤防防护林带、湿地及水域植物景观带四个部分。在岸坡区域，以农田为主，适宜种植禾本科及草本科植物，这些植物能稳固土壤，维持土地的生态功能。堤防防护林带作为重要的景观打造区域，采用乔灌草复合的种植方式。在此区域内，选择的植物种类需具有较强的景观效应，乔木如元宝枫、黄栌等不仅美化环境，还能有防风固土的功能。迎春和杜鹃等种植禾本科，增加多样性及视觉吸引力，同时，草本植物如二月兰和白三叶等，填充低层空间，形成层次分明的绿化带。湿地部分的植物选择关注于其对水体的生态修复功能，如千屈菜和黄菖蒲等，这些植物能有效改善水质，增加生物多样性。水域内则布置睡莲和凤眼莲等水生植物，既美化水景，又有助于维护水域生态的稳定。

（2）沟渠绿化设计。乡村外的沟渠，主要作为排水和灌溉渠道，对其周边环境及生态功能的维护尤为重要。绿化这些沟渠时，需根据护坡的类型采取适宜的绿化方案。自然护坡的沟渠两侧适宜采用林带和林下花丛的植被配置，以恢复及增强其自然景观效果。通过种植本土树种和多样化的花卉，增加生物多样性，提供生态服务，如土壤保持和水质改善等。对于硬质护坡的沟渠，生态改造尤为关键。通过在硬质护坡两侧种植低矮果树和花灌木，可有效减少硬化结构对自然环境的干扰。这种绿化方式可以改善沟渠两侧的景观视觉效果，有助于恢复生态系统功能，如提高地表覆盖率，促进水土保持和增强生物栖息环境。通过精心设计的植物配置，可以有效地缓解城市化进程中水体硬化带来的负面影响，为乡村地区创造更为健康和宜居的环境。

（3）池塘湖泊绿化设计。乡村外围的河塘湖泊通常为自然形成，其周边自然生态系统表现良好。在这些水体的绿化管理中，主要采取轻度干预的方法，进行适当的点缀与优化，避免过多的人工处理，以维持其自然状态和生态平衡。对于那些人工修筑的驳岸池塘或湖泊，绿化方案包括在两岸形成防护林带及景观林带，旨在增强生态防护功能，同时提升景观质量。在实施绿化时，选择的植物应能适应水边的生长环境，如在水中及护坡地带点缀适宜的水生和湿地植物，既可以起到美化环境的作用，也有助于水质净化和生物多样性的增加，通过人工和自然环境的结合，旨在打造一种和谐的田园景观。

### 2. 乡村内部水系景观型绿化模式

乡村内部水系景观型绿化是专为增强居住区内的自然美观及村民的生活质量而设计。该模式重在通过精心的植被布局与设施配置，提升水系的景观价值及其生态功能。绿化方案采取“疏密有致”的原则，即在保持开阔空间的同时，营造足够的遮蔽与私密性。在植物的配置上，优先考虑适合水边生长的小乔木及花灌木，这些植物不仅可以美化环境，还有助于保持土壤稳定和水质清洁。孤植的大乔木则作为视觉焦点，增强景观的层次感和视觉冲击力。水面及湿地区域专门种植水生植物，能有效地进行水体净化，同时提供生物多样性的栖息地。为了加强村民与水系的互动，岸边可设有木栈道和椅子等设施，使村民可以更近距离地接触和享受水边的自然景观。

（1）河流绿化设计。在乡村内部，河流绿化的设计取决于河流与建筑的相对位置。对于靠近建筑的河段，由于人工护坡的存在，绿化工作通常集中在河堤上，这里多设计为滨水公园，旨在通过高标准的绿地设计提升环境品质。相反，当河流与建筑距离较远时，绿化主要着眼于保护河流的自然生态环境。此时，采用乔木、灌木和草本植物复合的绿化形式，旨在维护生物多样性，保护水质并防止侵蚀。这种复合绿化形式有效地利用各类植物的生态功能，提升河流的生态稳定性和自净能力。

（2）沟渠绿化设计。乡村内部沟渠的绿化设计因其位置及功能不同而异。对于自然式沟渠，尤其是那些位于菜地周边的，常采取在缓坡上种植耐水性蔬菜，并在水体中引入能够净化水质的水生植物。这种配置既利用了沟渠的灌溉功能，也通过生态植物改善了水质，增强了沟渠的生态价值。在处理人工沟渠时，设计者则侧重通过植被来柔化人工结构的影响。通常在沟渠周围种植乔木或经济果木，并配置花灌木，这样不仅美化了景观，还能提供经济收益。这种植被安排旨在增加沟渠周边的自然美感，并为村民带来直接的经济利益。

（3）池塘湖泊绿化设计。乡村内部的池塘绿化通常结合公共绿地进行，绿化设计的重点在于池塘的边坡区域。这些区域的绿化设计着重于水土保持和美化景观。边坡上通常种植白三叶、麦冬等地被植物，这些植物具有良好的抗侵蚀特性，能有效固土防止水土流失。近水区域则多选择种植黄菖蒲、鸢尾等花卉植物，这些花卉既可以美化环境，还有利于增加生物多样性。水面上则点缀以睡莲等浮水植物，这些植物除了提供美观，还有助于调节水体的生态平衡，通过其根系过滤水质，为水生生物提供栖息地。由于乡村内的池塘周围缺乏开阔的绿化空间，沿岸的绿化主要采用观赏树和常绿灌木，树下则种植多年生花卉，加强视觉上的景观层次感。

### （二）不同类型的乡村水系绿化景观设计

#### 1. 集聚提升类乡村

集聚提升类乡村中的水系绿化景观设计应注重生态和景观功能的融合，采用多样化的绿化手段以提升乡村的整体美感和生活质量。在这类乡村内部，河流通常采用硬质驳岸，岸边绿化模式多选用乔木与常绿灌木或种植垂枝灌木以增加景观层次和视觉美感。水中则种植如菖蒲、芦苇及鸢尾等水生植物。对于自然式驳岸，岸边的绿化方式主要侧重使用落叶大乔木与花灌木的组合，以创造季节性的景观变化。水中植物的点缀，如花叶芦竹、水竹及荷花等，增加水域的生态多样性和视觉吸引力。乡村内的沟渠多为暗渠，通常不进行绿化处理，内部的池塘则与公共绿地结合，形成休闲绿地。在乡村外部，河流与湖泊多保持自然式驳岸，绿化设计需要强调乡野之趣和自然景观的营造，通过乔木和灌木的搭配，如广玉兰和鸡蛋花，配合紫薇和红花檵木等，旨在塑造一种自然而富有层次的景观环境，同时在水域边缘种植鸢尾与菖蒲等水生植物，进一步增强生态效益和视觉效果。

2. 城郊融合类乡村

城郊融合类乡村的水系绿化设计需要兼顾经济性、乡土性及实用性，反映城市化进程中乡村与城市功能的融合。由于城市化的影响，村民对水系绿化景观的期望日益提高，这要求绿化设计除了要满足基本的景观美化需求，还应增强功能性，提供游憩和休闲的空间。在实际设计中，应重点考虑如何通过绿化提升水系的使用价值和观赏性。利用乡土树种和本地植被，增添乡野之趣，同时结合现代景观设计元素，创造具有吸引力的休闲环境。例如，在水边设置休息区、观景台和步道，增加水系的亲水性和可达性，提高整个区域的生活品质和环境美感。外部水系的绿化则应与城市水系绿化景观相协调，形成连贯的景观带。在邻近自然风景优美的湖泊区域，可以开展以旅游为导向的绿化项目，增加该区域的观赏性和吸引力。

3. 特色保护类乡村

特色保护类乡村的水系绿化景观设计有助于历史文化的保存与生态环境的保护。这类乡村的绿化计划通常较为系统，但面临的一个挑战是植物种类的单一性。为改善这一状况，绿化方案应致力植物种类的多样化和植物配置方式的完善，旨在创造更丰富的绿化景观空间。绿化设计中，推荐选用如水杉、白玉、栾树等大型乔木，并与棕竹、紫薇、南天竹等植物进行搭配。水边区域应考虑种植鸢尾、菖蒲和千屈菜等水生植物，具有良好的水质净化功能。在选择植物时，重点应放在使用乡土树种上，有助于维护生态平衡，也能突出乡村的文化特色。同时，绿化设计需尊重并保护原有生态环境，通过精心的植物点缀与保护，减少人为干预，从而保持自然景观的完整性。

4. 拆迁撤并类乡村

拆迁撤并类乡村的水系绿化景观主要在新建居住区内实施，因原有乡村内部沟渠多已转化为暗沟，故绿化焦点通常落在河塘与河流的恢复与提升上。这类区域的原有池塘和河流绿化植物种类较为有限，主要由村民自行种植的乔木为主，如垂柳，花灌木的种类和数量则相对较少。为提升这些新建居住区的生态价值和景观质量，应当增加花灌木的种类和数量，同时扩展乔木的多样性。推荐种植重阳木、朴树及垂柳等，这些乔木可以为区域提供良好的遮阴效果，增强景观的层次感。同时，搭配如芦苇、水烛以及湿地松和水杉等植物，能够在水边形成自然的绿化带。植入如凤尾竹、梅、黄杨及十大功劳等灌木和地被植物，可进一步丰富植被结构，为村民提供一个既美观又具有生态效益的居住空间。

## 四、乡村道路绿化景观设计

### （一）乡村道路分类

在乡村振兴战略的推动下，乡村道路建设得到了快速发展，其设计不仅考虑交通功能，还强调其在景观和乡村生活中的作用。乡村道路的规划与建设旨在提升乡村的连通性及美观性，通过精心设计的路网布局，有效连接各种景观空间，同时提供给村民更便利的生活设施。根据乡村的具体特点，道路系统主要分为三种类型，即进村道路、村内主要道路和村内次要道路。

1. 进村道路

进村道路作为乡村与外界连接的重要通道，通常位于乡村居民区的外围，连接至县道或省道。这些道路的设计常采用“一板两带式”，即道路中心为行车区，两侧为绿化带。在这种配置下，绿化设计的主要目标是提升景观效果，同时兼顾道路的功能性与环境友好性。

道路两侧常布置为菜地、果园和林带，这些区域可以丰富乡村的绿化景观，也是农业生产的重要部分。为了保证这些农作物的正常生长，选择行道树种时应考虑到树冠形状和枝干高度，以减少树木对农作物生长的负面影响。例如，国槐和香樟这样冠幅适宜、枝干较高的树种是理想选择。道路绿化还应采用立体化设计，即在乔木下方种植花灌木，能有效隔离道路粉尘，增加绿化面积，提升道路两侧的美观程度。例如，可以在女贞树下种植百日草，形成上层常绿、下层花卉绽放的生动景观，特别是在花季时节，道路两旁将呈现出生动的色彩与层次。道路绿化是美化和环保的需求，也是提升居民生活质量的重要因素。将田野风光与道路绿化景观相结合，可以增加乡村道路的自然魅力。在设计灌木林带时，注意控制灌木高度不超过 0.7 米或采取间隔种植方式，以确保视线的开阔性和景观的通透性。

2. 村内主要道路

村内主要道路是村民日常生活和生产活动的重要通道，也是展示乡村文化和自然风貌的窗口。这些道路既是交通运输的纽带，也是美化乡村、展示乡土风情的平台。在乡村振兴战略的推动下，村内主要道路的设计和绿化工作旨在通过绿化美化提升道路的功能性和景观效果。

村内的主要道路设计中，通常会贯穿一条或多条景观大道，通过种植具有代表性的树种如银杏、榉树、栾树和黄连木等，实现“一街一树、一街一景”的景观设计目标。道路绿化也被视为推动地方产业发展的一种手段。例如，在道路两旁栽种经济果树如桃树和柿树，不仅能够美化道路，还能为村民提供经济收益，促进农业产业的多元化发展。这种结合景观和经济功能的绿化设计方案，有效地响应了乡村振兴的需求，为村民创造了一个更加生态宜居的环境。主要道路的绿化通常会采用行道树，所以在选择行道树时，需考虑树种的枝干分支点高度和株距，确保树木的生长不会干扰交通，保持视觉的通透性。道路绿化的设计要沿整条道路均匀栽植，根据不同地段的环境特点进行相应的点缀，以增加道路的景观多样性。在主要道路的特定节点，如交叉口或重要的公共场所附近，绿化需要进行细节化处理，采用乔木、灌木和草本植物的复合搭配模式，旨在通过绿化增强这些节点的功能性和审美感。节点的特色化处理还应融入当地文化元素，展现乡村的历史和乡土特色，丰富乡村的文化景观。

3. 村内次要道路

村内次要道路，如巷道和胡同，是村民日常生活和社交的核心区域。这些道路的绿化设计除了要满足美观需求，还要兼顾实用性和村民的意见。因此，绿化景观的设计过程中须确保居民的参与，便于保证绿化设计符合当地村民的实际需求和审美偏好。

由于次要道路通常较窄，绿化设计需要在不妨碍通行的前提下进行。道路两侧常采用花灌木进行绿化，或者结合小乔木和花灌木的配置，以增强道路的景观效果并保持其通达性。在选择植物种类时，应特别注意乔木的类型，选择那些不会对周围住宅的通风和采光产生负面影响的树种，如冠幅较小的小叶桢，以避免影响居民的居住质量。道路边缘可以考虑种植本地野生花草，如百日草等，能维持和增强本土生态的多样性，打造具有乡土特色的景观，有助于提升村民的环境满意度和生活质量。

### （二）不同类型的乡村道路绿化景观设计

#### 1.集聚提升类村庄

集聚提升类乡村由于人口密集且经济较发达，对乡村道路的需求超越了基本的交通功能，更注重景观价值和观赏性。这类乡村道路绿化不仅是提供通行功能，也是展示乡村风貌和文化的重要方式。进村道路作为乡村的主要入口，其绿化设计采用乔灌草植物的多层次搭配方式，旨在营造丰富的视觉景观，同时体现乡村的乡土氛围。村域内的主要道路绿化，则需要使用具有遮阴效果的高大乔木，并辅以季相变化明显的小乔木，如观花或观叶树种，以增强道路的景观效果。林下空间应种植观赏性强的地被植物或花灌木，这样的绿化布局既可以美化环境，也能够给居民提供舒适的行走体验，满足休闲和观赏的需求。在次要道路上，绿化设计需结合宅旁绿化进行整合，考虑到实际的居住和使用情况，采取更加个性化和功能性强的绿化方案，可以选择适合居民区环境的植物种类和配置方式，以增强村民的生活质量，并提升环境的整体美感。

#### 2.城郊融合类村庄

城郊融合类村庄位于城市郊区，其进村道路是连接城市与乡村的重要交通网络，这些道路在绿化设计上往往继承了城市的风格，多采用城市常见的绿化树种，因而缺少乡村的自然气息与特色。为更好地体现乡村的独有风貌，进村道路的绿化设计需要重新考虑，应用乡土树种并采用具有乡野特色的种植方式。在选择植物时，应优先考虑那些能够反映本地生态和文化特色的乡土树种，如通过种植具有地方特色的乔木和灌木，营造出既美观又能承载地方文化记忆的绿化环境。同时，这种绿化设计不仅应着眼于美观，还应考虑生态功能，如通过合理配置，增强生物多样性，提供生态服务。村域内的主要道路绿化与城市道路类似，强调生态与景观功能的融合，而在次要道路上，绿化设计应更加突出乡村的自然与野趣。例如，可以在这些道路两侧配植常绿灌木和草本植物，为村民提供美丽的景观，也为野生动植物提供栖息地。

3. 特色保护类乡村

特色保护类乡村作为旅游风景区，其道路绿化景观设计不仅需要考虑实用性，还要强调观赏性和文化性，以吸引并满足游客的需求。进村道路作为游客的首次接触点，绿化应充分体现乡村的文化特色和旅游资源。选择与乡村文化和历史背景相符合的特定植物种类是关键，既可以美化道路，还能传递乡村独有的文化信息。在村庄内部，无论是主要道路还是次要道路，绿化设计都应保持和加强现有生态系统的完整性。利用乡土树种进行绿化，便于维护生态多样性，也有助于保持乡村的传统景观。道路绿化还应考虑到季节性变化，选用能在不同季节展现不同美景的植物，以增强道路的视觉吸引力。

4. 拆迁撤并类乡村

拆迁撤并类乡村由于原有住址已拆除，村民重新集中在新建的居住区，这要求进村道路的绿化景观设计要具有延续性，还需支持新的生态环保标准。这类村庄的进村道路绿化设计应侧重构建生态林，以提供一个连续的生态廊道，既美化环境，也支持生物多样性。进村道路的绿化设计应根据乡村的未来发展定位进行个性化布局，展示独有的绿化景观。对于村内的主要道路与次要道路，特别是在新建的居民区，如联排别墅和小区内，绿化景观的打造应采用点、块、丛、带的生态园林绿化设计方法。通过乔木、灌木、花卉、草本和藤本的合理配置，形成一个富有层次感和色彩变化的多功能景观带。

## 第三节　乡村振兴下的乡村绿化景观设计实证分析

吴寨村位于安徽省阜阳市颍东区正午镇，是积极响应乡村振兴战略的典型村庄，该村通过科学规划与创新治理，成功转型为一类美丽乡村。该村的居民楼朴素而典雅，柏油马路的建设实现了区域内的四通八达，极大地提升了村民的生活便利性和村庄的整体通达性。村内还建设了健身设施、文化广场和小游园，这些设施丰富了村民的文化生活，提高了居住环境的质量，使得吴寨村不仅在基础设施上得到改善，更在文化和休闲生活方面提供了良好支持。

## 一、项目背景

### （一）区位与概况

吴寨村位于典型的冲积平原上，地形平坦无山丘，为农业生产提供了良好的地理条件。该村庄所处的气候区域为北温带与亚热带过渡型气候，体现出明显的四季分明的特点，同时夏热冬冷，雨水充沛。该气候类型由西伯利亚和太平洋、印度洋的冷暖气流交互影响而形成，导致显著的季节性气候变化。年平均气温为 15.0℃，年际气温波动在 14 ~ 16.1℃，7 月平均气温达到最高 28.1℃，而 1 月平均气温最低，仅为 1.1℃。这种温差为当地的作物生长提供了不同的生长季节。村内年平均无霜期达到 221 天，为农作物生长提供了充足的温暖期。降水方面，平均年降水量为 904.6 毫米，降水分布受季风气候的影响，夏季降水量较多，冬季则相对较少，春季降水量也多于秋季。村内拥有 21 条沟渠，总长 11.1 千米，这些水系极大地促进了农业灌溉和水产养殖的发展，为吴寨村的农业生产与生态维护提供了重要支持。

### （二）绿化景观分布

在吴寨村的绿化景观分布中，公共绿地主要集中在一处广场上，该广场是村民进行健身活动的场所，也是交流的核心区域。位于村党支部附近的这个广场，其绿化配置具有实用性与审美性的双重功能。广场的绿化主要通过种植几株香樟树来增加绿意，并通过村党支部办公楼前的花坛来提升景观的美观度。

在吴寨村及其下辖的十一个村民组中，新建居住组团，如黄庄、徐庄和吴寨等地的宅旁绿化特征表现为房屋宅前地面多以水泥硬化处理，而屋后多被庄稼地包围，形成了一种现代与传统农业用地相结合的模式。相对而言，何郢、张圩和门西等老旧型村落的宅旁绿化则显得较为简陋。这些区域的宅前多为黄土覆盖，缺乏系统的绿化设计，而宅旁地区多杂草丛生，没有进行有效的绿化管理。

吴寨村及其下辖的各村民组拥有丰富的河塘资源，河塘旁的绿化主要采用自然生长的乡土树种和杂草，这种自发形成的植被结构虽然简单，但体现了自然生态的原始状态，河塘表面常见浮萍覆盖。村庄的排水系统主要由明渠构成，这些渠道采用硬质驳岸以保证水流的顺畅和土壤的稳固。村内河道的护坡多用黄土覆盖，在一定程度上会影响河岸的稳定性和水体的净化过程，河道两侧通常被庄稼地环绕。

在吴寨村及其所辖的十一个村民组中，道路绿化呈现出明显的不足和不均匀的分布。较为系统的绿化仅见于徐庄村委会附近的道路，这里有行道树的种植，而在其他村庄的内部道路上，几乎没有进行任何形式的绿化布置。即使在有行道树的区域，绿化种植方式也显得较为单一，主要依赖乔木，缺少灌木和草本植物的多样性配置。

## 二、吴寨村绿化景观设计目标与理念

### （一）吴寨村绿化景观设计目标

吴寨村在乡村振兴的大背景下，被划分为拆迁撤并类村庄，面临转型与发展的重要任务。为响应政府的号召，乡村发展规划强调利用和保护现有的生态资源，通过科学合理的方法，精心规划和设计绿化景观。绿化设计的核心目标是提高景观的观赏性、功能性和生态性，使其成为村民生活的有机组成部分。绿化规划应考虑尊重吴寨村的传统乡风和独特的乡村景观，通过选用本土植物种类和恰当的种植方式，旨在保持乡村自然和文化的原貌。此外，增强绿化带的生态功能，如通过创建生物多样性热点和生态廊道，提升其环境自净能力，为乡村带来长期的环境和经济效益。最终目标是将吴寨村建设成为一个宜居、宜业、宜游的生态乡村，实现生态宜居、产业兴旺和乡风文明的综合振兴目标。

## （二）吴寨村绿化景观设计理念

### 1. 乡土性

乡土性植物的广泛使用旨在构建既生态友好又易于维护的植物群落。选择本土植物有助于提高植被的成活率，简化日常管理，同时降低整体维护成本。通过精心搭配乡土植物，绿化设计不仅可以保护珍贵的古树名木，还能够增强乡村的传统乡风。这些古树既是生态宝贵资源，也是村落文化的重要组成部分，对于保持乡村的历史特色具有不可替代的作用。在植物采购方面，坚持就地取材的原则，对外来苗木进行严格的质量控制，防止引入可能带来的病虫害和外来物种入侵问题。充分利用本地生态系统提供的自然资源，实现生态保护与景观美化的双重目标，从而使吴寨村成为一个真正意义上宜居、宜业的绿色乡村。

### 2. 生态性

在吴寨村的绿化景观设计中，生态性是核心考量。设计方案应注意选用具备明显生态功能的植物，如涵养水源和净化空气能力强的种类，以增强整个乡村的生态系统服务功能。通过乔木、灌木和草本植物的复合搭配，以及点、线、面的综合布置方法，旨在最大化植物的生态益处。绿化设计旨在创造“村庄森林环绕，村内花果飘香”的景观效果，确保村庄四季常绿，三季有花，既可以美化乡村环境，还能够通过提供丰富的生物栖息地，增强生物多样性，有助于构建一个生态平衡和美观并存的乡村环境。

### 3. 景观性

在吴寨村的绿化景观设计中，植物的选择和搭配需谨慎考虑以实现四季变换的景观美。乡村的植物配置方案强调在一年四季中都能提供吸引人的视觉景观。为此，设计中采用一到两种树种作为主调树种，以形成稳定的视觉核心，随后辅以其他树种以增加层次感和季节性变化。这种植物群落的比例配制，旨在平衡局部与整体的视觉效果，确保植物种类的多样性与整体的和谐统一。主调树种提供了持续的绿色背景，其他季节性植物则在不同时间点展现其独特的花色或叶色，从而丰富了整个乡村的景观层次。这种综合的植物搭配有助于增强乡村的生态功能，为村民创造一个既美观又生态宜居的环境。

4. 经济性

树种的选择应强调经济效益，通过种植果树、油料树和花卉等具有市场价值的植物，达到生态美化和经济增益的双重目的。这种设计方案可以有效提升乡村的景观质量，促进产业发展，为村民提供增加日常收入的途径，兼顾了环境的持续性和经济的活跃性，增强了绿化项目的实用价值和长期可持续性，为村民带来直接和间接的经济利益。

## 三、吴寨村绿地绿化景观设计实施

### （一）公共绿地绿化景观设计

吴寨村及其辖下的十一个村民组，由于居民结构以老人和小孩为主，公共绿地的绿化设计必须兼顾这两个群体的需求。设计目标是创建一个既适合老人锻炼也便于儿童游玩的休闲环境。基于此，公共绿地的景观设计采用了 2 到 3 种主调树种，形成独特的主题风格，如同置身“桃花源中的吴寨”。绿化采用自然式布局，强调使用具有良好景观效果的乡土树种，如桃花、栾树、国槐、桂花、蜡梅及红枫等。这些树种既可以美化环境，还能通过其不同的季节性表现，为乡村带来持续变化的自然景观，旨在通过多样化的配置，构造一个功能全面且富有生态价值的公共绿地。公共绿地的绿化景观设计主要涉及门西组公共绿地、高西组公共绿地、高东组公共绿地、余店组公共绿地、何郢组公共绿地、张圩组公共绿地、黄庄组公共绿地、徐庄公共绿地。

1. 门西组公共绿地

门西组公共绿地位于 054 乡道与李庄北侧，场地当前覆盖以玉米地为主。该位置设有一个厕所，旨在满足经常进行户外健身活动人群的基本需求。该场地的东西两侧分别毗邻道路，可将东西两侧设置适宜的出入口，确保与周围道路的顺畅连接，公共绿地的南侧紧邻第二截岗沟。

门西组公共绿地的设计融合了休憩区、健身区及活动区，每个区域通过精心选择的植物配置优化其功能性与美观性。在健身区与活动区北侧，设有精致的花丛，其中包括美人蕉、百日草、万寿菊、大丽花，并配以白玉兰、红枫、紫荆、桂花及海桐球，这些植物不仅提供美观的景观，还创造舒适的环境。花丛北侧靠近门西村的公共厕所，此处可种植珊瑚树与桃树，起到自然屏障的作用，还增添了绿化的连续性和隐私性。周围的健身区和活动区被树池花坛所环绕，主要种植大叶黄杨和大叶女贞，增强区域的封闭性和绿意。

座椅、树池巧妙地布置在健身与活动区之间，使用国槐进行分隔，增强功能区的定义。公共绿地的外围则用桃树围合，形成一个既封闭又开放的绿色空间。

2. 高西组公共绿地

高西组公共绿地设在董凤海家东侧和 054 乡道南侧，该区域当前主要被村民用于种植玉米和芝麻。场地西侧紧邻村内道路，便于村民访问与使用。南侧则毗邻高西组村民的集中居住区，位置优越便于集体活动和社交互动。

高西乡村的公共绿地沿 054 县道及入村道路布局，利用地理位置优势，强化了该地区的自然美景。在绿地西北侧精心设置花丛，采用季节性花卉和多年生草本植物，如三色堇、百日草、彩叶草、万寿菊等，搭配小乔木紫薇和桂花，既增色也增香，丰富了视觉及嗅觉体验。公共绿地中心是多功能活动区，既包括健身区也包括休憩区。在活动区设有六个树池坐凳，种植了大叶女贞，以其茂密的枝叶满足了村民的遮阴需求。健身活动区围以大叶黄杨和桂花花坛为主，增强景观效果，营造一定的私密性，使活动区域更加集中和专注。花坛北侧特设座椅，方便村民在体力活动后休息，增加公共绿地的功能性。健身活动区与休憩区之间通过树池花坛划分，种植栾树，既美化环境，又进一步满足遮阴的需求。整个高西乡村公共绿地的边缘以桃树和国槐进行围合，形成一个清新舒适的自然屏障，减少外界干扰，为村民提供一个幽雅宁静的户外空间。

3. 高东组公共绿地

高东组的公共绿地坐落于截岗沟路与周何路交叉口，该地目前被当地村民用作玉米种植。考虑到场地西侧紧邻周何路，南侧靠近村民密集区，且村民构成多为老年人，而北侧毗邻第二截岗沟，此地理位置为其转变为公共绿地提供了极佳的条件。

高东组公共绿地紧邻新建居住区，规划兼顾观赏性与日常健身需求，实现了功能性与美观的结合。绿地北侧栽植了桃树与火棘，通过自然植被的排布与居住区形成一定的隔离，既保证了村民的隐私，也增强了空间的层次感。北部的花镜精选了羽衣甘蓝、金盏菊、红花草、美女樱、百日草及万寿菊等色彩丰富的植物，创造出视觉上的焦点，吸引人们驻足欣赏。健身与乒乓球活动区之间的两个座椅花坛种植了栾树，有效地进行空间分割，既满足了功能需求，又不失景观效果。东侧的紫藤廊架与茶几休憩区为村民提供了休息与交流的空间。廊架与休憩区中心的两株银杏树，提供了遮阴，为休憩人群创造了舒适的环境。绿地南侧与东侧同样种植了桃树与大叶女贞，形成一种自然的围合，增强了公共绿地的安静氛围。

4. 余店组公共绿地

余店组公共绿地定位于丁字路口，东北靠沟渠，西临庄稼地，东接居住区。该地现被玉米地覆盖，需规划为多功能绿地。设计应满足老年人与年轻人的不同需求，提供健身及休闲设施。

余店组公共绿地位于人口密集的区域内，用地紧张导致其开发必须兼顾多功能性。公共绿地需要专注于提供健身与游憩观赏功能，采用精心设计的植物种植方案以增强其美学与实用性。绿地内主要花卉包括虞美人、一串红、金盏菊、百日草、万寿菊、美女樱、羽衣甘蓝、孔雀草、红花草和大丽花，这些色彩斑斓的花卉为村民提供了丰富的视觉享受。植物配置中还包括大叶黄杨、金森女贞、紫薇与桂花，增加了绿地的绿化层次，提供了良好的遮阴效果。茶几休憩区南侧设置的竹林区种植淡竹与斑竹，为休憩区增添了宁静和清新的氛围，也为村民提供了一个舒适的聚会与休息环境。在公共绿地的西面与南面种植桃树，营造了一种桃花源般的氛围，激发村民对自然美的欣赏和亲近。

5. 何郢组公共绿地

何郢组公共绿地坐落于何士亮宅北侧，北靠村内沟渠，西邻庄稼地，位于乡村中心。当前场地为自行开垦的玉米地，需转变为以满足居民对健身活动场地的高需求。绿地规划应兼顾景观与功能性，以适应居民日常的活动需求。

何郢组公共绿地选址毗邻村内池塘，其设计须融合池塘绿化，优化休闲与健身功能。绿地与池塘接壤处种植荷花、水葱、千屈菜，利用自然水源景观提升绿地美感与生态价值。入口处设有三个花坛，种植金盏菊，为进入绿地的村民提供热烈欢迎的视觉效果。休闲区特设紫藤花架，种植大叶女贞，旨在满足遮阴与休憩需求，为村民提供凉爽舒适的环境。南侧一排花坛种植大叶黄杨与金森女贞，增强绿地的隐私性与美观。考虑到何郢组常住人口众多，花坛下方及池塘旁配备座椅，满足村民日常休闲与观赏需求。公共绿地南面及西面的桃花种植，既与周边住宅区形成自然分隔，又增添了季节性美景，每年春季桃花盛开时，为村民带来视觉上的盛宴。

6. 张圩组公共绿地

位于张士品宅门口的张圩组公共绿地，其位置毗邻村内中心和两侧沟渠，原本作为庄稼地的场地现需改造为以满足村民对健身活动场地的广泛需求。该绿地的规划和设计应充分利用其靠近水源的自然优势，结合周边环境特点，转化为一个集休闲、健身为一体的公共空间。

张圩组公共绿地的规划充分考虑了村民的健身与休憩需求，巧妙地利用自然与人工景观的结合，增强空间的功能性与美观性。该设计方案中，沟渠绿地与公共绿地的融合是一大特色，利用沟渠水体的自然流向，引入水生植物如荷花与睡莲，丰富水域生态，提升景观的观赏价值。水岸边缘种植的垂柳，更是增添了几分柔美与宁静，为村民提供一个与自然亲近的机会。公共绿地中，紫藤廊架的设置，创造了层次分明的垂直绿化空间，为村民休憩提供了阴凉之地。该廊架下的水景与周边绿植相得益彰，形成了一个集观赏、休闲于一体的生态环境。树池花坛的布置充分考虑了功能与美观的结合，选用栾树等提供遮阴的植物，既满足了日照防护的实际需求，也增加了绿地的层次感。在公共绿地入口处，选择大叶黄杨与大叶女贞种植花坛，通过绿植的配置，展示乡村入口的独特风貌。绿地北侧的桃树与大叶女贞的排列，有效地与北侧居民点隔离，降低生活噪声与活动干扰，同时，这样的植物配置也使得整个绿地区域与周围环境形成了一种自然的过渡，增强了生态景观的和谐性。

7. 黄庄组公共绿地

黄庄组公共绿地定位于乡村内安置点核心区域，毗邻某超市东侧，同时与北侧及南侧的村民安置区相接。该地原为村民自行开垦的庄稼地与荒地，展现了一定的自然景观与乡土特色。由于安置区村民对健身设施的需求量大，该绿地的规划与建设显得尤为重要。

黄庄组公共绿地精心选址于新建居民点内部，主要目的是满足村民的日常活动与休憩需求。在绿地规划中，植物的选择侧重观花观叶类型，旨在打造一个生态友好的公共空间。该设计提升居民点的自然美感，促进了生态环境的多样性。绿地的入口处特设花丛，采用多种色彩丰富的植物如美人蕉、万寿菊、金盏菊、一串红、三色堇、羽衣甘蓝、石竹、红花草以及绣线菊等，花卉的多样化配置，美化了入口区域，提供了视觉上的欢迎感。紫荆、红枫及大叶女贞的使用，增添了季节性的景观变化，强化了公共绿地的观赏价值。休憩区前方通过三个树池花坛种植国槐，分隔空间，增加绿化的层次感。此区域还特意种植了斑竹与淡竹，在东南侧形成天然的绿色屏障，为休憩提供隔离的同时，也保证了良好的自然环境。为了减少村民活动可能带来的干扰，绿地的外围特别种植了一排大叶黄杨，外侧更有鹅掌楸与桃树的配置，这样的植物安排可以有效地隔离噪声和活动干扰，丰富乡村的生态边界。

8. 徐庄公共绿地

位于徐庄村党支部附近的一块闲置用地，原为玉米地和黄土覆盖，现拟规划为公共绿地，并大规模种植桃树。该地块周围环水的自然条件，为其打造成为“桃花岛”提供了得天独厚的地理优势，预计将成为吴寨村的旅游亮点。此规划响应乡村振兴战略，通过增加生态旅游项目，为当地村民创造经济收益。徐庄的公共绿地规划旨在打造成为旅游型绿地，结合吴寨村的绿化战略，着力构建以“桃花源里的吴寨”为核心的旅游品牌。该项目的设计精心选择了规则式种植方法，以大面积经济桃树林为主体，旨在通过这种高效而美观的种植方式，增强整个地区的旅游吸引力。

在其入口处设立牌坊，刻有“桃花岛”三字，旨在提升景区的识别度和象征意义。四周环水的地理特征要求在河道两侧设计栏杆，以确保游客安全，同时配合生态驳岸的建设，强化对原有河道护坡的生态处理，有效保护水域环境。在植物配置上，优先选择原生及乡土植物，减少外来物种入侵的风险，同时强化了景区的生态可持续性。水生植物方面，选择了如睡莲、芦苇、千屈菜、菖蒲及凤眼莲等能够净化水质的植物，这些植物既可以提升水域的美学效果，也对水环境的改善起到积极作用。同时，为了进一步增强河岸的稳定性，选用护坡植物如结缕草和狗牙根等，其根系发达，可有效防止土壤侵蚀。

桃花岛设计中引入的两个小广场位于牌坊后，各自采取矩形与环形的空间布局，有效缓冲四岔口的人流，为采摘桃子后的游客提供休憩场所。矩形广场通过竹林的种植和矮灌木的围合，营造出一种宁静且封闭的空间感。廊架西侧的花坛内种植的万寿菊和金盏菊，进一步美化广场环境，增加视觉上的舒适感。环形广场则提供了开放且连续的视觉体验，与矩形广场形成鲜明对比。这种设计不仅在形式上互补，也在功能上满足了不同游客的需求。两个广场的设计考虑到游客活动的流动性与停留性，优化人流分布，提高区域的使用效率。在河道两岸，柳树的种植与内部的桃树林相得益彰，共同构成了桃花岛特有的桃花柳绿景观。乔草型植物的使用在树间形成透明的空隙，既确保了视线的通透性和光线的充足，也为生物多样性的保护提供了空间。河岸的水生植物配置具有显著的生态作用，既可以美化河岸，还能固堤防蚀，并在水土保持上发挥重要作用。

### （二）宅旁绿地绿化景观设计

吴寨村及其下属的十一个村民组实施的宅旁绿地绿化景观设计，旨在通过改善生活环境来提升村民的生活质量。设计中，桃花被选为主调树种，体现了对地方特色的强调及美化效果的追求。通过精心选择不同种类的桃树进行搭配，既保持了景观的统一性，又丰富了视觉层次，增加了绿地的吸引力。

进行乡村绿化设计时，须考虑到房屋的层数，因为这通常与居住的人数有直接关联。在吴寨村及其下辖的村民组中，房屋按层数分为平房和多层两种类型。对于平房类型，由于其院子空间较小，绿化主要集中在宅旁区域。平房的宅旁绿化选择了桃树和女贞等植物，这些植物既适应小空间生长，又能美化环境。桃树提供了季节性的花卉美景，而女贞为住宅提供常年绿化，增强了生活空间的美观度和生态效益。在多层住宅的绿化设计中，较大的院子空间提供了更多的植被配置可能。设计中需要注意到村民宅前柴火堆乱堆放的问题，因此在设计中可将柴火堆进行集中安置，以优化院子的使用方便度和美观度。庭院入口处种植桃树，美化入口视觉效果，还能在春季提供花朵的景观。桃树下方配植麦冬及红花酢浆草等耐阴草本植物，这些植物能在树荫下生长，保持庭院地面的绿色覆盖。庭院周围的围栏或墙壁上种植的丝瓜和蔷薇等攀缘植物，实现了垂直绿化的设计目标，既节省了空间，又增加了绿化层次。庭院中的角落开辟为小型菜地，种植蔬菜或花卉，满足村民的日常需求，也进一步美化居住环境，提升居住舒适度。

在乡村吴寨村的居住组团中，绿化设计主要侧重宅前绿化。宅前院落首先利用花灌木作为围挡，以营造隐私与景观效果。围挡之后，选用桃树进行种植，既美化环境又能收获果实。桃树的东方向区域通过铺装和廊架的设置，实现功能分区，同时增添空间的美学和实用价值。亭廊南侧的规划种植区专门用于蔬菜的种植，旨在满足村民的日常需求，增强居住区的自给自足能力。居住组团中预留的空地被划分为停车区，方便村民集中停放车辆，从而优化内部交通流通和空间利用。对于杂物的处理，应将之集中存放于自家院中，避免占据公共道路空间，这样做既维护了环境的整洁，又减少了公共区域的拥堵。乡村外围通过植树混植桃树与女贞，增强景观多样性，创造一种宁静和谐的生活环境，形成一处理想的世外桃源。

### （三）水体绿化景观设计

在吴寨村及其下辖的村民组中，内部及外围的景观性水系主要包括沟渠与池塘。设计方案主要侧重强调涵养水源与防止水土流失，以应对部分乡村面临的内涝危害和水资源管理问题。鉴于村内部分村民仍处于贫困状态，设计中也将水系整合为支持生产活动的基础设施，旨在促进当地经济发展。

在吴寨村河塘绿化设计中，重点是通过种植水生植物及发展水产养殖来打造经济生产基地，从而带动区域经济发展。河塘边缘种植的荷花与莲藕既可以丰富生态景观，还支持水产养殖活动，为村民提供经济收益的同时增加了生态价值。河塘周围还种植了菖蒲、千屈菜、水芹等多种水生植物，这些植物具有稳定水域生态，提高水质的作用，为水产养殖创造了良好条件。部分河塘区域可以被转化为小游园，为村民提供休闲娱乐的空间，这些游园通过其自然美景和宁静环境，有助于增强村民的生活质量。河塘的设计还包括了桃花林的布局，在美化环境的同时，还能够吸引游客和自然爱好者，促进生态旅游的发展。

在吴寨村的河塘系统中，针对部分连接在一起的荷塘，可以根据其地理位置的高低赋予不同的生态功能。位于较高地势的河塘可以专门用于水产养殖，利用其水质和流动性条件，养殖经济价值较高的水生动物。地势较低的河塘则适合种植荷花、莲藕及其他水生植物，这些植物能够美化环境，同时具有一定的经济和生态价值。为了增加观赏性和功能性，在这两种功能区之间设立观景台，使村民和游客可以近距离欣赏水域景观和进行休闲活动。通过引导周围的村民参与到河塘的看管和养护中，可以增强乡村的凝聚力和对环境的责任感。此外，通过发展农家乐等旅游相关业态，有助于吴寨村强化第一产业，也有效地带动第二产业和第三产业的发展，进而实现乡村全面振兴。

在吴寨村内部的自然水渠两岸，实施以生态渠岸为主的绿化设计方案，着重生态绿化及景观打造。通过混合种植经济林与景观林，拓宽生态区域，促进区域经济的发展。这种绿化模式致力于保留并优化原有生态景观，以强化生态系统的健康和生物多样性。两岸林带以桃树林为主，采用多品种桃树的混合搭配，旨在增加生态多样性的同时为村民提供经济收益。水生植物的选择包括芦苇、灯芯草和千屈菜等，这些植物不仅可以美化河岸，还具备优良的水质净化功能，有效改善水质，支持水域健康。这种多功能的绿化设计既可以实现对村庄景观的美化，也能够提高生态价值，通过维护水质纯净和提供生态栖息地，增强生态系统的可持续性。

在村庄外部的人工沟渠沿岸进行生态渠岸的改造，采取多样的植被配置，以增强生态功能和景观效果。通过在沟渠两侧种植桃花林和各类花丛，如秋海棠、月季和风信子，美化渠道，提供生物多样性的栖息地。这些植物选择考虑了其色彩丰富和适应性强的特性，特别适合水边环境。在沟渠的驳岸无水体遮掩的空白部分，增添色彩丰富的花井，进一步丰富视觉体验和生态价值。渠边设立的木栅栏不仅作为安全和美观的界线，还支持喜水草本和藤本植物的生长，如合果芋、蔓绿绒、龟背竹和绿巨人等，这些植物有助于维护水质和提供遮阴。

在河道绿化设计中，鉴于河道宽阔的特点，设计方案主要集中于将其改造为生态廊道。沿河道设立的游步道为村民提供了观赏河道景观的机会，同时，通过沿游步道种植桃花林，提升了景观的生态性，也有助于经济发展。在乔木的选择上，水杉和垂柳因其适应水边环境的特性被优先选择，它们能够提供良好的阴凉和美化河岸线。悬铃木、朴树及银杏等树种也被纳入设计中，便于增加生物多样性，增添四季变化的视觉效果。灌木层则选择了金丝桃、海桐和金森女贞等，可以强化下层植被的丰富性和覆盖度。地被植物的选择包括红花酢浆草和麦冬，这些植物能有效固土防蚀，同时增加地面的绿色覆盖率。

### （四）道路绿化景观设计

吴寨村的主要通道为051县道，为双向两车道设计。在该道路的绿化配置中，采用了乔灌草的搭配模式，以增强道路两侧的生态及视觉效果。在乔木选择上，主要采用五角枫，这种树种的选择考虑到其对周围农作物影响较小，能够在不干扰农业生产的同时，提供道路绿化的基本需求。灌木层选用金叶绣线菊，此植物可以增加道路的线性景观，强化视觉上的序列感，为经过此路的行人和车辆提供美观且连续的绿色视野。

村内的主要道路为双向两车道，旁设人行道，以优化交通流和行人安全。道路设计中考虑到人车分流的需求，因此在接近住宅区的宅前空地上种植花坛，既美化环境又有效隔离行人与车辆。人行道上主要选择栾树作为行道树，以其稳健的生长习性和良好的遮阴能力，提升道路的舒适度和美观度。两侧绿地则主要种植经济果林，选用不同品种的桃树，这样的选择能够美化环境，还能在经济上为村民提供收益。通过挑选不同开花和结果期的桃树品种，确保桃树花期和果实成熟期的延续性，为乡村提供持续的视觉景观和经济价值。

在次要道路的绿化设计中，强调与宅旁绿化的融合，主要采用乔木为主、灌木为辅的植物搭配。针对道路节点的具体位置，绿化植物的选择需基于其生长习性和美学价值，还需考虑与周围环境的和谐及体现乡村的独特特色。道路两侧的绿地上种植不同品种的桃树，目的是实现果实成熟期的延续性，从十一月份延续到次年的五六月份。这样的种植设计不仅能够提升经济效益，还能通过桃花的季节性绽放吸引游客，促进旅游及相关服务业的发展。通过第一产业的繁荣可以有效带动第二产业和第三产业的发展，形成经济上的正向循环。

# 第七章　乡村振兴下的农田景观设计

乡村振兴战略的推行为农田景观设计提供了新的发展空间。这一战略主要目的是通过美化农村环境，提升村民的生活质量和审美水平，提高他们的生活满意度和自信心。农田景观设计侧重农村的美观性，强调实用性和可持续性，确保农业活动的顺利进行，同时通过美学教育，帮助村民理解和欣赏这些改变，使他们成为乡村美化过程的积极参与者和受益者，推进乡村全面振兴，绘就和美乡村新画卷。

## 第一节　农田景观设计阐述

### 一、农田景观相关概念

#### （一）农田景观

农田景观是一种新兴的乡村建设业态，是在乡村振兴背景下逐渐发展起来的，利用大地艺术的表达方式，将农田转化为艺术展示的平台，通过艺术农田的形式，展示乡村的自然美景、地方文化、农耕传统以及特色产业。这种景观的创建既丰富了乡村的文化内涵，也促进了休闲农业的发展，使传统农业区域转变为具有观赏、教育和经济功能的综合性景区。

农田景观作为自然环境的一部分，不仅展示了自然之美，也深深根植于我国丰富的农耕文化和地域特色中。农田景观在狭义与广义之间有所不同。狭义上的农田景观，主要指以耕地为核心的自然风光，强调的是耕作地带的自然属性和农业生产的基本功能。而在广义上，农田景观扩展为包括一定区域内的地域特色、文化习俗及生活习气，它转化为一个历史和文化的承载体，反映了特定地区的人文环境和社会发展。农田景观的形成和维持，既受到自然条件的制约，也深受人类活动的影响。村民的日常农事活动，如耕作、播种和施肥等，是生产生活的体现，也塑造和维持了农田景观的独特形态。农田景观作为一个复合的嵌块体，由自然斑块和人为经营斑块共同构成。这种结构体现了农业生产的实际需求，也象征着乡村社会的经济和文化动态。农田景观因此成为一个重要的社会符号和物质载体，其多功能性展示了乡村地区在适应自然环境与社会经济需求中的创造性与活力。

农田景观的构成复杂多变，包括土地、植被、作物、水域等多种自然要素。根据结构与功能差异，农田景观类型多样，如大田景观主要展示广阔的耕作区域；果园景观侧重果树种植的美学和功能性；设施景观则涉及人工设施对生产活动的支持；坡地景观和园区景观分别展示特定地形下的农业布局和综合性园区的规划。从审美角度看，农田景观以其独特的视觉效果和布局提供了丰富的观赏价值，激发了观者的情感与思考。其天然的色彩搭配和季节变换带来视觉上的享受，同时反映了农业活动与自然环境的和谐关系。在生态方面，农田景观构成了一个生态系统，其稳定性和多样性对生物多样性的维持和生态平衡具有重要作用。通过合理的土地利用和作物配置，农田景观助力生态服务的提供和生态风险的减缓。从社会文化角度来看，农田景观作为一种文化表现形式，体现了当地的风土人情和农业传统，是地域文化的直观体现。通过农田景观的保护和合理利用，可以加强地方文化的传承与发展，增强了乡村的吸引力，推动了地区经济与文化的协调发展。

### （二）大地艺术

大地艺术，也称为地球艺术或土地艺术，是一种将自然环境与艺术创作相结合的视觉艺术形式，起源于20世纪60年代末的欧美国家。这种艺术形式特别强调艺术与自然的整合，设计师直接在自然环境中工作，使用土地本身及其自然元素作为媒介和画布。大地艺术的主要思想是促进人与自然的和谐相处。通过改造自然景观或在自然环境中添加艺术元素，创造出既是艺术品也是自然景观的作品。这种艺术的创作过程和成果旨在强化观众对自然的感知和体验，倡导回归自然的生活哲学和审美观念。

### （三）艺术农田

艺术农田是一种将农田作为主体，通过艺术手法与工程技术对植物、田块、林带及生产设施等元素进行设计的农业形态。该方法基于美学、园林艺术及景观生态学理论，通过旅游规划设计实现艺术效果的提升。艺术农田不仅生产农业物质产品，还创造农业艺术产品和提供农业休闲体验，实现多方面的价值。这种创新的农业模式增强了农田的视觉和功能价值，使其成为吸引游客的景点，同时促进了乡村经济的发展。艺术农田的几种主要形式如表 7-1 所示。

表7-1　艺术农田的几种主要形式

| 形式 | 描述 | 特点 |
|---|---|---|
| 马赛克式 | 土地分割成块状，种植不同作物，利用作物叶色、质感、花色的搭配和拼接，形成农田景观 | 创意来源于马赛克艺术，色彩丰富，视觉效果强烈 |
| 图案式 | 通过作物的种植或收割方式形成图案，将农田变为巨大的地面画作 | 利用作物生长习性，形成视觉上的图画或图案，具有很高的艺术价值 |
| 点缀式 | 在农田中种植树木、设置景观元素或雕塑小品，如观景亭等 | 增加田野的艺术感和观赏性，打破农田的单调感 |
| 梯田式 | 根据地形构造梯田，形成层次分明的景观 | 适用于山区或坡地，利于农作物的种植，还能成为吸引游客的美丽景观 |
| 农田林网式 | 通过林带和道路的配置，规则地分割田地 | 有助于农业生产管理，同时创造规律美 |
| 混合式 | 结合以上几种类型，依据实际环境条件创造多元化的农田艺术景观 | 灵活运用不同设计元素，根据地理和环境条件优化设计，创造独特的农田景观 |

## 二、农田景观设计原则及理论依据

### （一）农田景观设计原则

1. 整体性原则

农田景观设计遵循整体性原则，此原则强调对农田各要素之间相互作用的综合考量。在设计过程中，应将农田景观视为一个统一的整体，而非孤立地对待各个元素。

2. 生态原则

农田景观设计中的生态原则核心在于确保人与自然的和谐共生。设计应保护生态平衡，避免对生态系统造成破坏。此原则强调与自然生态系统的共生与合作，目的是减少设计对生态环境的负面影响。在实践中，农田景观设计需以建立稳定和谐的生态系统为目标，尊重并利用现有生态过程。场地物质与能源的循环利用也是此原则的重要组成部分，通过这种方式可以促进场地的自我维持和持续发展。采用可持续处理技术，确保农田景观，维护生物多样性，增强生态服务功能，如水源涵养、土壤保持和碳固定等。需深入分析地理和生态特征，确保所有活动均以生态友好方式进行，从而体现出深厚的生态理念。

3. 生产功能原则

在农田景观设计中，生产功能原则至关重要。农田的根本任务是生产，现代设计虽增加了美学与生态考量，但生产效率仍是核心。设计过程中必须确保农田的高效生产能力得到强调和优化，从而确保农田能够实现高产和优产的目标。

4. 美学原则

设计时，必须综合考虑生态与生产功能，同时强调视觉美感，将农田通过艺术的形式呈现。这一原则要求在规划过程中，充分发挥创造力，使农田景观除了要功能性强，还应具有观赏价值。美学原则的应用，使农田不只是生产粮食的地方，并且也成为提升地区美感、促进旅游和教育的空间。通过颜色、形态、纹理的巧妙搭配以及自然与人工元素的和谐结合，农田景观能够呈现独特的视觉艺术效果，进一步丰富乡村的文化与环境层面，增强农田作为新型景观体的吸引力。

5. 文化传承原则

农田景观设计中的文化传承原则着重于强化和展示农田的文化属性。农田是农作物生长的地方，也是承载地方民俗、人文地理及历史传统的空间。设计过程中应深入挖掘和利用这些文化元素，创造出具有明显地域特色和文化标签的景观。

### （二）农田景观设计理论依据

1. 景观农业理论

景观农业理论根基于景观生态学及系统论的核心思想。此理论认为，任何农业景观均构成一个开放的系统，这一系统不仅与外部环境有着持续的互动，而且系统内的不同板块与廊道之间也存在物质与能量的交换。[①] 景观农业通过应用景观生态学的等级理论对土地配置进行精细化管理，解决土地资源的高效利用问题。该方法强调自然生态系统、农业生态系统与人工建筑生态系统的整合，目标是保护生态多样性及景观多样性。通过调整土地使用的结构和比例，优化资源配置，有助于构建一个稳定的区域生态环境。

2. 景观美学理论

景观美学理论融合地质学、地理学等多个科学领域，对农田景观的规划与设计提供了重要指导。该理论探索美与美学的本质，以及这些概念在景观设计中的应用和范围。景观美学的研究内容强调了审美体验在生态系统服务中的

① 边振兴，王秋兵，于淼，等 . 基于景观农业理论的综合土地整理项目规划实证 [J]. 农业工程学报，2008（2）：95-100.

价值，探讨了景观审美过程中审美主体（观察者）与审美客体（景观本身）之间的相互作用与辩证关系。[①]

3. 景观生态学理论

景观生态学作为生态学的一个新分支，专注于研究较大区域内多个生态系统组成的景观的空间结构、相互作用、功能协调及其动态变化。此理论为农田景观的设计提供了坚实的科学基础，促进了生态理念在农业景观设计领域的发展与普及。采用景观生态学理论进行农田景观规划，可以确保设计方案既符合生态学原则，又能有效应对生态系统之间的相互作用和影响。景观生态学侧重景观功能的多样性和生态过程的整合，有助于提高农田景观的生态服务能力，如生物多样性保护和生态系统恢复。

4. 景观可持续发展理论

景观可持续发展理论，自 2002 年初步形成以来，已成为当代景观研究的核心主题之一。该理论强调景观应具备长期稳定提供景观服务的能力，重点在于景观的再生性和弹性。研究内容涵盖景观格局和景观服务等方面，旨在提高景观对生态和社会压力的适应能力和恢复力。运用此理论指导农田景观规划设计，有助于创建能够适应未来变化和挑战的农田景观。设计时，需要考虑到乡村景观的发展受到当地自然和社会条件的制约，与村民的日常行为活动紧密相连。因此，设计方案应确保与当地生态、文化和经济环境的和谐共生。

5. 人与自然和谐相处理论

人与自然和谐相处理论强调了人类与自然环境的平等共生关系，是社会持续健康发展的基石。此理论倡导尊重自然规律和合理开发利用自然资源，提供了指导人类行为的重要原则。在乡村农田景观的设计规划中，乡村农田景观的存在和发展必须建立在人与自然和谐相处的基础上。乡村农田景观的建设应考虑到当地的地形地貌，并确保其发展与乡镇整体的变化趋势保持一致。

① 王玉婷，王书建，张洵赫，等．生态系统服务视角下的景观美学研究进展 [J]. 生态科学，2022，41（1）：262-272.

# 第二节　乡村振兴下的农田景观设计总览

## 一、乡村振兴背景下农田景观设计总体思路

在乡村振兴的背景下，农田景观设计成为连接传统农业与现代休闲娱乐农业的重要桥梁。这种设计既可以促进农田的生产功能，还可以通过引入艺术表达和互动体验，丰富了人文特质。通过这样的规划，农田景观不仅增强了乡村的社会、经济和生态的协调发展，还显著提升了乡村的美学价值。农田景观设计通过整合视觉艺术与功能性，使农田转变为多功能的空间，既满足了农业生产需求，又提供了休闲娱乐场所。此外，增加的艺术元素和文化内容有助于吸引游客和增加当地村民的归属感，进一步激发乡村经济的活力。这种设计理念的实施，为乡村地区带来了新的收入来源，同时保护和恢复了生态环境，为实现乡村的全面振兴提供了有力支持。如图 7-1 所示。

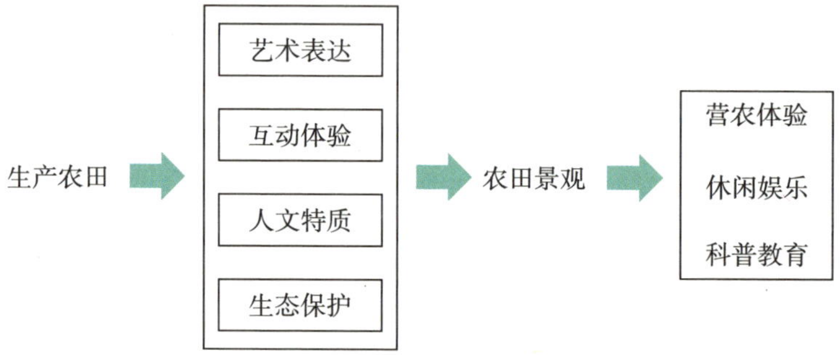


图 7-1　总体思路

## 二、乡村振兴背景下农田景观的设计要求

### （一）符合绿色发展要求

在乡村振兴的大背景下，农田景观设计必须遵循绿色发展的核心要求，

即降低能源与物质消耗，同时保护和修复生态环境，以实现与自然的协调发展。设计需确保与社会、经济和文化等多方面因素的均衡发展，体现出综合性与系统性的规划思想。从自然生态的角度出发，农田景观的规划设计应关注如何用最小的能源消耗达到最大的生态、经济与社会效益。这一设计原则意味着在设计过程中，除了要优化物质的使用和能源的流动，还要保持乡村农田的原有结构形态与新生成景观的和谐统一。具体实施时，可以从农田景观塑造的方式和使用的材料等多方面入手。例如，选择本地材料和自然友好的建设方法，以减少对环境的影响；采用可持续的农业技术，如生态农业和循环农业，以增强农田生态功能；通过设计增强生物多样性，如设置生物走廊和保护区，有助于生态保护，提升景观的观赏价值。

### （二）符合以人为本要求

农田景观设计的每一个环节中都应优先考虑人的需求，包括生理、健康、安全以及精神享受。在具体实施时，设计尺度应考虑人的生理特性，确保空间的舒适性和功能性。同时，建设材料和方法需符合健康安全标准，预防潜在风险。农田景观还应提供精神上的满足，包括创造美观的视觉环境和加入丰富的文化元素，使景观成为文化传承和体验的场所。更重要的是，设计应促进人与自然及人与人之间的亲密互动，通过设置互动体验区、休闲娱乐设施，增强人们对乡村景观的归属感和满意度。

### （三）符合公共服务要求

农田景观规划作为农村基础公共服务的一部分，需确保其设计满足广泛而基本的公共服务要求。设计应具备基础性，对乡村发展产生积极影响；广泛性，服务于多样的人群；可行性，符合当地经济发展水平和公共财政能力。农田景观规划需综合考虑农业生产者、当地村民和游客等不同服务对象的需求。在具体设计中，为农业生产者提供便利意味着优化农业基础设施，如灌溉系统和道路，以支持高效且持续的生产活动。对于当地村民，设计应提供休憩场所，如公园和休闲绿地，增强村民的生活质量。同时，对于游客，必须设计包括观光路径、信息指示牌及其他旅游基础设施，以确保游客体验既愉悦又安全。

## 三、乡村振兴背景下农田景观的表达手法

### （一）农田生产性景观设计表达手法

农田景观设计需紧密结合其生产功能，确保其在提升视觉美观的同时，不损其作为生产载体的基本功能。该类景观设计强调的是一种可持续性，旨在保证农业生产的连续性与高效性，同时融入休闲、观光与教育多重功能。农田生产性景观的核心在于其物质生产、景观特性及文化特征的综合体现。[①] 农田本身不仅仅是粮食的生产地，更是地区文化与历史的承载体。

#### 1.调整农业经营模式与布局

农田生产性景观设计中，小田向大田、碎田向整田的转变，体现了对传统农业经营模式与布局的重大调整。此种转变旨在通过集中耕地来实现大规模种植，解决由分散耕作带来的经济效益不佳问题。集中耕地便于进行高效的生产管理与详尽的前期规划，同时有助于降低成本，提高农业生产效率。高标准农田建设，通过提供更加完善的基础设施，如优化的灌溉系统和土壤管理措施，增强粮食生产的稳定性。既可以优化资源配置，还能够提高生产的规模化和现代化水平，为粮食安全和乡村全面振兴提供了坚实的基础。

#### 2.发展多种产业类型

农田生产性景观的设计要全面考虑当地农田经营模式，进行精准的调查分析，包括粮食种植、蔬菜供应与水果培育等方面，确保对本地农业产业有深入了解。在此基础上，设计应推动农田种植类型的多样化发展，涵盖林果、蔬菜、花卉及竹林养殖等领域，以丰富农田的产业结构，增加农业经济的收益渠道。引入立体农业，可以有效提高土地的使用效率，实现空间的最大化利用。立体农业既促进了生产效率的提升，还通过多层次种植，增强了农田的生态和视觉效果，为农田景观设计增添了新的维度。

---

① 米满宁，张振兴，李蔚．国内生产性景观多样性及发展探究[J]．生态经济，2015，31（5）：196-199.

3. 与餐饮、服务、旅游业等进行产业融合

农田景观的规划设计不应仅限于提升农业生产的管理与效率，还应注重产业的综合发展，通过标准化、产业化及品牌化的策略，拓宽农田的经济效益与社会影响。农田与餐饮、服务、旅游业等行业的融合，可实现更广泛的产业链整合，通过引入资本，增强当地的经济基础与发展潜力。设立加工工厂，可直接增加农产品的附加值，同时提供就业机会，促进地方经济增长。开展观光旅游、亲子活动、乡村生活体验及美食品鉴等服务，让农田不再是生产的场所，而是成为吸引游客与投资的重要地点。这种跨行业的合作与融合，对推动乡村全面振兴，实现经济、生态和社会效益的三重目标具有重要作用。

## （二）农田生态性景观设计表达手法

农田作为重要的生态系统，承载着多重生态服务功能，如农产品供给、土壤保育及水源涵养等。这些功能是由农作物、人类、昆虫及微生物等多个组成部分通过相互作用与能量流动共同维持的。① 在农田生态性景观的设计中，采用景观生态学的原理，如等级理论、空间异质性与景观格局理论、生物多样性与生态系统稳定性的关系以及渗透理论，是至关重要的。通过这些理论的应用，农田景观的设计旨在达到生物多样性的保护、区域生态系统的稳定以及环境污染的修复。例如，采用空间异质性理论可以有效地配置不同类型的生态空间，如保留天然植被的生态缓冲带，增强生态系统的复原能力和稳定性。同时，通过优化景观格局，可以促进生物多样性的保护，从而增强农田生态系统的抗风险能力。

1. 维护区域生态系统稳定

在国土空间规划的背景下，生态保护红线、永久基本农田、城镇开发边界等控制线的划定，为农田与其他用地之间的界线提供了明确的法规支持，有效防止了用地冲突和生态破坏的情形。从生态学角度来看，仅仅粗暴地划分空间所属关系并不足以维护区域生态系统的长期稳定。生态系统的稳定性需要在更细致的层面上进行管理，特别是在空间边界处理和边缘效应的利用上需要更

① 李月新，刘破浪 . 农田景观生态规划设计 [J]. 现代园艺，2014（5）：81-82.

为精细的策略。

例如，农田防护林带作为物理屏障，既可以减少外来干扰，还能通过其自身的生态功能对农田环境产生积极影响。防护林带能在其周围形成特殊的小气候环境，这一环境特征对于调节温度、增加大气及土壤湿度、降低风速具有显著效果。防护林带还能拦截地表径流，调节地下水位，这些功能对于保持土壤结构和防止水土流失极为重要。

2. 生物多样性保护

增加作物的多样性，可以促进物质与能量的循环，创造一个稳定、安全且丰富的农田生态环境。这种多样性有助于增强农田的生产力，提高环境质量和视觉景观效果，实现农田产量与环境保护的双赢。作物的多样性可以通过合理安排其时空格局来实现。例如，实施不同农作物的混合种植，提高生态系统的稳定性，并通过自然方式控制病虫害。采用轮作和休耕等农业实践，可以有效地恢复土壤肥力，减少对化学肥料的依赖，同时增加农田的生物多样性。农田分散种植不同作物可以为益虫提供栖息地和食物来源，从而自然调节病虫害。使用生物农药代替化学农药进行病虫害管理，可以有效地保护农田生物多样性，减少环境污染。

3. 污染修复

在农田生态性景观设计中，污染修复是一项重要任务，特别是对于那些易受化肥、农药和生活污染物影响的土壤。通过采用生物、化学及物理修复技术，可以有效地恢复土壤的健康和功能。其中，植物富集技术和植物间隔技术是有效的生物修复方法。例如，利用蜈蚣草与甘蔗、桑树间作的方法，不仅能够进行农产品的生产，还可以在生产过程中实现土壤的修复。这种技术利用植物对特定污染物的吸收能力，通过植物生长过程中的自然作用，逐步去除土壤中的有害物质。这种同时兼顾农田生产和生态修复的设计方案，既增加了农田的经济价值，也提高了生态系统的稳定性和持续性。

### （三）农田文化性景观设计表达手法

农田文化性景观设计重在挖掘和展示农田本身所蕴含的文化价值。通过这种设计，提升农田的观赏性和吸引力，让游客在观赏自然美景的同时，体验到地区的文化积淀。

### 1.物质文化

（1）自然景观。农田文化性景观设计中的自然景观强调农田的半人工属性，即其自然元素部分。这些自然景观是由地形、气候等非人为因素形成的。例如，丘陵地形上的梯田，是农业生产的必要形式，也是地形适应性的直接表现。梯田展示了人们对自然地理环境的利用，是一种典型的文化与自然相结合的景观形态。这种自然与人工的和谐结合，既增强了农田的生产效率，还赋予了农田深厚的文化意义和美学价值。

（2）空间肌理。空间肌理是由多种自然和人为因素共同塑造的。农田是生物种类繁多的栖息地，也是水域、树篱、道路等多种景观元素的镶嵌体。这些元素形成了一种复杂的空间网格，其中，农田防护林、道路、沟渠、田坎等构成了生态廊道，耕地则是这些廊道中的基质。这种空间肌理的形成受到人为布局的显著影响，如道路和沟渠的设计与建设，以及自然环境的制约。例如，东北的大规模黑土农田与江南的水田在空间布局和使用上有着根本的不同。东北农田由于其广阔的面积和肥沃的黑土，呈现出大块的开放式耕地，江南的水田则因水系丰富，展现出细碎而密集的水域交织的农田肌理。

（3）生产工具。农具作为农业生产中不可或缺的工具，随着时代的变迁不断得到创新与改造。这些农具是生产活动的助手，也是农耕文化的重要承载体。各类农具如耕地的犁、播种的种子播种机、运输的车辆以及收获的镰刀等，都是千年农耕文化的实际体现。在农田文化性景观设计中，这些农具的展示起到了至关重要的作用。例如，传统的水车不仅在农业生产中用于灌溉，还在农田景观中起到了装饰和活化的作用。它们的存在增加了农田的视觉吸引力，深化了人们对农业历史和文化的理解与认识，丰富了农田的文化层次，增强了农田的教育价值和审美价值。

### 2.非物质文化

在农田文化性景观设计中，非物质文化的融入是增强场地精神层面的重要方式。节庆民俗、传统工艺、民间艺术等文化元素深深植根于农耕文化、民俗文化及村史文化中。通过将这些非物质文化融入农田景观，可以极大地丰富游客的体验，使他们在欣赏自然景观的同时，感受到地区的历史与文化氛围。①

（1）农耕文化。农田景观设计中农耕文化的体现，通过景观小品、道路铺装、植物配置与建筑融合，创造出具有文化内涵的农田环境。可在路径铺设时选择自然材料，如鹅卵石或回收木材，既呼应自然环境，又复现古老农耕路径的风貌。在植物选择上，优先本地种植物种，保持生态的平衡，突出地域农耕特色。小型农具或传统水车的模型可以作为景观件，布置在关键视觉点。农田内的建筑设计，如茅草屋顶的亭子，加强场地的文化氛围。雕塑与景墙的设计，则可采用农耕相关的图案或符号，如耕作图景或农历字符，共同构建起一个丰富多彩的农耕文化景观空间。

（2）民俗文化。民俗文化在农田景观设计中的表达，需通过精细的元素挑选与艺术重构，让传统文化在现代景观中得以新生。应从原有农田与周边环境中提取具有代表性的民俗元素，如传统节日使用的农作物、典型的民间装饰艺术或传统的村落布局形态。这些元素经过艺术化处理后，可以转化为具有视觉冲击力的景观设计语言，如用作物色彩与形态创造季节性的视觉画面，或通过传统村落元素的现代诠释，构建与历史文脉相连的空间氛围。民俗文化中的形象与符号，如龙舟、灯笼，可以通过现代材料与设计手法，形成功能与美学并重的景观结构，既展示民俗文化的精神内涵，也增强场地的文化体验度。

（3）村史文化。村史文化在农田景观设计中的应用，旨在通过空间布局与视觉元素的有机融合，传达乡村的历史与文化。农田景观设计中，通过设置导视牌，可以有效地展示乡村的发展历程、地名由来、重要人物及重大事件等内容。导视牌的设计应简洁明了，通过图文结合的方式，向游客介绍乡村的重要文化与历史信息。

### （四）农田景观设计艺术性表达手法

农田艺术性景观设计将农田视为创作的平台，利用平面与造型艺术等多样化手法，对农业植物、田块、林带及生产设施等元素进行美学重构。在设计

① 王小蓉，廖莎莎，马婧颖，等.发展我国乡村文化产业研究报告[J].中华建设，2022（1）：126-129.

过程中，通过艺术与工程技术的融合，优化田块的几何布局，引入色彩丰富的植物种植方案，同时考虑功能与美观的平衡。例如，利用特定的树种与排列方式形成视觉上的引导或焦点，强调田园的自然美感。生产设施的造型与配置也需与整体景观相协调，以提升农田的整体艺术效果。

### 1. 基于形式美法则的农田平面艺术性设计

农田平面艺术性设计基于形式美法则，追求农田景观的整体性与和谐表达。形式美法则的农田平面艺术性设计如表 7–2 所示。

表7–2　形式美法则的农田平面艺术性设计

| 形式美法则 | 核心概念 | 应用于农田景观 | 实例 |
|---|---|---|---|
| 单纯齐一 | 整齐、统一、秩序感 | 使用相同作物或颜色以统一色彩，整理农田外轮廓保持规律与秩序 |  |
| 调和对比 | 对比、衬托、主次分明 | 曲直、大小、方圆、虚实、冷暖对比，协调元素营造柔和美感 |  |
| 节奏韵律 | 节拍变化、连续重复 | 通过农田线条轮廓的变化展现节奏 |  |
| 变化统一 | 时间变迁、有机整体 | 考虑气候、生物和人类活动的影响，保持景观的统一性与有机性 |  |

### 2. 基于造型艺术农田平面艺术性设计

造型艺术的视觉空间特性与农田景观的结合，为农业生产空间赋予了额外的艺术价值。绘画艺术在农田中的应用类似于大尺度的画布使用，其中农田本身作为纸张背景，作物则转化为绘制的工具。通过精确的作物种植定位，可以在农田中创造出可视的画作，这种艺术形式美化了农田景观，还可能通过不同作物的色彩和高度差异，形成立体的视觉效果。景观元素的引入对于农田景观而言，相当于在画中点睛。这些元素虽小，却能显著改善视觉景观，增添文化氛围。雕塑、艺术装置、灯具及指示牌等景观元素，它们各自以独特的形式和风格存在，既服务于功能性，又强化了场地的艺术表达。例如，雕塑可能反映地方特色或历史文化，艺术装置则可能是现代的创意表达，这些都是对农田景观进行美学提升的有效手段。

## 第三节　乡村振兴下的农田景观设计实证分析

在乡村振兴的背景下，本书选取了两个具有代表性的农田景观设计实证分析案例，均依据《中共中央 国务院关于做好 2022 年全面推进乡村振兴重点工作的意见》的标准进行筛选。这些案例均展示了行业内的典型示范作用，提供了值得借鉴的景观规划设计经验，即成都大邑稻香渔歌田园综合体、无锡阳山田园东方项目。

### 一、成都大邑稻香渔歌田园综合体

#### （一）基本情况

成都大邑稻香渔歌田园综合体项目，位于成都市大邑县东部天府田园度假区，从成都市主城区到该项目的距离约 39 千米，面积达 15000 亩。该综合体基于鱼稻共生的综合种养业，响应国家乡村振兴战略，旨在打破传统的城乡二元结构，推动城市同乡村的深入连接和文化溯源。项目通过整合农业、民宿、康养、文化博览、教育及田园活动等多种功能，构筑了一个兼具川西特色的林盘田园综合体。该田园综合体以特色镇作为发展核心，辅以多个新型社区或林盘聚落，共同塑造了一种新型的城乡关系模式。这种模式强调产业与田园的深度融合，城市与农田的和谐共生，以及城乡一体化的发展方向，实现了山水自然环境的有效渗透与利用。

该项目积极合作四川美术学院等高校，对乡村环境进行了专项整治，旨在完善成都市近郊旅游线路并恢复乡村生态环境。此外，该项目对村庄进行绿化美化，力求实现产业、文化与生态三者的高度融合，构建了一个可持续发展的综合项目。通过这些措施，该项目不仅提升了地区的生态价值，还增强了旅游吸引力，促进了地区经济的发展。项目充分利用成都山水田林的生态环境优势，彰显了青山、绿水与林盘的自然渗透与融合，展现出独特的地域气质。这种自然景观与现代田园的结合，推动了城镇、新型社区与现代田园的融合发展，形成了新型的城乡一体化景观。项目的实施，展现了“青山绿水抱林盘，大城新村嵌田园”的理想景象，既为当地居民提供了更好的生活环境，也为游客提供了丰富的观光体验，有效推动了乡村全面振兴。

### （二）凸显地方特色的农田景观

稻香渔歌田园综合体的农田景观设计充分利用了传统川西林盘文化，巧妙地将“林、水、宅”三个自然元素整合到景观中。通过这种设计，农田不仅仅是农作物生长的地方，而且成为展示地方文化特色的重要空间。在这种景观布局中，林木、水体和居住区的和谐配置，增强了生态效益，提升了农田的美学价值。这种相互搭配的方式，使得整个田园综合体的景观别具一格。

#### 1.农田与林

川西林盘中的“林”元素包括房前屋后栽种的果木以及田间地头散布的乡土树木。这些自然植被丰富了当地的生态环境，增添了视觉上的美感。在大邑，考虑到当地竹文化的深远影响，景观设计特别强调了竹材的应用。通过沿田间道路修筑竹墙，利用竹子的直立和细密特性，为几乎平坦的二维田地创造了半开放式的景观空间。这种设计旨在通过自然材料的巧妙利用，增强农田景观的层次感和开放性，同时维持一定的隐私和分隔，形成“茂林修竹、美田弥望”的景观效果，使整个田园景观更加和谐与吸引人。

#### 2.农田与水

农田与水的结合是稻香渔歌田园综合体核心理念的直接体现。该项目地理位置优越，毗邻西河，确保了充足的景观用水和农业用水资源。在景观设计方面，通过构建湿地、溪流和小型湖泊等水生景观，优化了农田的自然美，增强了生态功能，提升了地区的生物多样性。在农业实践中，通过布置交错纵横的水渠系统，将水资源高效引入农田，支持稻鸭共生和鱼稻共生的立体种植模式，促进农作物的增产，强化“稻”与“渔”的生产联系，实现了生产效率与生态可持续性的良好平衡。

3. 农田与宅

在川西林盘的传统布局中，农田通常环绕着民居聚落，形成独特的地理景观，类似于田野中的孤岛。稻香渔歌项目采取了创新的设计方案，在“天人合一”的哲学理念指导下，打破了传统聚落与农田之间的隔阂。项目通过将楔形农田渗透到民居聚落中，实现了大地田野景观与居住区的有机结合与互动，这种渗透与互动极大地丰富了农居体验，使居民能够更加直接地与农业景观互动，享受自然与居住环境的和谐共生。稻香渔歌项目在农田与建筑的关系上进行了深化探索，利用灵活的竹结构体现了对本土文化的创新。这些艺术装置承载了深层次的文化表达，将这些艺术装置放置于农田中，既可以增添视觉美感，也能够提升农田景观的文化内涵，使农田景观成为文化与艺术表达的平台，实现了景观设计与文化艺术的完美融合。

## 二、无锡阳山田园东方项目

### （一）基本情况

无锡阳山田园东方项目坐落于惠山区阳山镇，一个拥有桃园、古刹、大小阳山及地质公园等生态自然景观的地区。该地区交通便捷，富含农业资源和田园风光，提供了优越的自然环境和文化背景。该项目规划总面积达 6246 亩，成为国内首个田园综合体及中国首个田园主题旅游度假区。项目以“美丽乡村”为设计背景，采用了一种典型的互融开发模式，融合宜业、宜居与文创的多元发展策略。这种发展模式旨在创造一个多功能的乡村旅游区，涵盖田园主题乐园、健康养生中心、农业产业和田园社区等多个项目集群。这些项目既可以提供娱乐和休闲的场所，也能够加强农业与文化的结合，增强当地经济和社会的活力。

无锡阳山田园东方项目的总体规划分为三大板块：现代农业、休闲文旅、田园社区。现代农业板块专注于利用3500亩的土地进行水蜜桃种植，进而构建四园、四区和二中心的农业结构，致力提升农业生产效率及其科技含量。在休闲文旅板块，项目通过保留并改造当地民居和景观，创建了文化市集，还引入了某教育基地等外部资源，以拓展文化和旅游活动，增强项目的文化吸引力。田园社区板块则基于“新田园主义空间”理念，旨在将田园风光与现代都市生活结合，为居民提供一个融合自然美景与现代舒适生活的居住环境。[①]

### （二）产业融合下的农田景观规划设计

#### 1．“三产”有机结合下的农田景观开发

田园东方项目在其农田景观设计中精心体现了“三产”的特点和侧重，每个方面都通过独特的方式融入了整体景观中。

在一产方面，项目巧妙地将农业景观化与景观农业化相结合。通过作物的统一规划，农田不仅满足了农业生产的基本功能，还创造了富有韵律和视觉美感的大地景观。此方法突出了农田本身的美学价值，使农业生产活动与景观设计和谐统一。在农田绿化设计上，项目采用了创新的方式，用农业植物替代传统的观赏植物。例如，在项目的核心区域，种植了大片的秋葵和紫苏，增加了区域的色彩和生物多样性，提高了植被的实用价值。同时，在道路两侧广泛种植西芹，不仅可以美化道路景观，还能够供游客和居民采摘使用，增强了景观的互动性和功能性。

在二产方面，项目特别注重保留和强调地方文化与历史遗产的重要性。阳山拾房村作为具有典型江南民居特色的地区，拥有丰富的乡土记忆和传统建筑。为了维护这些价值，项目团队对场地中的原有历史建筑进行了保护性改造，旨在保持建筑的原始风貌和结构，同时确保其能满足现代使用需求。改造工作不仅限于建筑本身，还包括对村内的古井、原生树木、水塘等重要文化和自然元素的整修和保护，从而在现代建设中再现田园记忆。

在三产方面，项目创新性地将耕地文化与餐饮、游玩、科普教育等活动

① 李文君．观光农业的规划设计理论发展探析：以无锡阳山田园东方为例[J]．中国园艺文摘，2016，32（7）：116-120．

相结合，形成了一个综合性的田园体验。例如，项目特别设计了香料植物园，供游客游赏，并向他们提供了学习植物知识的机会。这种设置美化了景观，增加了教育元素，提高了游客的参与感和体验感。餐厅外的菜园种植了各种食材，使游客可以直接参与采摘，体验从田间到餐桌的过程。

2.“三生”融合的农田景观设计

“三生”融合在农田景观设计中体现了生产、生活、生态的全面整合。生产方面，通过有效利用当地农业资源及政策支持，积极发展与文旅产业相关的一、二、三产业，促进产业间的相互依存与共同发展，可以优化农田的经济功能，提升地区的整体产业结构。在生活层面，设计注重实现城乡服务的均衡，旨在为当地居民提供城市化的便利服务，同时让游客深入体验乡村生活的魅力，有效缩小了城乡之间的生活体验差距。生态方面，项目重视田园综合体的可持续发展，推广绿色生产和建设绿色建筑的理念。这种生态友好的设计保护了自然环境，确保了农田景观的长期可持续性，使其成为生态保育的重要场所，展示了环保与农业、休闲生活的和谐共存。

在田园东方项目中，“三产”与“三生”的综合应用明显体现在整体规划的策略上，尤其在农田景观的设计与实施方面。项目的规划主要围绕休闲文旅与田园社区两大板块进行，现代农业板块则构成了整体的基础支撑。通过这种结构布局，农田不单是生产的场所，也转化为增强地区魅力与功能的关键元素。农田景观在生产空间的配置上进行了精细的肌理梳理，加入了休闲空间的元素，提高了土地的利用效率，丰富了观光与娱乐的功能。例如，在休闲文旅板块中，农田景观被转换为各种业态，重点是吸引客源和提供文化体验，如文化市集等，这些活动旨在将农田的传统形象转变为文化休闲的集聚地。田园社区板块则将农田与现代城市生活体验相结合，创造出一种新型的居住环境。项目如“拾房桃溪”田园小镇的规划，巧妙地将住宅区与农田融为一体，延伸至具有深厚文化背景的地区，如朝阳禅寺，展示了对当地历史文脉的尊重与融入。这种设计体现了土地的多功能使用，也展现了农田景观在现代社区建设中的文化和生态价值。

# 乡村旅游设计篇

# 第八章 乡村旅游与乡村振兴

乡村全面振兴对于推进中国式现代化及中华民族伟大复兴具有重要的战略意义。在此背景下，乡村旅游工作受到了高度重视。全面推进乡村振兴，必须立足于各地的特色资源，同时坚持利用科技促进农业发展，应根据具体地理和文化条件因地制宜发展乡村旅游和休闲农业等新产业新业态。

## 第一节 乡村旅游的概述

### 一、乡村与乡村旅游

在地域维度上，乡村的定义为城市以外的广阔地区，在我国的语境中，通常指的是县城以下的区域。这些区域除了包括乡村居民点，还涵盖农田、森林和草原等多种地形和生态系统。因此，乡村并不只是一个简单的居住地点，而是一个复杂的地域综合体，也被广泛称为乡村地域系统。

“旅游”这一概念在我国的历史中源远流长，最早的文献记载出现在南北朝时期沈约的《悲哉行》一诗中，其中“旅游”被用来描述“外出游览”的行为。在这之前，汉语中描述旅游活动和现象的词汇主要是“旅”和“游”两个独立的字。到了唐朝，孔颖达在《周易正义》中对“旅”字进行了详细解释，即“旅者，客寄之名，羁旅之称；失其本居，而寄他方，谓之为旅。”将其定义为客居寄宿之名，羁旅之称，用来形容失去本居地而寄宿在外地的状态。古代汉语中的“游”字，并不只是指物理上的移动或旅行，更多地涉及一种由旅游活动引发的审美体验和精神状态。这种状态是休闲的，表现为一种特定的审美态度，对世界的感受和体验通过“游”得以深化和丰富。

在西方国家，“tourism”（旅游）这一术语首次被记录在1811年版的《牛津词典》中，当时定义为“离家远行并返回，在此期间参观游览一个地方或几个地方”。这个定义简洁地概述了旅游的基本活动，即从日常生活环境中出发，到外地进行游览，最终返回原居地的行为。随着时间的推移和旅游活动的增加，国际上对旅游的理解逐渐丰富并多样化，这些定义可被归纳为两类：概念性定义和技术性定义。① 概念性定义或称理论性定义，更多关注旅游的本质和理论层面，试图捕捉旅游行为的精神和文化意义。而技术性定义或称实践性定义，则侧重旅游的操作和实施方面，如旅游的经济、管理及其对环境的影响等。

在英文文献中，乡村旅游通常称为“Rural Tourism”（乡村旅游），但也存在其他相关术语如“Agricultural Tourism”（农业旅游）、“Farm Tourism”（农场旅游）、“Ecotourism”（生态旅游）和“Geotourism”（地学旅游），反映了乡村旅游的多样化方面。不同国家选择不同的术语以匹配其产业基础和休闲方式，这些用词的差异揭示了各地对乡村旅游概念的不同理解和实践。例如，爱尔兰偏好使用“Rural Tourism”（乡村旅游）；而在波兰，“Agricultural Tourism”（农业旅游）更受欢迎；在北美洲和大洋洲，“Farm Tourism”（农场旅游）常用于描述那些直接与农业生产相关联的旅游活动。在欧洲，特别是在拥有众多传统农场的地区，无论是农业旅游还是其他乡间活动通常都被归类为乡村旅游。②

乡村旅游在我国自20世纪80年代开始兴起，随着时间的推移，国内众多学者对这一概念进行了深入研究和诠释，提出了多种不同的定义和理解。在众多定义中，学者杜江和向萍认为乡村旅游主要指的是农户在农场、牧场等典型的乡村环境中为旅游者提供住宿和其他服务，使游客能够从事各种休闲活动。③ 何景明和李立华认为，狭义的乡村旅游专指在乡村地区进行的旅游活动，其核心是利用乡村地区所特有的自然景观和人文特色作为吸引游客的主要

① 张雪晶．乡村全域旅游：乡村振兴战略在宁波的实践[M]．北京：海洋出版社，2022：1.
② 张立丽．乡村旅游发展研究[M]．长春：吉林出版集团股份有限公司，2022：1-2.
③ 杜江，向萍．关于乡村旅游可持续发展的思考[J]．旅游学刊，1999（1）：15-18，73.

元素。[1] 刘德谦认为乡村旅游的本质在于以乡村地域以及与之相关的农事活动、地方特色（风土）、自然景观（风物）、当地习俗（风俗）、美丽景色（风景）所组合成的乡村风情作为主要吸引力。这种风情吸引游客前往乡村进行休息、观光、体验和学习等活动。[2] 吴人韦与凌诗佳强调了乡村旅游与城市旅游的对立性，他们认为乡村旅游主要基于三个核心元素：地方农业、农村自然环境以及农村民俗风情。这三者共同构成乡村旅游的主要吸引力，并明显区别于城市旅游的特点和体验。并进一步指出，乡村旅游是建立在乡村空间环境和乡村生产关系之上的一种特殊旅游类型。[3]

综上所述，本书对乡村旅游概念的理解主要分为狭义与广义两个方面，狭义上，乡村旅游特指那些与乡村资源环境、社区环境以及生产生活环境紧密结合的旅游活动。强调旅游活动需要深入乡村的真实生活中，与当地的自然资源和社会文化紧密融合，才能称之为乡村旅游。这种旅游形式通常涉及体验农事活动、了解乡土民俗等。然而，随着时代的变迁，乡村旅游的概念已经扩展到更广泛的范畴。广义的乡村旅游不再局限于传统的农业或乡村生活体验，而是包括了在乡村环境中进行的各种非城市化的旅游体验。这些体验可能包括户外探险、生态旅游、文化探索等，显示乡村旅游在现代社会中的多样化和适应性。广义的乡村旅游概念更加符合现代旅游者的需求，它不仅为人们提供了从快节奏城市生活中逃离的机会，还提供了与自然亲密接触和探索乡村文化的空间。这种广义定义的适用性强，有助于推动乡村旅游业的发展，同时促进了乡村地区的经济和社会可持续发展。

---

① 何景明，李立华．关于“乡村旅游”概念的探讨[J]．西南师范大学学报：人文社会科学版，2002，28（5）：125-128.

② 刘德谦．关于乡村旅游．农业旅游与民俗旅游的几点辨析[J]．旅游学刊，2006（3）：12-19.

③ 吴人韦，凌诗佳．台湾乡村旅游的发展及启示[J]．台湾农业探索，2006（3）：32-35.

## 二、乡村旅游的分类

### （一）按旅游对象来划分

#### 1.田园型乡村旅游

田园型乡村旅游，以其深植于农耕文化的特色活动和生态环境为核心，吸引游客体验与探索。此类旅游主要聚焦于农业示范基地和特色农业生态，展示种植业、渔业、林业、果业及采摘业的丰富多样性。例如，参观葡萄园或草莓园，体验葡萄园和草莓园的采摘乐趣，或是探索传统的油菜花种植、刀耕火种的农耕方法、水车灌溉技术、围湖造田技巧及鱼鹰捕鱼等传统活动。这种旅游形式展现了人与乡村环境以及农耕活动之间的和谐关系，强调了自然与文化的互动。在国际上，此类旅游通常发生在空间开阔的农场和牧场，而在中国，这种类型的乡村旅游多集中在城市附近的乡间地区。

#### 2.民俗型乡村旅游

民俗型乡村旅游以地方的传统节日和风俗活动为核心，为游客提供深入了解和体验地方文化的机会。这类旅游活动包括参与苗族的三月三、侗族的六月六等民族传统节日以及各地的庙会、灯会等。此外，传统的表演艺术，如陕西北部的扭秧歌和东北地区盛行的二人转也是民俗型旅游的重要组成部分。

乡村风俗活动，如游园赏花、龙舟竞赛、对山歌、斗牛、摔跤以及泼水节和凿壁谈婚等，同样吸引着大量游客，这些活动展现了乡村的传统生活方式，强化了地方文化的传承。除了节日和活动，民俗型乡村旅游还涵盖了对当地手工艺品的欣赏和学习，如潍坊的风筝、贵州的漆器、苗族的银器和古法造纸，以及根雕、糖人和微雕等。

#### 3.居所型乡村旅游

居所型乡村旅游以特色的建筑风格和居住形态作为旅游的主要吸引点。这类旅游强调探索和体验那些具有独特建筑特色的房屋、乡村宗祠、乡间民居以及其他风格多样的建筑物。例如，游客可以参观古老的城堡、蒙古包、福建的土楼以及陕北的窑洞等历史悠久的聚落形态。云南的干栏式竹楼、哈尼族的蘑菇房、苗族的吊脚楼以及新疆的平顶房等地方特色民居也是居所型乡村旅游中的重要组成部分。这些建筑展现了地区的建筑智慧和文化传统，提供了深入了解当地社会结构和历史背景的机会。同时，祠堂、塔和寺庙等宗教或纪念性建筑也常常成为展示地方文化和建筑艺术的重要场所。

4.复合型乡村旅游

复合型乡村旅游是一种多元化的旅游模式，其特点在于融合了多种旅游元素与活动。这类旅游产品不单单局限于一种类型，而是综合包括农耕文化、民俗风情、民宿特色、村寨聚居等多样的内容。复合型乡村旅游还包括周边的自然山水景观和田园风光，为游客提供一个内容丰富、体验多样的旅游选择。这种旅游形式由于其多样性和综合性，特别适合各种类型的游客，无论是集体出行还是个人旅游，允许游客在同一旅程中体验到从自然探索到文化学习、从休闲度假到冒险活动的不同乐趣。

### （二）按对资源和市场的依赖程度来划分

1.资源型乡村旅游

资源型乡村旅游的特点在于高度依赖当地丰富的旅游资源。这类旅游依托于区域内独有的自然景观、文化遗产或其他资源，吸引游客前来体验和探索。这些资源的独特性和吸引力是该类型旅游成功的关键因素，通常具有鲜明的地方特色和文化标识。例如，贵州雷山的千户苗寨和浙江桐乡的乌镇就是典型的资源型乡村旅游目的地。千户苗寨以其丰富的苗族文化和传统节庆活动吸引游客，乌镇则以其保存完好的古镇风貌和水乡文化著称。

2.市场型乡村旅游

市场型乡村旅游是根据市场需求和客源的稳定性来发展的。这种旅游形式通常位于经济较发达、人口较多、交通便利的城市附近，因其能够快速响应大中城市居民的旅游需求而兴起。市场型乡村旅游的特点是能够提供与城市紧密连接的休闲体验，常见的形式包括城市中的民族村或城市附近的乡村景点。

这类旅游目的地因其便利的地理位置和对大中城市居民休闲需求的直接响应，成为市场上受欢迎的选择。

3. 中间型乡村旅游

中间型乡村旅游定位于资源型和市场型之间，其特点在于对资源和市场的依赖度较为均衡，不明显倾向任何一方。这种类型的乡村旅游可以进一步细分为两种情形。一种情况是某些地区虽然拥有优越的资源禀赋，并且市场前景看似广阔，但实际上这两者的潜力可能还未完全发挥。例如，浙江嘉兴市的西塘古镇，就是这样一个兼具丰富历史文化资源和良好市场发展潜力的例子。另一种情况是旅游资源较为丰富，但市场潜力尚未得到充分挖掘。如广西灌阳县的洞井瑶族乡、贵州从江县的岜沙苗寨以及贵州黎平县的肇兴侗寨等，这些地区都拥有独特的文化和自然景观，但相对于其旅游资源的丰富度，其市场吸引力和知名度还有待提升。

### （三）按地理位置来划分

1. 城郊型乡村旅游

城郊型乡村旅游是在中心城市近郊的乡村地区开发的，旨在满足城市居民对郊外旅游的需求。这种旅游类型通常在保留原始村容村貌的基础上，融合现代发展需求，发展出一种结合古朴与现代元素的农业观光旅游模式。例如，贵阳的青岩古镇、铜仁的云舍村、万山的九峰生态农业园等，都是利用各自独特的历史背景和自然资源，吸引城市居民前来体验和享受乡村的宁静与美丽。此外，为了进一步丰富城市居民的文化体验，部分城市还尝试将乡村的民风民俗带入城市，通过建造民族文化村、民俗场所等设施，使城市居民在不远离城市的情况下，也能享受到浓厚的乡村文化氛围。

2. 边远型乡村旅游

边远型乡村旅游通常位于地理位置较为偏远、交通不太便利的地区。尽管面临地理和交通的挑战，但这些地区往往拥有未被充分开发的巨大旅游潜力或丰富的自然和文化资源，适合进行旅游开发。例如，贵州贵阳的镇山村，尽管交通条件不佳，但由于其独特的自然景观和文化特色，具有很高的旅游开发价值。一些地区虽然资源丰富，但主要依靠国家政策的扶持来发展，如贵州沿河的沙子南庄和安顺的天龙屯堡，这些地方通过国家的支持和政策优惠，得以开发其旅游潜力，吸引更多的游客。

3. 景区边缘型乡村旅游

景区边缘型乡村旅游特指那些位于风景名胜区周边的乡村地区，这类地点通常依托已有的风景名胜区资源，结合周边自身的旅游潜力，共同发展旅游业。这种类型的乡村旅游依赖主要景区的稳定客源，通过为游客提供补充的旅游服务和体验，增强整个地区的吸引力。由于这类乡村旅游地理位置的特殊性，它们能有效利用邻近的知名景区带来的游客流。例如，位于贵州梵净山周边的太平乡，就是通过梵净山的旅游资源，发展了与之相关的乡村旅游活动。这种地域性的特点使景区边缘型乡村旅游成为一类独特的旅游模式。

## （四）按科技含量来划分

1. 现代型乡村旅游

现代型乡村旅游是一种结合了现代科技元素的旅游形式，通常位于地理位置优越的区域，紧邻城市经济圈，从而保证了稳定的客源市场。这种类型的乡村旅游在保持原有传统农业的基础上，积极引入现代科学技术，创造出具有高科技含量的生态观光园区。例如，利用现代农业技术，如智能温室、水培和垂直农业等，提高作物产量同时减少对环境的影响。同时，现代型乡村旅游地区可能包含高科技展示中心，让游客体验最新的科技成果，如增强现实（AR）或虚拟现实（VR）技术在旅游中的应用，提供沉浸式的体验旅游。

2. 传统型乡村旅游

传统型乡村旅游侧重保持和展示乡村的原生态和传统生活方式，几乎不融入现代科技元素。这类旅游体验的魅力在于它提供了一种深入了解和体验传统乡村文化的机会，让游客能够远离现代社会的喧嚣，静享乡村的宁静与美好。例如，滇西南和黔东南等地，旅游活动通常围绕传统的农耕方法、民族节庆、手工艺制作和传统建筑等展开。

## 第二节　乡村旅游的发展

### 一、起步阶段

乡村旅游的起步阶段，可追溯至20世纪80年代末至20世纪90年代初，这一时期乡村旅游的主要吸引力来源于其优美的田园风光和良好的自然生态环境。在这段时期内，城镇居民倾向利用节假日的机会，在春秋两季前往乡村地区进行郊游活动，这些活动通常与家人和朋友一同进行，增进人与自然以及人与人之间的联系。此时期的热门旅游目的地包括城郊风景地区、具有独特民族文化的村寨以及环境优美的森林公园。这些地点因其自然和文化的双重吸引力，成为人们休闲和探险的首选地。同时，这一时期也见证了现代“农家乐”旅游的初步形态，随着风景名胜区周边乡村农舍和餐饮业的兴起，为游客提供了更多的休闲与体验机会。

城乡旅游景观的差异性是吸引旅游者的重要因素，其中旅游者出游的主要目的是放松心情。在乡村旅游的起步阶段，活动主要集中在基础层面，经营主体通常是小规模的集体经营。这一时期，乡村旅游尚处于粗放的发展阶段，尚未形成专门的乡村旅游产品。这种形式的旅游主要依靠自然的田园风光和传统的生活方式来吸引游客，提供简单的休闲体验，而没有专门开发旅游产品的明确策略或复杂的服务结构。因此，早期的乡村旅游更多的是提供一个远离城市喧嚣，回归自然和传统生活的机会，满足人们对简单生活和自然美景的向往。

### 二、发展阶段

乡村旅游在1997年至2004年期进入了一个显著的发展阶段。在这一时期，乡村旅游的发展方向出现了双重趋势。第一，继续利用具有景观审美功能的特色农业景观，如竹林、茶园和果园等，这些自然资源继续作为乡村旅游的主要吸引力，吸引游客进行观光和游览。第二，随着现代农业科技的快速发展，农业景观开始作为旅游资源被积极开发。借助农业科技的进步，形成了如农业观光园和农业科技园等新型旅游景点，这些地点以其创新和教育的功能，成为吸引游客的新焦点。乡村旅游的空间范围也在此期间得到了显著的扩展。除了原有的城郊型和景郊型“农家乐”，在更远的郊区也开始出现以休闲度假为主要功能的“度假村”，同时，大都市区旁的乡村地区也逐渐形成了环城休闲休憩带的旅游模式。在经营模式方面，乡村旅游的主要经营主体仍然是个体老板和村集体，这些经营主体在推动乡村旅游向更加专业和多元化方向发展中扮演了重要角色。这一阶段的乡村旅游不仅提供了传统的观光活动，也增加了教育和科技体验的元素，为游客提供了更丰富的体验和学习机会。

自 1999 年起实行的“五一”与“十一”长假制度，显著促进了乡村旅游的发展。这种制度安排为城市居民提供了更多的闲暇时间，使他们有机会在较长的假期中选择离开城市，探索和体验乡村生活。长假期的设立，使得越来越多的人选择在这些时期进行旅游，尤其是向往自然和追求心灵放松的乡村旅游成为热门选择。

## 三、提高阶段

“美丽乡村”的概念开始深入人心，象征着乡村旅游的战略重视与文化价值提升。2006 年，国家旅游局（现为文化和旅游部）推出“2006 中国乡村游”的年度旅游主题，强调了“新农村、新旅游、新体验、新风尚”四大宣传口号，标志着乡村旅游方向的创新，展示了政府在推动乡村旅游发展方面的积极态度。同年，发布的《关于促进农村旅游发展的指导意见》进一步明确了乡村旅游发展的政策导向和发展目标，为乡村旅游的系统化推广提供了坚实的政策支持。随着政策的推动和市场的响应，乡村旅游开始从单一的旅游活动转变为综合性的文化体验，涵盖休闲、教育、文化探索等多方面内容。中国共产党第十九次全国代表大会上提出的乡村振兴战略进一步提升了乡村旅游的战略地位，将乡村旅游推向了高质量发展阶段。

2018 年 10 月，国家发展改革委、文化和旅游部等部门联合发布了《促进乡村旅游发展提质升级行动方案（2018 年—2020 年）》，该方案旨在鼓励和引导社会资本参与乡村旅游的发展和建设。此举标志着政府对乡村旅游发展的重视，同时承诺加大对乡村旅游发展的配套政策支持，以推动该行业的质量提升和升级。2018 年 12 月，文化和旅游部联合国家发展改革委等 17 个部门共同发布了《关于促进乡村旅游可持续发展的指导意见》。该指导意见强调了优化乡村旅游环境和丰富乡村旅游产品的重要性，从而为乡村旅游的可持续发展提供了方向。在这些国家政策的扶持和助力下，我国的乡村旅游行业发展势头强劲。各地的乡村旅游品牌如雨后春笋般涌现，其中包括浙江的乌镇、安徽的宏村和江西的婺源等，这些地区已成为国内外旅游者熟知并频繁访问的旅游目的地。在 2019 年 9 月，为了全面实施《中共中央国务院关于实施乡村振兴战略的意见》，并有效推进全国乡村旅游重点村的建设，文化和旅游部办公厅与中国农业银行办公室联合发布了《关于金融支持全国乡村旅游重点村建设的通知》。该通知旨在通过金融支持手段，促进乡村旅游产业的提档升级，加速乡村振兴的步伐。

乡村旅游已成为中国乡村产业的重要组成部分，其特色在于与乡村地区的生产生活方式及自然生态环境的兼容。该产业链横跨农业、制造业和服务业（一、二、三产业），实现了城乡发展的新产业和新业态的融合。其中包括绿色食品生产加工以及旅游商品的创意设计和生产加工产业，体现了产业的多样化和综合性。随着时间的推移，乡村旅游业正向着融合观光、研学、娱乐购物和度假于一体的综合型产业方向发展。这种发展模式有效地盘活了乡村全域旅游资源，推动了产业的持续升级和经济的活跃。中国的乡村旅游业态正在不断进化，产业聚集度逐步提升，市场规模和影响力持续扩大。从传统的点式开发，逐渐转向联合线路开发和旅游目的地的系统建设，产业经营模式也从最初的“农家乐”演变为特色小镇和田园综合体等更具特色和功能的形式。这种“乡村旅游 +”的经营模式，为乡村带来了新的生机，也为乡村经济和文化的振兴提供了新的路径和模板。

# 第三节　乡村旅游与乡村振兴双向推动

## 一、乡村旅游对于乡村振兴的推动

乡村旅游作为乡村振兴战略的重要突破口，扮演着推动乡村经济现代化的关键角色。该产业是农村发展、农业转型及农民增收的重要渠道，也是实现乡村全面振兴的有效手段。通过发展乡村旅游，可以促进农业与旅游业的深度融合，进而带动地方经济的多元化发展。乡村旅游的发展有助于实现“产业兴旺、生态宜居、乡风文明、治理有效、生活富裕”五大总体要求，这些要求构成了乡村振兴战略的核心目标。

### （一）助力产业兴旺，促进乡村经济转型

乡村旅游已成为推动乡村经济发展的重要载体，它在乡村振兴和经济提升中扮演着至关重要的角色。通过有效利用其在乡村经济中的优势地位和引领作用，乡村旅游不仅能促进产业的多元化升级，还能激发投资和消费的增长，从而带动整体经济的综合发展。

首先，发展乡村旅游促进农村产业的升级。此过程中，第一产业、第二产业及第三产业实现了有效融合，共同构建了农村的新产业优势。特别是对农业部分，乡村旅游的推广直接加速了农业的现代化和多功能化，使传统农业向休闲、观光及文化教育等多方向延展。这种转型提升了农业本身的价值，还为农业工作者带来了更广阔的发展前景和经济效益，进一步激发了他们的发展动力，使农业成为一个充满希望和活力的“有奔头”的产业。

其次，乡村旅游的发展推动投资升级，其综合性的产业特征激活了乡村环境、传统村落、特色文化及传统生活方式等多种潜力要素。这些要素因其独特性与吸引力，成为资本市场关注的焦点，从而吸引了大量的投资进入。这些投资不仅限于基础设施建设，还包括服务设施、文化活动的开展以及生态保护项目，有效地促进了乡村经济的多元化和持续发展。随着乡村旅游业的兴起，

相关的资本流向也带来了新一轮的投资热潮，为当地创造了众多就业机会，促进了当地经济的全面繁荣。通过这种方式，乡村旅游成为推动区域经济发展的重要引擎，同时为乡村振兴战略的实现提供了坚实的经济支撑。

最后，乡村旅游的发展有效拉动消费升级。以市场的消费需求为导向，通过整合各种资源，乡村旅游促进了新业态和新产品的开发。除了传统的观光农业和农家乐，也涵盖了生态体验、文化探索、农事体验等多元化的旅游产品。乡村旅游还通过创造新的消费空间，如特色手工艺品市场、乡村美食节、文化节庆活动等，有效地吸引了广泛的游客参与。这些活动丰富了旅游者的体验，促进了新消费群体的形成。随着消费者对高品质和具有地方特色的旅游产品需求的增加，乡村旅游地区的经济活动得到了显著提升。

### （二）助力生态宜居，促进乡村环境打造

乡村旅游在推动乡村全面振兴中起到了重要作用，通过改善基础设施、促进产业融合以及生态保护，有效地提升了乡村的生活、生产和生态环境质量。

乡村旅游推动了基础公共服务设施的建设，如水电供应、道路交通和医疗卫生设施。这些基础设施的完善，为乡村地区营造了和谐文明的生活环境，提高了居民的生活质量，也为旅游活动提供了必要的支持。乡村旅游的发展促进了农业与旅游业的融合发展，构建了健康舒适的生产环境。这种融合增加了农业的附加值，提升了旅游体验的丰富性和吸引力。通过发展农旅融合项目，如农业体验园、生态果园等，乡村地区的生产环境得到了显著改善。乡村旅游对乡村生态环境的综合整治起到了关键作用。通过生态恢复项目，如湿地保护、植树造林和水体治理，乡村地区的生态环境得到了有效的保护和提升。

### （三）助力乡风文明，促进乡村文化繁荣

乡村旅游作为实现乡村文化振兴的有效手段，发挥了至关重要的作用。它有助于传承传统文化，促进乡村文化的创新发展，同时培育提升乡村文明，推动农村文化繁荣，并最终形成一种积极向上的乡风文明新风尚。

乡村旅游促进了传统文化传承与发扬。通过提供展示和体验的空间，使乡村文化得以保护及广泛传播。这不仅包括物质文化的展示，如传统建筑和工

艺品，还涵盖非物质文化遗产，如民间艺术与节庆。同时，创新的传承方式，结合现代技术，为传统文化提供了再创新的机会，包括互动式展览和虚拟现实体验。乡村旅游促进了不同文化间的交流，增加了文化的多样性和包容性，使传统文化能够在经济全球化的背景下继续发展与创新，保证其在现代社会中的持续相关性和活力。

乡村旅游的发展促进乡村文化的创新。随着大批动漫、文创、互联网及时尚产业的企业和人才涌入乡村地区，这些新兴领域的资源与本地文化的结合为乡村文化的创新发展提供了丰富的可能性和生长环境。这种跨行业合作推动了传统文化与现代科技的融合，带来了新的经济活力和文化产品，为乡村文化的多样化和市场化开辟了新途径，为乡村全面振兴注入了新的动力。

乡村旅游促进乡村文明培育提升。由于乡村旅游的发展需满足较高的环境卫生、社会风貌、服务水平及文明程度要求，因此，大力推动了村容村貌的改变与环境卫生条件的提升。乡村旅游的发展也有力增强了村民的服务意识和整体素质。这种改变有利于培育新型农民，还有利于倡导新的社会风尚，从而全面提升乡村的文明程度，为乡村振兴提供了坚实的社会和文化基础。

### （四）助力治理有效，促进市场秩序优化

随着乡村旅游业的不断发展和壮大，对经营主体的规范化管理和对参与者行为的引导变得愈发重要。有效的管理既可以保障旅游活动的质量和安全，也能够促进整个乡村社会的文明程度与市场秩序的提升。

对乡村旅游经营主体的规范管理意味着必须确保所有旅游服务提供者遵守国家的法律法规，维护公平竞争的市场环境，同时要求他们提供更高标准的服务来满足游客的需求。这种管理有助于形成健康发展的行业氛围，保障游客权益，促进旅游经济的持续健康发展。对游客和村民的文明引导是塑造乡村旅游文化和提升游客体验的关键。通过教育和引导，既可以有效提升游客对乡村文化的尊重与理解，也能增强村民的服务意识和环保意识。持续优化乡村旅游市场秩序对于防范和减少旅游市场的不规范行为极为重要。通过加强监管和实施有效的市场管理措施，可以保护乡村旅游市场的健康发展，防止不正当竞争和消除市场乱象，从而为游客提供安全、舒适、有序的旅游环境。

### （五）助力生活富裕，促进乡民幸福实现

乡村旅游发展不仅带动了乡村经济，还显著改善了农民的生活水平。通过创造多样的就业和创业机会，乡村旅游为农民提供了增收的途径，使他们能够从事与旅游相关的各类职业，如导游、民宿经营者或本地特产销售员，从而直接提高了他们的收入水平。乡村旅游的发展还促进了农特产品的销售。旅游活动带来的人流为当地产品开辟了新的市场，使农民能够通过直销给游客，增加销售渠道和收入来源，提高了农民的直接经济收益，推动了本地农产品品牌的建设。乡村旅游的推广同样促进了农民生活质量的提升。随着旅游业的引入，各种现代休闲和娱乐设施进入乡村，如艺术展览、音乐节和其他文化活动，这些都丰富了乡村社区的文化生活，提升了乡民的生活质量，促使乡村成为游客的目的地，同时成为一个更适宜村民生活的地方。

## 二、乡村振兴在乡村旅游中的推动

乡村振兴战略为乡村旅游的发展提供了全方位的支持。政策优势涵盖了产业发展、环境改善、规划调整、土地使用、资金支持和人才培养等多个方面。战略明确要求乡村旅游发展应聚焦于精品化建设，强调生态保护的重要性，促进旅游与当地文化、农业等产业的深度融合，还强调了文化的传承与创新，通过旅游扶贫助力经济社会发展，同时完善市场监管，确保乡村旅游业的健康快速发展。

### （一）提供六大政策

1.产业政策

乡村振兴战略的产业政策主张发展多元化的主体和创新的产业业态，以开辟乡村旅游的新路径。一方面，政策鼓励主体的多元化，通过扶持小农户，同时培育和发展家庭农场、合作社、龙头企业、社会化服务组织及农业产业化联合体，以增强乡村旅游和农业发展的综合实力和市场适应性。另一方面，政策倡导创新业态，鼓励休闲农业、康养农业、创意农业等多样的新业态发展。这些新业态的发展旨在促进农业向绿色化、优质化、特色化、品牌化的转型升

级，为乡村旅游注入新的动力，提升其市场竞争力，同时促进农业和乡村经济的可持续发展。

2. 环境政策

乡村振兴战略的环境政策致力于提升乡村居住环境的质量，创建更加宜居和便利的乡村环境，从而为乡村旅游的发展提供坚实的基础。该政策主张全面改善农村基础设施，特别强调推进“厕所革命”，以及改进水质、道路、通信等关键设施。通过这些措施，提升乡村的外在吸引力，改善村民生活质量。更重要的是，优化的环境能直接促进旅游业的可持续发展，为游客提供更卫生、更美观的旅游体验。

3. 规划政策

乡村振兴战略中的规划政策核心在于加强统筹和整合管理，确保乡村旅游发展与乡村综合规划相融合。首先，顶层设计的重要性不可小觑，需针对不同类型的乡村特点进行重点分类，制定具体措施，确保规划指引具有前瞻性和实用性。顶层设计的高效执行能够为乡村旅游的持续发展奠定坚实的规划基础。其次，村庄规划的编制是乡村旅游发展的重要环节。通过加强村庄规划管理，完善相关规划文件，确保乡村旅游与村庄发展的高度协调。全面完成县域内所有乡村的建设规划编制或修订，对提升乡村旅游的整体质量和吸引力具有重要作用。最后，实施“多规合一”策略，将乡村旅游规划与县乡的土地利用总体规划、土地整治规划等进行有效整合，确保各项政策和规划在乡村振兴中发挥最大的协同效应。

4. 土地政策

为推进乡村振兴与乡村旅游的协同发展，国家进一步调整与优化土地政策，确保为乡村旅游项目提供充足的发展空间。通过灵活盘活现有土地资源，预留必要的发展区域，并促进土地的复合利用，实现土地资源的最大价值。特别是农村集体建设用地，通过政策的松绑，这部分土地可以更广泛地用于旅游项目，从而成为推动乡村旅游发展的重要资源。国家还在多个区域探索土地使用政策的试点项目，这些试点旨在探索更加高效和可持续的土地管理方式，进一步解决乡村旅游项目落地时面临的土地使用问题。

5.资金政策

政府采取多种金融手段，包括设立引导基金，动员金融和社会资本积极参与到旅游领域。特别是通过财政补贴、贷款贴息和资金补助等形式，积极支持公私合作伙伴关系旅游示范项目和旅游扶贫示范项目的实施，有效促进了旅游业与地方经济的融合发展，实现社会和经济的双重效益。

6.人才政策

在乡村振兴战略中，人才起着至关重要的作用。通过全面培养涵盖管理、专业技能到创新型人才，人才政策致力提升乡村旅游的整体服务水平与质量。首先，强化对乡村旅游经营户和带头人的经营管理能力培养，旨在构建有效的乡村旅游经营模式，并提升服务质量；其次，重视能工巧匠传承人、乡村旅游导游以及乡土文化讲解员等关键角色的专业技能提升，这些角色对于丰富旅游体验及文化传递具有不可或缺的作用；最后，加强乡村旅游创客人才的培育，鼓励创新和技术应用，为乡村旅游注入新动力。

### （二）指明六大重点

1.重精品打造

乡村振兴战略强调重点打造精品乡村旅游项目，致力提升乡村旅游的质量和吸引力。该策略着重发展多样化的高质量旅游产品，包括现代农业、创意农业、特色文化产业、休闲农业和科技农业，进一步推动乡村经济的多元化和可持续发展。精品项目的开发涵盖了度假乡村、田园综合体、国家农业公园、休闲农业产业园、森林康养基地和乡村民宿等。这些项目既可以提升地方的经济活力，还能够强化乡村的文化魅力和生态宜居环境。国家农业科技园、文化创意产品、现代休闲农庄以及现代海洋牧场等，都是旨在推动乡村旅游与高科技、高效益产业的融合，共同构建一个兼具生态、文化和艺术价值的乡村新兴业态。

2. 重生态保护

在乡村振兴战略中，重生态保护是发展乡村旅游的关键指向。坚持绿色发展原则，确保生态保护与旅游发展相协调；以生态农庄和其他生态旅游产品为重点，旨在通过村庄绿化和生态环境优化，提升乡村旅游的生态价值和吸引力；转化生态资源优势，更致力于放大这些资源的长远价值，确保生态红线不被突破，保护乡村原有的生态底色。为乡村旅游精品工程提供坚实的基础，同时保证了乡村旅游活动的可持续性，确保生态环境得到长期保护而非被短期经济利益所破坏。

3. 重产业融合

以乡村旅游为核心，推动与农业、工业、信息业等多个产业的全面融合，形成互补发展的新模式。增强乡村旅游的多样性和吸引力，促进了产业间的资源共享和技术互通，有效提高乡村的综合竞争力。特别是将文化体育、科技教育、健康养生与乡村旅游结合，为乡村带来了新的发展动力和增长点。电子商务与文化创意的融入，也为乡村旅游市场开辟了新渠道，增加乡村旅游的经济效益。

4. 重文化传承

文化传承致力保护和振兴地域性文化遗产，强化乡村旅游中的文化元素，以增强乡土文化的吸引力。申报地方传统文化为非物质文化遗产，制定和实施传统工艺振兴计划。编制详尽的非物质文化遗产保护规划，确保文化遗产得到有效保存与传承。

5. 重旅游振兴

在乡村振兴战略的框架下，重视旅游振兴是核心内容之一。倡导通过旅游产业促进乡村振兴，确保相关政策和措施的科学制定和有效执行。编制专项的乡村旅游扶贫规划，利用乡村旅游的发展直接带动经济增长，增加农民收入。通过提供必要的人才支持和资金援助，加强乡村基础设施建设，提升旅游服务质量，确保旅游振兴工作的持续性和有效性。

6. 重市场监管

放宽市场准入门槛，鼓励多元化的资本和各种所有制企业参与乡村旅游市场，确保公平竞争。同时，加强市场准入的监管，严格执行相关标准和法规，确保参与主体符合旅游业发展的质量和安全要求。重市场监管旨在优化旅游市场的结构和服务质量，提升乡村旅游的整体水平，促进旅游业与乡村经济的互利共赢。

# 第九章　乡村振兴下的乡村康养旅游设计

乡村振兴战略赋予乡村旅游新的发展使命与方向，在这一背景下，康养旅游逐步成为公众和游客广泛接受的旅游模式。乡村康养旅游，将康养理念深度整合进乡村旅游的多个方面，在产业发展、生态环境、地方治理和文化传承中，成为新型的乡村旅游业态。该模式既促进了乡村经济的多元化，有力提升了村民的生活质量与健康水平，也为城市居民提供了回归自然、享受宁静的理想去处。

## 第一节　乡村振兴与乡村康养旅游概述

### 一、康养旅游与乡村康养旅游

#### （一）康养旅游

国家旅游局（今文化和旅游部）在2016年发布的《国家康养旅游示范基地》（LB/T051—2016）中对康养旅游进行了详细定义，即“指通过养颜健体、营养膳食、修身养性、关爱环境等各种手段，使人在身体、心智和精神上都达到自然和谐的优良状态的各种旅游活动的总和”。根据该标准，国家确立了首批五个国家康养旅游示范基地，如表9–1所示。康养旅游作为一种新兴旅游方式，已被社会和广大游客的广泛接受，并且被纳入国家旅游发展战略。这种旅游形式促进了旅游业的创新和多样化，也为提升国民健康和生活质量提供了新的途径。

表9-1 首批五个国家康养旅游示范基地

| 示范基地名称 | 康养旅游类型 | 主要功能区 |
|---|---|---|
| 江苏泰州中国医药城 | 中医药旅游 | 科研开发区、生产制造区、会展交易区、康健医疗区、教育教学区、综合配套区[①] |
| 河北以岭健康城 | “医—药—健—养”一站式 | 健康管理中心、连锁药堂、高端养生酒店、健康城[②] |
| 黑龙江五大连池 | 温泉康养 | 泉水生态康养区、地磁生态康养区、氧吧生态康养区、生态休闲区[③] |
| 湖南灰汤温泉 | 温泉康养 | 温泉主题公园、温泉新镇、生态公园、养生社区[④] |
| 贵州赤水 | 休闲、度假、避暑、养生 | 康养旅游体验区、民俗文化展示区、特色休闲餐饮区、服饰工艺礼品区、公园配套服务区、客栈服务区[⑤] |

自2000年起，我国已进入老龄化社会，并将在2024年迈入深度老龄化社会。在此背景下，老年人的健康养老内容需进一步拓展与加强。近年来，健康养生的理念在广大人民群众中逐步获得认同，公众对于身心健康问题的关注日益增加。康养旅游作为一种结合了旅游活动与康体疗养的新型旅游方式，正逐渐受到大众的关注。这种旅游模式响应了老年人对健康生活的需求，推动了旅游和健康产业的融合发展。康养旅游的发展有助于丰富老年人的生活体验，也为社会经济带来新的增长点，还促使旅游服务业向更专业化、个性化的方向发展，满足现代社会对健康生活方式的追求。

康养旅游作为旅游和健康产业结合的产物，逐渐成为一个研究和实践的重点领域。通过对相关文献的整理，本书对康养旅游的定义有以下总结：广义

① 张文彬，沈宏扣．看新兴产业如何用地：对江苏省泰州市中国医药城用地情况的调研[J]. 中国土地，2011（3）：45-48.

② 卜从哲．河北省康养产业创新发展的环境分析及其路径选择[J]. 中国乡镇企业会计，2018（8）：11-14.

③ 王兵，牛香，宋庆丰．中国森林生态系统服务评估及其价值化实现路径设计[J]. 环境保护，2020，48（14）：28-36.

④ 杨洪，袁开国，邹家红．湖南灰汤温泉休闲旅游开发研究[J]. 资治文摘（管理版），2009（6）：16-17.

⑤ 王艺．康养旅游：公共性与文化性并举[J]. 广西城镇建设，2017（10）：36-46.

上的康养旅游被认为是一种能够显著提升游客的身心健康水平的活动。它不仅对普通游客的健康有积极影响，还能为患病游客提供病情缓解的作用。此外，康养旅游还被视为一项重要的社会服务，尤其是为老年群体提供必要的养老和康体活动，以支持他们的健康和福祉。狭义上的康养旅游涉及从产品开发到康养活动规划再到项目建设的全过程。这种定义更偏重于康养旅游的具体实施和操作层面，强调了旅游产品的创新和定制化，以及为特定目标群体提供细致周到的服务和设施。

### （二）乡村康养旅游

乡村康养旅游将康养理念全面融入乡村旅游产业、生态、治理以及文化中，形成了独特的旅游模式。该旅游类型基于乡村优良的生态环境和农业景观，推动以康养为主题的三次产业融合发展。目的在于为旅游者提供一个放松身心、改善疲劳的环境，使其在乡村范围内的活动能够促进身心健康。乡村康养旅游有效吸收并融合了传统文化养生的精髓，并与休闲度假产业结合，推进了旅游与健康消费活动的聚集。乡村康养旅游的实施促进了现代化乡村产业体系的建设，形成了一个功能性、娱乐性和文化性并存的复合型产业结构，满足了现代旅游者对健康生活方式的追求，也为乡村地区的文化传承和生态旅游提供了新的路径。

乡村康养旅游区别于传统乡村旅游的核心在于其不仅提供观光体验和休闲生活，还注重满足旅游者具体的康养需求，致力在活动中实现身心健康的缓解与提升。此类旅游活动特别注重为游客创造有益健康的环境，使其在享受乡村美景的同时，得到身心的养护和恢复。与一般康养旅游相比，乡村康养旅游的独特之处在于其地理位置的选择——专门在乡村区域内发展，以康养为核心理念。这种旅游模式充分利用乡村自然环境的优势，结合当前人们对回归自然和促进身心健康的强烈需求，提供了一个理想的康养旅游目的地。乡村康养旅游还积极促进了当地经济的建设、基础设施的完善以及乡风文明的提升。这种旅游形式的推广，增强了乡村地区的吸引力，也为当地社会经济发展带来了积极影响，推动了一系列相关产业的兴起，从而实现了乡村振兴的多方面目标。

## 二、乡村康养旅游类型

### （一）自然生态型乡村康养旅游

自然生态型乡村康养旅游依托森林、气候、海洋、温泉及地质等自然资源，开展以康养为核心主题的活动。在这类旅游中，主要产品包括森林氧吧、康养步道、浴场、相关美食及温泉以及海洋温泉与海滨浴场等，其中还包括地磁氧疗等项目。这些旅游产品充分利用当地自然环境提供的资源，旨在为游客提供一个与自然亲密接触的平台，同时帮助他们在自然环境中恢复身体和心理的健康。在旅游开发过程中，需对当地自然环境的容量进行细致评估，确保所有旅游活动都能在不破坏生态平衡的前提下进行，在保护自然环境的基础上，确保游客获得持续的高质量体验。核心目标是通过丰富的自然生态康养活动，提供一个促进身心健康的旅游体验。这些活动旨在使游客能够通过各种康养服务，如步行、沐浴、享受自然美食和治疗性资源，来增强体质和改善健康状况。

### （二）中医养生型乡村康养旅游

中医养生型乡村康养旅游活动在乡村旅游目的地中依托当地丰富的中医药资源，将中医药产业与旅游业相结合。此类旅游活动主要以中医理疗、养老、康体健身为主题，为游客提供独特的康养体验。在旅游设施方面，包括中医理疗馆、针灸馆、药材铺、中医草药展览馆以及中草药种植加工基地和药膳养生馆等。主要的健康提升手段是应用中医药的多种方法，旨在通过传统技艺和天然药材提升游客的健康水平。中医养生型乡村康养旅游的发展，并不局限于提供健康服务，更在于其文化传承的价值，使中医药文化能够在更广泛的范围内得到发展和推广。在规划中医文化型乡村康养旅游时，必须融合现代医学的视角，传承并发扬中医药文化。景区入口设计需营造浓厚的中医药文化氛围，使游客一进入景区便能感受到中医药的独特魅力。景观小品、游憩设施及标识系统设计需突出阴阳五行、传统中医学及药学元素，以增强文化体验的丰富性和教育意义。植物配置亦需精心规划，将中草药的种植巧妙融入景观设计，在美化环境的同时，让游客直观了解中药材的生长与应用。通过基于五感理论的规划，对空间、道路、建筑与景观进行综合设计，确保每一个环节都能有效传达中医药文化的核心价值，并提升游客的整体体验。

### （三）生态文化兼具型乡村康养旅游

生态文化兼具型乡村康养旅游依托乡村优质的生态自然基础与物质文化基础，开展既包含自然养生也融合文化养心的活动。这类康养旅游活动利用森林、气候、温泉、地质、水文等生态资源，构建康体设施、配套设施及休闲娱乐设施，同时，发展观光农业基地，丰富旅游内容和体验。符合条件的乡村还可引入医疗机构，以提升当地医疗康养服务的水平，使乡村康养旅游不局限于传统的休闲体验，而是形成一个综合性的健康养生目的地。

在自然和人文康养旅游资源丰富的地区，两者往往共存，不会孤立存在。在进行康养旅游项目的可行性研究时，必须综合考量该地区的自然和人文康养旅游资源。根据不同景区的资源特点，如果某一类资源更为突出，则采用以该资源为主导的开发模式；当自然和人文资源均表现优异时，则采取生态人文型开发模式。目前，康养旅游景区普遍采用的是生态文化型开发模式。该模式有效地结合了自然与人文资源，两者相辅相成，从而最大限度地发挥各自的康养功能。例如，峨眉山景区作为一个兼具丰富自然康养旅游资源和人文康养旅游资源的地区，自然选择了生态文化型的开发模式。此种模式下，自然资源和人文资源的结合被视为一个整体，其功能和价值无法被单独分割。在对峨眉山旅游资源的开发中，这种模式促进了自然景观和人文元素的有机结合，增强了景区的吸引力和康养旅游的综合效益。

### （四）配套协调型乡村康养旅游

配套协调型乡村康养旅游聚焦具有区位优势的乡村目的地，这些乡村既可以是近郊型，也可以是与康养基地相邻的类型，使其能与城市或康养基地进行有效的设施互补。在部分城市，由于城市用地紧张，乡村闲置土地的相对丰富成为康养旅游设施聚集的优势条件。因此，这些地区倾向在乡村中集中开发康养旅游设施，以充分利用现有资源。当康养基地自身因规模限制或环境容量控制而不宜过度开发时，邻近的乡村地区则成为扩展康养设施的理想选择。在这些乡村中，可规划建设康养型居住社区、配套的康养设施以及必要的基础服务设施，从而形成一种补充城市需求、扩展康养服务范围的模式。

城市近郊型或与康养基地临近型乡村在发展康养旅游时采用灵活多变的发展模式，旨在补充城市或康养基地的设施，丰富康养旅游活动的内涵。在规划和选址时，应考虑产业集聚效应，确保空间布局合理，实现生产空间的集约高效，生活空间的舒适宜居，以及生态空间的环境美观。所有规划和发展活动都以保护乡村生态环境为前提，确保康养旅游的可持续性与环境友好性。通过这种方式，既满足了城市与乡村在康养旅游方面的互补需求，也优化了资源配置，提高了区域旅游业的整体质量和效益。

## 三、乡村振兴与乡村康养旅游的结合

乡村地区在我国拥有丰富的康养资源，为发展乡村康养旅游提供了天然优势。该领域的开发得到了乡村振兴战略的政策支持，该战略明确提出了对乡村发展的多方面要求，旨在通过旅游业的推动，提升乡村地区的整体发展水平。在乡村康养旅游的开发过程中，除了重点打造核心景区，还需兼顾基础设施的提质建设。通过这样的双重努力，可以有效改善乡村居民的生活水平，同时促进地区经济的增长。这种开发既注重经济价值的提升，也助力于村民意识的提高，从而无形中推动乡村振兴战略的实施。乡村康养旅游与乡村振兴关系如图 9-1 所示。

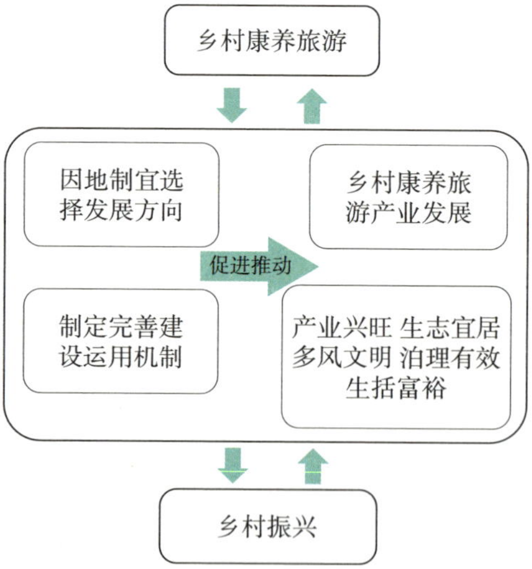


图 9-1　乡村康养旅游与乡村振兴关系

乡村振兴战略中的二十字方针，包括产业兴旺、生态宜居、治理有效、乡风文明和生活富裕，为乡村康养旅游的发展提供了全面的指导。这些方针既是乡村振兴的目标，也是乡村康养旅游开发应遵循的核心原则。通过实施这些原则，乡村康养旅游可以成为推动乡村综合发展的重要力量。

## 第二节 乡村振兴下的乡村康养旅游设计与规划

### 一、总体目标定位

乡村康养旅游度假区的总体目标定位是基于当地的自然资源与特色文化，同时注重品牌的构建。在规划过程中，应突出乡村康养旅游的独有特点，合理布局各分区，确保设计出既具有个性又相互关联的康养旅游活动。这种规划方式有助于提升度假区的整体吸引力和功能性，使之不仅能够展示乡村的自然风光和文化特色，还能为游客提供丰富多样的康养体验。

### 二、空间布局规划

#### （一）“三区三线”划定

乡村“三区三线”划定作为康养旅游空间布局的基础，其设计与实施需严格遵循可持续发展原则、因地制宜原则以及以人为本的理念。依据乡村居民生活的性质，将其生活空间细分为“生产空间、生活空间、生态空间”三个层次，共同构成所谓的“三生空间”。此种空间布局旨在科学合理地界定“三区三线”，即“生态控制区、基本农田保护区及村庄建设区”和“生态控制线、基本农田保护线以及村庄建设增长边界线”，以促进乡村空间的高效管理与集约节约利用。在乡村“三区三线”的划定中，生态控制区与生态控制线确保生态环境的保护与恢复，基本农田保护区与基本农田保护线维护农业生产的基础设施，村庄建设区与村庄建设增长边界线则明确乡村建设的具体范围，从而减少无序扩展带来的负面影响。基于“三区三线”的划定，乡村空间管理得以优化，进一步促进康养旅游功能空间的合理布局。

### （二）生态空间保护规划

乡村生态空间保护规划，旨在解决因基础设施不完善而引发的环境问题，确保乡村地区生态安全。面对垃圾处理与污水处理设施的缺失，大量生活垃圾及废水未经处理直接排放，严重影响了乡村生态质量。为此，必须制定与实施严格的生态空间保护措施，引导建设活动，防止进一步的环境退化。在乡村振兴战略中，“生态宜居”的概念被强调，要求提升乡村生态环境质量，保障村民的生活质量。生态空间保护规划是对当前的环境挑战做出的响应，也是预见未来发展需求，确保乡村生态资源的长期可持续利用。这需要从村民日常生活的实际出发，结合地方特色和实际条件，采取有效措施，促进生态与生活质量的双向提升。实施这些措施将有助于恢复和保持乡村环境的原生态美，实现人与自然和谐共处的理想状态。借此，乡村地区既可以“望得见山、看得见水”，还能记得住乡愁，为村民提供一个既宜居又宜业的生活环境。

### （三）生产空间利用规划

乡村振兴背景下，生产空间利用规划的核心在于通过现代农业发展，推动农业基础设施的完善和农业结构的优化。此类规划强调市场导向的农业结构性改革，旨在加速农业产业化进程，构建绿色生产空间。为此，农业合作社的建立不仅引导村民掌握先进的农业技术，还促进生产要素的快速流通。在具体实施中，需针对农田种植的条件、规模及投入产出进行细致分析，侧重发展与市场需求相契合的农田产业项目。例如，规划建设具有地方特色的果品采摘园、都市农业展示体验园及设施蔬菜采摘基地等，这些设施既满足了市场需求，也丰富了农业的功能，为村民提供了增收的渠道。此外，这些园区或基地内还可以开发蔬菜园租赁、果品展示、农耕知识教育及体验与观光等服务，进一步拓展农业服务业态。畜牧业的发展同样不可忽视。加快完善畜牧业的配套设施建设，科学划定畜牧业活动范围，并预留必要的发展空间，是确保畜牧业可持续发展的关键。通过将畜牧业与农产品加工业结合，提高农副产品的附加值，有效延伸农业产业链。采用“大农 + 小农”的经营模式，可以形成专业化、职业化的畜牧业养殖体系，为乡村振兴下的乡村康养旅游提供坚实的产业支撑。

针对农村房屋的现状，高效利用已转移或搁置的农村房屋需采取因地制宜的措施进行合理规划和调整。对于结构仍稳固但功能不符的房屋，应进行必要的加固和改造工作，使其能够满足新的使用需求；对于那些已严重损坏或无法再利用的房屋，则应考虑拆除，释放土地资源，以便于新建更符合现代居住需求和安全标准的住宅或者公共设施。在重点建设或分块实施农村住宅的产业项目时，应侧重发展具有地方特色的多元化产业项目。多方协同推进是确保这些项目成功实施的关键。政府、企业、社区以及其他利益相关方应共同参与到项目规划和执行过程中，确保各方面需求得到充分考虑和满足，同时合理配置资源，提高项目的执行效率和成果的可持续性。

### （四）生活空间建设规划

生活空间建设规划在资金限制的现实条件下，可以采取分期发展的方案，有效应对一次性建设资金不足的问题，通过逐步推进来逐步实现区域的综合开发和建设。可先从建设一条街道或一个小区开始，这种初期建设不仅可测试并展示未来居住区的潜力，也有助于提高居民对新生活空间的接受度和满意度。在分期开发的每一阶段，都必须严格遵循统一的规划与建设标准，确保公共服务与市政基础设施的质量与完善。初期建设成功后，可以通过示范效应吸引更多村民的关注与投资者的兴趣，从而为后续建设提供更多的资金来源。

随着一期项目的成功，可依托所获得的经验与资金，推进二期及后续阶段的建设，直至整个生活空间建设全面完成。通过这样的分期开发模式，可以有效地推动生活设施的完善与区域开发的全面实施，最终达到生活空间建设的目标。

## 三、道路交通规划

此规划中，乡村道路系统分为旅游环线与村庄内部道路。旅游环线进一步细分为旅游环线主干路与支路，以满足不同旅游流量的需求；村庄内部道路则根据使用频率与重要性分为主要道路、次要道路及宅前路，这一分级有助于合理分配交通资源，提高道路使用效率。在具体设计与建设过程中，需充分考虑地形和现有道路条件。特别是在山区，由于地形的复杂性，大多数现有道路为曲线形，这就要求在设计时加强对弯道处的加宽处理，确保车辆能安全通过。同时，在曲线较多的道路上，适当设置会车点，是保证双向交通流畅与安全的关键措施。除此之外，对于存在安全隐患的道路，必须进行修复与加固处理，以防止任何潜在的交通事故，确保所有道路用户的安全。通过这种因地制宜的设计方法，可以有效地提升乡村道路交通系统的整体功能与安全性，从而支持乡村康养旅游业的持续发展。

道路交通服务设施的配置关键在于道路安全标志的合理布局及道路绿化的有效实施。道路安全标志的设置需统一并合理分布，涵盖路标、限速标识以及车辆类型信息。在夜间行驶安全提升方面，适当位置应布置路灯，以增强夜间交通的安全性。道路绿化工作应尽量采取就地取材的方式进行，旨在最大限度地减少对原有植被的破坏，同时避免使用可能阻挡视线的植物，保持道路视野开阔。

## 四、景观设计

### （一）点

景观节点设计在乡村康养旅游中占据核心地位，通过精心设计的游览和观赏功能，为整体景观增添亮点。在设计景观节点时，重点是营造和谐的环境氛围及展现地域特色，提升景观的审美价值，强化了文化的传递。

入口广场、文化墙、雕塑等人文景观元素与花草水体等自然景观元素的融合，是景观节点设计的关键。入口广场作为访客的首个接触点，其设计应突出欢迎氛围与地方特色，为游客提供深刻的第一印象。文化墙和雕塑则应体现当地的历史与文化，通过视觉艺术讲述地区的故事。植物的选择与水体的设计需与自然环境和谐相融，还需考虑生态平衡与可持续发展

### （二）线

乡村康养旅游景观设计中的“线”元素，主要通过乡村道路的规划与植物配置来实现。此设计旨在通过沿道路的植物种植，有效串联各个景观节点，形成连贯而富有吸引力的游览线路。在植物的选择与配置上，应考虑乔木、灌木与地被的合理搭配，以创造层次分明且美观的视觉效果。适当的花草种植可以增添道路两旁的色彩与生机，提升整体游览体验。在选择植物时，应重视其

美观性、经济性及成活率，确保植物既能适应当地环境，又能维持较低的养护成本。合理的植物配置还能支持生态系统的健康和可持续性，为乡村旅游增加自然美的元素。

### （三）面

在乡村康养旅游中，生活空间的景观设计关键在于融入并尊重当地的自然山水格局，打造贴近本地特色的自然化景观。设计中应重视空间界面的连续性，使不同功能分区之间过渡自然，形成统一和谐的视觉体验感。植物的选择与配置对康养旅游景观尤为重要，应合理利用观花、观叶植物的季节变化，为游客提供四季各异、充满生机的景观效果。通过精心的植物布局，增强景观的美观性和舒适度，同时利用植物的自然康养属性，增强游客的互动体验和康养效果。

## 五、风貌保护规划

### （一）文化传承

在乡村康养旅游产业发展过程中，融合乡村的传统建筑元素至关重要。建设时应考虑当地的文化特色，选用与乡村环境和谐相融的建筑风格与材料，同时严格控制建筑高度，以保持乡村天际线的清晰与美观。旅游标识系统的设计也应体现乡村的文化特征，标识物要在功能上满足导向与说明的需求，更应在外观设计上如色彩、字体与材料的选择上与乡村的传统和现代融合需求相协调，确保其在有效传递信息的同时，和乡村的整体风貌保持一致。

### （二）文物保护规划

乡村的古建筑包括古民居、庙宇及祠堂在内的建筑，都具有不可替代的文化与艺术价值，因此，在进行乡村康养旅游规划时对这些古建筑的保护尤为重要。在详细了解乡村传统古建筑的历史和文化背景的基础上，对其保护和利用方案的制定应考虑到建筑的当前状况和潜在功能。对于仍在使用中的古建筑，如某些祠堂，应维持其功能并优化其结构和环境，以保持其活力和实用价值。对于已不再用于原有功能的古建筑，应根据其结构和位置，探索其再利用的可能性，如转化为文化展览馆或社区活动中心，既保存了建筑本身，也增加了其社会功能，活化了历史遗产。文物保护规划应贯彻“保护在生产，生产在保护”的理念，强调在发挥经济效益的同时，不损害文化价值。通过合理的规划与管理，古建筑的保护和利用可以实现文化传承与经济利益的双重目标。

古树见证了地区的历史变迁，同时成为风景的一部分和村民情感的寄托。应对村庄内的古树进行详细登记与标识，明确其历史价值及生态位置。建设专门的树池，既保护树木根部，又防止水土流失。周边环境的美化可以增加古树的观赏价值，提升整个乡村的景观效果。乡村康养旅游规划应纳入村民院落中的各类树木，如果树等，既增添乡村的自然风情，也是生态多样性的体现。对古树的保护和利用，应结合其生态功能和文化意义，进行综合性管理。确保这些措施能够有效地维持古树的健康生长，同时使古树成为乡村文化传承的一部分。

## 六、主题游线规划

康养旅游主题游线的规划设计需以游客的具体需求为基础，进行系统的布局和设计。康养主题的游线应覆盖不同的旅游景点及配套服务设施，确保旅游体验的连贯性和舒适性。

在游线规划中，重点应放在突出与康养相关的特色旅游产品。这些游线可以根据不同类型的康养需求进行设计，如度假休闲、生态体验和特色养生等。应用五感疗法理论来增强游客的体验，通过“起、承、转、合”的景观布局，提升旅游路线的韵律感和美学价值。游线规划还应充分考虑游客的年龄、体质等特征，从而制定更为精细化的旅游方案。例如，为老年游客设计的“慢节奏”主题游线，应将休息设施间的距离相对缩短，确保其行程中的舒适与便捷。同时，活动设施和景观节点的布局也应更符合这一客群的特定需求。在游线的具体实施中，应合理安排各景点和活动的空间布局，确保每个景点都能给游客带来身心的愉悦和放松。通过这种精心的设计和布局，满足家庭和团队的出游需求，提高整体的旅游质量和满意度。

# 第三节　乡村振兴下的乡村康养旅游设计实证分析

在乡村振兴背景下，黄花溪村的康养旅游规划与开发应考虑其独特的自然环境和历史文化资源，构建一个生态与文化并重的旅游目的地。此地的康养旅游设计不仅能够促进经济发展，还能有效地保护和传承文化。

## 一、基本概况

黄花溪村位于湖南省安化县江南镇南部，是由黄坪村与中洞村合并而成的。该村庄地理位置优越，县道纵贯南北，为区域内的主要交通脉络，提供了极佳的交通便利性。村庄距离洞市老街 7.6 千米，与安化县城的距离为 45 千米，表明其在地域上具有较好的连通性。资江穿村而过，与麻溪、思贤溪及渭溪等多条溪流构成的水运网络，为村庄提供了丰富的水资源和便捷的水上交通条件。陆上交通方面，黄花溪村处于安化县通往长沙、益阳等大中城市的重要交通线路 S308 的起点，地理优势明显。村庄南邻新化县，东临乐安镇，西接丘甲河村，北靠竹林溪村，显示出其在区域网络中的中心地位。村域面积达 16.29 平方千米，这一区域范围为其经济活动和社会发展提供了广阔的空间。

黄花溪村的地理位置决定了其亚热带季风性湿润气候的特征。该气候带来的温度适宜，常年温差较小，维持在约 16.2℃，为该地区的农业生产和居民生活提供了有利条件。1 月份通常是全年最冷的月份，7 月份则是最热的月份，体现了典型的亚热带气候特征。该村落春季温差较大，而夏季和秋季虽然雨期较短，但炎热天气较为常见，这对于农业生产活动和居民生活方式有一定的影响。冬季极少出现严寒天气，霜期平均持续三个月，为当地特有的植物生长和农作物成熟提供了适宜的条件。黄花溪村的日照条件也相当优越，年日照时间达到 1300 小时。雨季主要集中在 4 月至 7 月。

黄花溪村拥有丰富的自然生态资源，非常适合发展生态农林景观。该村保留有安化目前最完整的古茶马道和被称为“最美树王”的梓叶槭，这些独特的自然和文化资产为村落提供了发展生态旅游的宝贵资源。

## 二、黄花溪村康养旅游规划设计

### （一）空间布局规划

黄花溪村康养旅游的空间布局规划，核心在于实现资源合理利用与长远发展的可持续性。采用“三区三线”划定原则，是为了保证乡村开发建设在充分尊重和保护现有地理及文化资源的基础上进行，避免对农业生产、生态保护区及其他关键功能区域的负面影响。

黄花溪村的康养旅游规划设计充分利用其丰富的自然地形，以山脉和谷地的自然景观作为规划的基底，突出地貌的独特性和吸引力。该规划构想中提出的“一带三廊、四核六片”旅游空间结构，旨在通过巧妙地利用和转化现有自然资源，增强旅游体验的层次和丰富度。

“一带”指的是“黄花溪生态观光带”，将其定位为整个区域的核心景观带。这条观光带利用黄花溪自然水系的优势，以及两侧山脉丰富的植被和优良的水质，营造了一条生态景观长廊，为游客提供了极佳的观光体验和康养环境。

“三廊”设计包括北部、中部及南部山谷生态景观廊，各具特色。这些景观廊道依托各自独特的地理位置和自然资源，形成了连贯而区分明显的生态游览线路。每条廊道均通过优化路线和景点布局，使游客在游览过程中能够充分接触自然，享受宁静和美丽的山谷风光，实现身心的全面放松。

“四核”包括游客集散中心、文化创意核心、茶叶制作体验核心和中药膳食养生休闲核心。这些核心区域旨在提升游客体验，同时展示和利用当地文化与自然资源。游客集散中心作为接待和服务的主要节点，为游客提供旅游信息咨询、行程规划、交通服务等基础支持，确保游客能够便捷地获取所需服务。文化创意核心深入挖掘“茶马古道”的文化内涵，通过展览和互动体验，让游客深度了解这一传统文化的历史与现代价值。茶叶制作体验核心则是通过参与茶叶的采摘、制作过程，让游客亲身体验从原叶到成茶的转变，既可以展示茶叶制作的技艺，也能够体现黄花溪村的地域特色。中药膳食养生休闲核心结合当地中药材资源，提供以健康和养生为主题的餐饮体验，将传统中医药文化与现代饮食文化相结合。通过这“四核”的功能布局，黄花溪村有效地促进了当地第一、二、三产业的融合发展，为游客提供了丰富多样的体验活动。

“六片”包括茶旅养生度假区、户外拓展体验区、中草药种植示范区、高山茶叶种植示范区、富硒果蔬采摘体验区及生态养殖示范区。这些区域设计考虑了不同年龄和需求的游客，旨在提供多样化的康体旅游体验。茶旅养生度假区结合当地茶文化和养生理念，提供休闲与健康恢复的环境；户外拓展体验区则面向寻求冒险与体验活动的游客；中草药种植示范区与高山茶叶种植示范区展示当地的农业技术和特色产业，同时为游客提供参与和学习的机会；富硒果蔬采摘体验区让游客亲手体验采摘，了解健康食品的来源；生态养殖示范区则展示了可持续养殖方法。

### （二）土地利用规划

黄花溪村的土地利用规划注重节约土地资源和适当集聚居民，以促进区域的可持续发展。通过对现有居民集聚点的规模与质量进行详尽研究，并结合人口规模预测及上位规划要求，规划旨在优化现状村庄建设用地，合理安排村民居住集聚点。规划中，黄坪组团（包括黄花组、堂冲组、王坪组）和大坪组团（包括大坪组、高丰组）以及中洞组团（包括中洞湾组、中洞冲组、丰山组）被确定为主要的居住区域。这些区域因其较好的区位交通条件和地质资源，被选定为保留和发展的重点。针对地质安全问题，特别是黄花组和中洞冲组由于存在山体滑坡的风险，规划中提出将这些区域的居民搬迁至更安全的堂冲新建居民点。此举不仅解决了居民的安全居住问题，还有助于整体村落的地质安全和环境稳定。

### （三）道路交通规划

#### 1. 车行系统

在黄花溪村的道路交通规划中，核心目标是优化交通结构，提高连接效率，并确保村民出行便利。规划中实现了与《安化县江南镇镇村布局规划（2014—2030）》的要求相一致，同时充分考虑到现状道路的条件，设计了“一纵三横”的道路系统。“一纵”指的是将X040道路升级为S240，这一改造增强了黄花溪村与外界的交通联系，也将提高道路的承载能力和安全性。升级后的S240将成为连接黄花溪村及周边区域的主干道，极大地促进了区域内的经济与社会交流。“三横”则包括连接黄坪至竹林溪村、中洞至乐安镇以及其他关键横向道路。这些横向道路的建设和优化，旨在加强村庄之间的联系，提供更为便捷的地区间交通路线。此外，新建的黄坪桥、庵堂冲桥、花田商桥、罗家桥和枫树桥将进一步加强村庄内部的交通流动性，为村民提供更多的出行选择。对于村庄内的通组路和通户路，需要进行硬化处理，以解决居民“出门难”的问题。

2. 步行系统

黄花溪村的步行系统规划注重提升休闲与历史体验，包括山地古道和水道两大部分。山地古道主要满足游客对运动和历史怀旧的需求，而水道则提供清凉休闲和亲子野趣的体验，这些道路宽度设计在1至3米，便于行走并保持环境的亲近感。为了增强道路的安全性和实用性，在S240、大坪路、中洞路、黄幸路等主要通道两侧配置了太阳能路灯，这些路灯不仅环保，还确保了夜间行人与骑行者的安全，提升夜间的行走体验。为方便游客及居民识别方向并有效导航，在主要道路的合理位置安装路标及指示牌，方便行人在村庄内部及其周边自由安全地移动。

3. 慢行系统规划

黄花溪村的慢行系统规划重点在于提升景区连通性和环境友好性。规划设计通过精心布置慢行道，确保与村内各主要景点相连，增强游客体验的连贯性和沉浸感。道路宽度设定在1.2米至3.5米，既适应单向行人流动，也能容纳较多游客同时通行，确保通行的便利性和安全性。在材料选择上，采用环保生态自然材料进行道路铺装，减少了对自然环境的破坏，增添了路线的自然美感。慢行系统中包括利用现有的山林小路开辟的丛林穿越路线，充分利用了自然地形的优势，为游客提供探索自然的独特方式，同时串联起村庄内各个不同的区域。

## （四）景观风貌规划

黄花溪村的景观风貌规划核心在于修复和保护自然环境，强调生态系统的持续健康。通过合理的生态配置，强调对黄花溪及其周边区域自然环境的综合治理与恢复，确保村落三面环山、一水绕前的自然格局得以保持。注重环境保护和生态恢复，致力对原有植被、水体及自然地形地貌进行“去人工化”处理。减少人为干预，恢复自然生态功能，保持原生风貌，并严格限制任何可能导致生态退化的开发活动，以维护和增强生物多样性。建设多片区的多元农业景观，各片区之间风景相互呼应，共同构成黄花溪村的独特景观体系，在增强地区视觉和生态吸引力的同时，促进农业与自然景观的和谐共生。

## 三、黄花溪村康养旅游主题游线设计

### （一）康养度假主题游线规划

黄花溪村的康养度假主题游线设计致力融合自然美景与健康养生，创建一个综合康养体验中心。其中，金家冲的梓叶槭是此游线的核心元素，这株被誉为“最美树王”的古树，高约 39 米，树龄超过 1500 年，是中国特有的濒危树种。树旁清澈的小溪和周围的木结构历史建筑增添了该地点的自然与文化价值。在此基础上，将周边历史建筑改造升级为康体养生中心。该中心将引入专业的康养咨询机构，提供一系列的康体养生服务，如健康管理、健康饮食指导、治愈康复以及理疗养生项目。所有服务项目均配备专业养生专家的使用说明及现场指导，确保游客在专业的引导下体验各项服务。游线规划还包括在景区内开辟小型生态农场，种植绿色生态的蔬菜和果蔬。这些新鲜食材可供游客购买食用，还是中心餐饮服务的基础，保证游客饮食的营养均衡和质量，从而显著提升疗养效果。

村内的六栋竹苑采用了本地竹材，这种材料环保可再生，并且与康养主题完美契合，体现了生态建筑的理念。这些竹苑提供了兼具居住、养生和休闲功能的住宿选项，为游客提供了一个接近自然、健康生活的理想环境。五栋康养树屋位于丰富的森林中，其中松树和杉树作为天然的制氧机，其释放的负氧离子含量远超市区，大幅度提升空气质量。这些负氧离子对增强免疫力和促进新陈代谢具有显著效果，为居住者提供了一个促进健康的居住环境。规划还包括四栋康养花田小筑，每栋小筑的院门都正对着黄花花田，使居住者能够与大自然中的花朵同眠，享受宁静与美丽的自然风光。这样的设计不仅增强了游客的居住体验，也提供了一种独特的康养生活方式，使游客能够在美丽的环境中得到身心的全面放松。

黄花溪村的康养步道规划精心设计，旨在充分利用自然地理的优势，强化村庄的康养文化特色。康养资源丰富的山体与河流交叉区域，成为规划康养步道的理想地点，这样的布局展示了黄花溪村的自然美景，也便于集中展示康养设施。步道将连接康体养生中心、太极部落、养生精舍及花田小筑等关键康养设施，形成一个综合性的康养网络。这些步道作为健身场所，同时配备了针对不同年龄段和需求的公共活动设施，确保每个游客都能找到适合自己的康体活动。在设计上，步道考虑到包容性与便捷性，专门为不同性别、不同身份的人群设计，包括为残疾人设置坡道，以及为母婴提供专用的母婴室。这样的人性化设计使得步道并不只是一个行走的路径，而是一个全方位服务的社交空间。特色休闲步道的设计也非常注重与水域的互动，合理规划亲水平台和确保各类交通工具的便捷出入，增强游客与自然水域的互动体验。

### （二）生态体验主题游线规划

黄花溪村的生态体验主题游线充分利用了该地区的生态资源，创建了一条多元化的黄花溪生态游线路。规划中首先强调对黄花溪水质及河道的改造，旨在提升其环境质量，确保水域的清澈与可游性，有助于提高溪水的观赏和使用价值，增强生态旅游的基础设施。在黄花溪两侧，规划建设滨水休闲步道，便于提供舒适的行走环境，同时还能够串联沿线的各个景点，如竹筏码头和花舟定情等特色体验区，使游客在游览过程中能够享受到连续且多样化的自然和文化体验。为了丰富游客的活动选择，规划中还包括了节庆娱乐、餐饮住宿、农事体验和竹筏体验等项目。例如，黄花美食音乐节主题活动不仅活跃了当地文化生活，还为游客提供了深入了解乡土文化的机会。这些活动的引入，有效提升了游线的吸引力，使黄花溪生态游成为一种集教育、娱乐和休闲于一体的综合性体验。

鹞子尖古道作为安化县保存较完整的一段古茶道，承载了丰富的历史和文化价值。该古道是古时安化的必经之地，也是清朝时期安化黑茶经由资江水路外运的重要交通要塞。清代两江总督陶澍曾在嘉庆年间通过此地，留下了“甘露亭”匾额，增添了这条古道的历史痕迹。鹞子尖古道经过的主要地点包括大坪歇伙铺、甘露茶亭和中峰亭等，这些地点具有丰富的历史背景，也是展示古茶马道文化的重要节点。为了更好地保存和传承这一文化遗产，当地已对这些历史建筑进行了修复，并建立了鹞子尖古道文化展示馆。展示馆除了展出有关古茶道文化和陶文化的资料，还致力展现古村落的独特魅力。此外，鹞子尖古道也成为现代文化活动的场所。2020 年，“万里茶道”（湖南段）茶旅诗歌节在此举行，吸引了全国百名诗人来到黄花溪，重走鹞子尖古道寻找创作灵感，并享受登山的乐趣。

黄花溪村的农业和生态养殖产业规划注重提升区域农业的多功能性和参与性。通过对不同农业产业进行分区合理规划，实现农产品种植、茶叶种植、中药材种植及生态养殖的有效整合与优化。建设农业采摘基地和中药材加工厂，优化生产流程，提供加工和直销的便利。为增强游客的互动体验和对当地农耕文化的理解，村内特别设立了生态果蔬采摘区和中药材种植展示区。这些区域允许游客直接参与采摘活动，从而深入体验和学习关于植物生长和农业知识。茶园的扩建和功能设施的完善，创建包括茶叶观光展览区、采摘区及加工区的综合体验区。这些设施可以让游客亲身体验茶叶的采摘和加工过程，还能够深入介绍“黑茶”及其文化背景。

### （三）茶旅养生主题游线规划

在黄花溪村的茶旅养生主题游线规划中，本地黑茶及其文化作为核心元素，与旅游产业的深度融合为该规划的重点。黑茶富含多种营养成分，其中包括对人体健康有益的茶多酚，这些成分已被科学研究证实能调节血糖、血压，促进新陈代谢，具有抗氧化和保护肾脏等效能。该主题游线不仅展示黑茶的生产过程和文化，还将其健康益处作为一大特色引入旅游体验中。位于安化的“中国黑茶博物馆”既服务于休闲娱乐，也承担着教育与传承的任务。该博物馆将全面展示茶文化的历史沿革、茶艺的古今发展、茶文化的养生功效以及安化黑茶的特色和发展历程。通过建立这样的文化教育场所，游客可以系统地了解到茶文化的深层价值，并体验到从茶园到茶杯的全过程，增强了游客对茶文化的认知和体验，推动了当地茶产业与旅游业的互动发展。

建设健康养生餐厅，展示当地的饮食文化，融入本地特色资源，如黑茶、黄花菜和中药材，开发出一系列养生膳食。这些膳食设计注重营养均衡，同时具备传统风味与现代健康理念的结合，提供包括减肥减脂、适合糖尿病患者以及三高患者的健康套餐。餐厅中的每款健康套餐均依据饮食专业的科学研究制定，确保食物的科学性和有效性。使游客能够享受到美味的餐点，还能通过合理的饮食管理达到健康养生的效果。将茶文化与餐厅的运营紧密结合，通过提供康养型茶产品、举办茶文化体验活动，增强游客的参与感和体验感。以此来提升黄花溪村的旅游吸引力，有效推广茶文化和养生文化，打造出一个富有地方特色的茶文化养生旅游品牌。

# 参考文献


[1] 刘国元.乡村振兴视角下乡村建筑设计研究[M].北京:北京工业大学出版社,2023.

[2] 周峻岭，王伯勋，谢凌峰.乡村振兴背景下乡村景观设计与发展研究[M].北京：九州出版社，2023.

[3] 杨国杰.乡村振兴背景下乡村景观规划设计与创新研究[M].北京：中国纺织出版社，2023.

[4] 张锦.乡村振兴战略背景下的乡村旅游规划设计[M].太原：山西经济出版社，2021.

[5] 高小勇.乡村振兴战略下的乡村景观设计和旅游规划[M].北京：中国水利水电出版社，2019.

[6] 张茜.乡村振兴战略背景下民俗旅游资源的开发与保护研究[J].农业开发与装备，2024（7）：13-15.

[7] 肖湘.塑形与铸魂:乡村振兴的文化向度[J].农业开发与装备,2024(7):7-9.

[8] 陈东.美丽乡村建设与乡村旅游发展研究[J].农业开发与装备，2024（7）：34-36.

[9] 赵海姣，许婵，罗惠娟，等.从乡村振兴战略谈马克思主义理论中国化创新发展[J].农业技术经济，2024（7）：145-146.

[10] 崔旭东.乡村振兴视角下乡村民宿发展对策研究[J].农业开发与装备，2024（7）：52-54.

[11] 李苑．中国式现代化与乡村振兴：内在逻辑、基本特征与实践指向 [J]. 武夷学院学报，2024，43（7）：32–37.
[12] 栗雪．新质生产力助推乡村振兴的路径研究 [J]. 甘肃农业，2024（7）：21–26.
[13] 米鹏伟．基于乡村振兴视角的南太行农村林下经济发展思路：以南太行东寺头乡为例 [J]. 现代园艺，2024，47（14）：51–53，56.
[14] 黄承伟．推进乡村全面振兴：理论逻辑、科学方法与实践路径 [J]. 农业经济问题，2024（7）：4–12.
[15] 黄青火．乡村振兴背景下美丽乡村闲置空间景观设计探讨 [J]. 现代园艺，2024，47（14）：117–119.
[16] 李剑，刘祎遥，滕凌霄，等．乡村振兴背景下重庆忠县土家族传统建筑元素的设计表达 [J]. 山西建筑，2024，50（14）：22–26.
[17] 常悦，裴烜灿．乡村振兴战略背景下乡村建筑设计策略研究：综述及展望 [J]. 建筑与文化，2024（6）：59–61.
[18] 陈建国，蒋文恬，杨婕妤，等．乡村振兴背景下生态旅游村落建筑构造研究 [J]. 植物学报，2024，59（3）：526–527.
[19] 董黛璐．乡村振兴下乡村园林景观设计 [J]. 中国住宅设施，2024（3）：73–75.
[20] 王潇艺，姚洪文．乡村振兴背景下乡村民宿建筑设计探析 [J]. 农村科学实验，2024（5）：13–15.
[21] 黄冰．乡村振兴战略背景下乡村旅游景观规划与产业融合发展路径研究 [J]. 新城建科技，2023，32（24）：134–136.
[22] 薛扬，杨勇．陕西乡村振兴视域下乡土景观的设计与研究 [J]. 陕西开放大学学报，2023，25（4）：53–56.
[23] 陈华钢．基于乡村振兴战略的乡村民宿建筑设计 [J]. 陶瓷，2023（12）：216–218.
[24] 周卫平．乡村振兴战略背景下乡村水文化景观设计探究 [J]. 南昌工程学院学

报，2023，42（5）：29–33.

[25] 吴明涛 . 乡村振兴背景下康养旅游景观设计的意义与探索 [J]. 美与时代（城市版），2023（10）：110–112.

[26] 陈依依 . 乡村振兴战略下村落景观设计研究 [J]. 美与时代（城市版），2023（10）：95–97.

[27] 高婕 . 基于乡村振兴战略背景下乡村景观设计的探讨 [J]. 居业，2023（10）：86–88.

[28] 皇甫舟楠 . 乡村振兴背景下农田生态景观建设的内在逻辑与实践路向 [J]. 棉花学报，2023，35（4）：349–350.

[29] 廖莉团 . 寻路与破局：乡村振兴建设绿化景观问题与策略 [J]. 现代园艺，2023，46（13）：123–125.

[30] 马涛，王肖慧，薛俊菲，等 . "亚夫精神、戴庄经验" 推动镇江乡村振兴研究：以句容戴庄村生态型高标准农田景观设计为例 [J]. 建筑与文化，2023，（6）：256–258.

[31] 王柔，李文芳 . 振兴视域下乡村旅游景观设计规划 [J]. 农业与技术，2023，43（10）：120–122.

[32] 娄茜，薛小杰 . 乡村振兴背景下康养旅游景观设计的意义与探索 [J]. 鞋类工艺与设计，2023，3（9）：136–138.

[33] 张文今 . 乡村振兴战略背景下乡村景观建设策略 [J]. 乡村科技，202314（9）：140–142.

[34] 尹翀，张健 . 乡村振兴背景下柳州农村地区绿化景观设计 [J]. 现代园艺，2023，46（8）：67–69.

[35] 程俊，王艳，潘曲波 . 乡村振兴背景下乡村绿化景观设计：以漾濞县安南村为例 [J]. 现代农业科技，2023（7）：134–136.

[36] 张磊，白瑞卿 . 乡村振兴战略背景下绿化景观规划建设探索 [J]. 居舍，2023（10）：129–132.

[37] 毕小芳，成卓，王璐，等 . 乡村振兴建设中的乡村景观设计 [J]. 美与时代（城

市版），2022（11）：80–82.

[38] 陈平 . 乡村振兴背景下我国小城镇乡村景观绿化建设策略 [J]. 湖北林业科技，2022，51（1）：79–80，90.

[39] 程之韵 . 乡村振兴背景下的植物景观设计初探：以上海市青浦区莲湖村为例 [J]. 绿色科技，2021，23（17）：81–83.

[40] 陈浩，马帅，董林，等 . 乡村振兴背景下康养旅游助推乡村产业融合路径设计 [J]. 黑龙江科学，2021，12（16）：160–161.

[41] 王章春 . 乡村振兴背景下美丽乡村景观绿化建设中存在的问题及对策 [J]. 科技资讯，2021，19（24）：55–56，61.

[42] 杨奕嘉，谢龙缘，黄家健，等 . 乡村振兴视域下海南美丽乡村农业景观营造探究 [J]. 热带农业科学，2021，41（5）：126–132.

[43] 陈蛟 . 乡村振兴战略背景下我国乡村景观绿化存在的问题及对策 [J]. 乡村科技，2021，12（8）：103–104.

[44] 高红 . 景观绿化在乡村生态振兴中的应用策略：以淄博市为例 [J]. 住宅与房地产，2021（7）：79–81.

[45] 蔡洪坚 . 乡村振兴背景下的种植设计策略探究：以怀宁县独秀乡村振兴示范区为例 [J]. 福建建材，2020（12）：37–38，103.

[46] 杨义娜 . 乡村振兴背景下的农田景观设计研究：以自贡市荣县乐德镇红土地景区为例 [D]. 雅安：四川农业大学，2022.

[47] 李好 . 乡村振兴背景下乡村康养旅游规划设计研究：以安化县黄花溪村为例 [D]. 株洲：湖南工业大学，2021.

[48] 陈家齐 . 山东省中东部地区村庄绿化空间配置模式及其优化研究 [D]. 北京：北京林业大学，2020.

[49] 杨昊 . 乡村振兴背景下村庄绿化景观设计研究 [D]. 合肥：安徽农业大学，2020.

[50] 李彦 . 乡村振兴背景下的乡村废弃建筑的公共性改造设计研究 [D]. 长沙：湖南大学，2020.